国家社会科学基金青年项目（18CTJ012）
浙江省优势特色学科（浙江工商大学统计学）（1020JYN4118004G）
浙江省一流学科A类(浙江工商大学统计学)

我国税收的收入再分配效应研究

RESEARCH ON INCOME REDISTRIBUTION EFFECT OF CHINA'S TAX

罗刚飞　著

中国财经出版传媒集团
中国财政经济出版社

图书在版编目（CIP）数据

我国税收的收入再分配效应研究 / 罗刚飞著. --北京：中国财政经济出版社，2019.12

ISBN 978-7-5095-9420-9

Ⅰ.①我… Ⅱ.①罗… Ⅲ.①税收收入-再分配-研究-中国 Ⅳ.①F812.423

中国版本图书馆 CIP 数据核字（2019）第 246132 号

责任编辑：胡　博　庄　莉　　　　责任校对：徐艳丽

封面设计：孙俪铭

中国财政经济出版社出版

URL：http：//www.cfeph.cn

E-mail：cfeph @ cfeph.cn

社址：北京市海淀区阜成路甲 28 号　邮政编码：100142

营销中心电话：010-88191537

北京财经印刷厂印刷　各地新华书店经销

787×1092 毫米　16 开　16 印张　213 000 字

2019 年 12 月第 1 版　2019 年 12 月北京第 1 次印刷

定价：68.00 元

ISBN 978-7-5095-9420-9

（图书出现印装问题，本社负责调换）

本社质量投诉电话：010-88190744

打击盗版举报热线：010-88191661　QQ：2242791300

前言

改革开放以来，中国实行“以经济建设为中心”的发展战略，经济社会快速发展，生产效率大幅度提高。然而，在中国经济社会快速发展的过程中，中国居民收入不公平持续积累，贫富差距拉大，经济可持续发展及和谐社会建设面临严峻考验。尽管衡量中国居民收入差距的基尼系数，从2003年的0.479逐年上升至2008年的0.491，然后逐年下降至2015年的0.462，实现居民收入差距的“七连降”，但是中国居民收入差距仍然远远高于0.4的不平等警戒线标准。居民收入差距过大的问题将持续存在，没有得到根本的解决。

在经济新常态的背景下，解决居民收入分配不公，对中国顺利跨越“中等收入陷阱”、全面建成小康社会具有重要的作用。收入分配制度的改革有助于缓解收入差距，也是保持我国社会和谐发展、保障和改善民生的“稳定器”。事实上，自改革开放以来，中国就高度重视收入分配的问题，先后提出了“效率优先、兼顾公平”“初次分配和再次分配都要处理好效率和公平的关系，再分配更加注重公平”等理念。近年来，为了深化收入分配领域的改革，维护社会公平，中国旗帜鲜明地提出要“完善以税收、社会保障、转移支付为主要手段的再分配调节机制，加大税收调节力度”。因此，充分发挥税收调节收入再分配的作用，对于中国经济社会健康可持续发展至关重要。

本书通过理论分析和实证检验，考察了税收调节对我国居民收入分配的影响程度和作用机制，重点关注个人所得税、间接税以及增值税“扩围”对收入再分配的影响。本书共分为七章，主要内容如下。

第一章为导论。本章先阐述了研究背景与选题意义，然后从税收调节与收入分配、个人所得税与居民收入分配、间接税与居民收入分配、关于税制改革方向四个维度进行了文献回顾与述评，接下来提出本书的研究思路、研究内容与研究方法，最后是本书的创新与不足。

第二章为税收调节居民收入分配的理论分析。首先，探讨了税收调节居民收入分配的理论演进；其次，分析了税收调节居民收入分配的作用机制，主要包括居民收入的实现环节、使用环节、积累环节与转让环节；最后探讨了税收调节居民收入分配的局限性。

第三章为税收累进性和收入再分配效应的测度方法研究。首先，探讨税收累进性和再分配效应之间的关系，分析税收累进性测度方法，归类为局部累进性和整体累进性，并阐述累进性的两个重要性质。其次，分析了税收收入再分配效应的测度方法，探讨税收横向公平的概念，然后提出基于横向公平经典解释和横向公平再排序解释的收入再分配效应分解方法。

第四章为个人所得税的再分配效应。从分项个人所得税、工薪所得税以及分行业个人所得税等三个方面研究个人所得税的再分配效应。首先，通过拟合 2002—2012 年城镇居民收入分布，分析分项个人所得税的收入再分配效应，结果表明个人所得税对城镇居民的收入分配调节作用几乎都是依赖于工薪所得税。其次，本书提出 MT 再分配效应指数静态与动态分解方法，结果发现：收入分布变动对工薪所得税的再分配调节具有促进作用，费用扣除标准的提高和 2011 年税率结构的改变都弱化了工薪所得税的收入再分配效应，增加了工薪所得税的累进性；税前收入不平等和税制效应都减弱了工薪所得税的均等化效应，收入分配效应增强了工薪所得税的均等化效应；总之，我国历次的工薪所得税改革从总体上弱化了工薪所得税的收入再分配调节作用。最后，本书采用 S 基尼系数分析 2007—2013 年行业个人所得税的收入再分配效应，结果表明个人所得税对行业收入差距起着正向的调节作用，调节力度呈先上升后下降趋势，工资较低行业的收入分配状况在恶化；纵向公平效应都呈先下降后上升的趋势，其值都相对较大，是 MT 再分配效应的主要来源。

第五章为我国城镇居民间接税的再分配效应。首先，对城镇居民间接税税负进行研究，结果表明：增值税呈累退性，对城镇居民收入分配起逆向调节作用，增值税的累退性主要来源于低税率的增值税税负；消费税累进性方向不明确；营业税呈现出累进性，有利于调节居民收入分配，但作用有限。其次，本书采用六种累进性指数与K累进性指数分解方法，研究发现间接税呈累退性，增值税对间接税累退性的贡献率最高。最后，本书分别采用S基尼系数、一般熵指数测度了间接税的收入再分配效应，结果表明：2002—2011年我国城镇居民税前收入不平等呈现“先上升、后下降”的变动趋势，间接税的再分配效应为负数，间接税加剧了收入不平等；S基尼系数和一般熵指数的再分配效应值比基尼系数要小，表明我国城镇居民低收入者较多。

第六章为增值税“扩围”的收入再分配效应。首先，本书提出一个新的增值税收入再分配效应分解方法以研究增值税“扩围”对城镇居民收入再分配的影响，结果表明：增值税“扩围”后，城镇居民不同收入等级的增值税税负随着收入的增加而降低；增值税对食品、居住、家庭设备用品及服务等领域具有不均等效应，而对衣着、医疗保健、交通和通信、教育文化与娱乐服务等领域具有均等效应；我国增值税总体上呈现不均等效应，但不均等效应逐步减弱，其中平均税率和消费支出差异的分配效应是决定因素。其次，本书分析了“营改增”对服务业收入分配效应的影响，结果发现：部分行业“营改增”后，个别服务行业的税负加重，而绝大部分服务行业的税收负担减少；其中，税率效应加大了部分行业“营改增”的税负，而税基效应、中间抵扣效应减少了部分行业“营改增”的税负，其中工业部门进项抵扣的贡献要高于服务部门进项抵扣的贡献。此外，全面“营改增”后，大部分服务行业的税负进一步降低，主要归因于可抵扣的服务业中间投入进项税额增加；但房地产业的税负大幅增加，电信和其他信息传输服务、铁路运输、邮政、租赁等行业的税负也会增加。

第七章为主要结论与政策建议。本章包括主要结论与针对性的政策建议，并对税收收入再分配领域的研究进行展望。

目录

第一章

导　论

第一节 研究背景和选题意义

一、研究背景

改革开放以来，中国实行“以经济建设为中心”的发展战略，中国经济快速发展，生产效率大幅度提高。中国国内生产总值（GDP）从1978年的3650.2亿元快速增加到2015年的67.67万亿元，增加了184倍，1978～2015年中国地区生产总值年平均增速达到9.65%，连续37年地区生产总值实现了近2位数的快速增长。在中国经济社会快速发展的过程中，中国居民收入不公平持续积累，资本在财富分配中的收益较高，使得一部分缺乏资本的人群没有共享经济发展成果，贫富差距拉大，经济可持续发展及和谐社会建设面临严峻考验。程永宏（2007）计算表明1981～1984年我国总体基尼系数都不到0.3，但从1992年开始一直保持在0.4以上，并持续上升。国家统计局也公布了近十来年全国居民收入基尼系数情况，2003年我国基尼系数为0.479，2008年达到最大值0.491，然后逐步回落，到2015年我国居民收入基尼系数降为0.462，实现了居民收入差距“七连降”。可见，收入差距扩大的趋势得到了初步遏制和缓解，但仍超过了国际标准规定的社会分配不平均警戒线0.4，分配不均问题没有得到根本解决。

“十二五”以来，中国国民生产总值增速持续回落，告别了2位数的高速增长时期。2015年中国GDP增长率为6.9%，创下25年来的新低值，中国经济发展进入了以中高速增长为标志的“新常态”。与此同时，中国正面临着“中等收入陷阱”的挑战。从世界发展看，只有韩国、日本等少数国家能从中等收入国家转变为高收入国家，几乎所有的拉丁美洲国家、部分东亚国家以及西亚、北非的国家都遭遇“中等收入陷阱”，至今未能走进高收入国家行列。在“新常态”下，我国能否顺利跨越“中等收入陷阱”，如期实现全面建成小康社会的目标，缩小区域、城乡、阶层三大收入差距，关键在于解决收入分配不公问题。

收入分配制度的改革有助于缓解收入差距、提高低收入群体的收入水平、扩大中等收入者比重、抑制高收入群体收入的过快增长，是保持我国社会和谐发展、保障和改善民生的“稳定器”。事实上，自改革开放以来，中国就高度重视收入分配问题。中共十三大报告提出要“在促进效率提高的前提下体现社会公平”，十四大报告提出“兼顾效率与公平”。在十三届四中全会通过的《中共中央关于建立社会主义市场经济体制若干问题的决定》中关于收入分配问题的决定有重大突破，提出要“建立以按劳分配为主体，效率优先，兼顾公平的收入分配制度”。十五大、十六大、十六届三中全会报告仍然提出要“坚持效率优先、兼顾公平”。针对居民收入分配不断恶化的趋势，中共十七大、十八大报告都旗帜鲜明地提出“初次分配和再分配都要处理好效率和公平的关系，再分配更加注重公平”。

为了调整收入分配、维护社会公平，政府的干预和调控显得极为重要。税收作为政府干预收入分配的一种重要手段和措施，具有筹集财政收入、调节资源配置、促进收入公平分配和监督经济活动的功能。筹集财政收入是税收的最基本职能，1994 年税制改革以来，税收收入占国家财政收入的比重大多维持在 90% 以上，为国家治理提供了最基本的财力保障，是“国家治理的基础和重要支柱”。税收调节资源配置的作用是通过课税对象、税率、减免税等税制要素的设计或调整，来影响经济组织和社会成员的经济利益，引导他们的经济行为向着国家预期的发展方向，从而达到落实社会经济政策、调控宏观经济运行的目的。税收促进公平分配的作用是通过规范政府、企业和居民之间的分配关系，从初次分配和再次分配两个阶段促进收入分配结构优化，实现收入分配的公平化。监督经济活动的功能是通过税收收入的增减、税源变化，及时掌握宏观经济发展趋势、了解微观经济状况，从而达到促进国民经济健康发展的目的。

通过深化财税体制改革来推进收入分配制度改革是非常有效的政策措施，党中央和国务院对此高度重视。2012 年，中共十八大报告就提出“要坚持社会主义基本经济制度和分配制度，调整国民收入分配格局，加大再分配调节力度，着力解决收入分配差距较大问题”。十八大报告还明确提出了要“完善劳动、资本、技术、管理等要素按贡献参与分配的初次分配机制，加快健全以税收、社会保障、转移支付为主要手段的再分配调节机制”。2013 年，中共十八届三中全会审议通过的《中共中央关于全面深化改革若干重大问题的决定》指出：“要规范收入分配秩序，完善收入分配调控体制机制和政策体系，形成合理有序的收入分配格局。完善以税收、社会保障、转移支付为主要手段的再分配调节机制，加大税收调节力度”。因此，税收作为再分配的核心调节机制，再次受到社会的广泛关注，而有关财税体制的深化改革也提上了议程。

自 1994 年税制改革以来，中国政府不断调整、完善税收政策，以更好发挥税收促进收入公平分配的功能。在所得税方面，2006 年、2008 年、2011 年三次调整免征额，并将税率级次由 9 级缩减为 7 级。在流转税方面，2011 年营业税改征增值税的试点工作逐步开展，2014 年 6 月 30 日召开的中央政治局会议，审议通过了《深化财税体制改革总体方案》（以下简称《方案》），《方案》指出“建立规范的消费型增值税制度，确定下一步‘营改增’的行业；调整消费税的征收范围，优化税率结构，改进征收环节，增强消费税的调节功能；探索逐步建立综合与分类相结合的个人所得税制”①。从本质而言，本次的深化财税体制改革是要建立现代财政制度。就税收体制改革而言，将通过优化税

① 资料来源：《一场关系国家治理现代化的深刻变革——财政部部长楼继伟详解深化财税体制改革总体方案》，http：//news.xinhuanet.com/fortune/2014－07/03/c_1111449207.htm.

制结构、完善税收功能、稳定宏观税负、推进依法治税，以建立有利于科学发展、社会公平、市场统一的税收制度体系，充分发挥税收筹集财政收入、调节分配、促进结构优化的职能作用。本轮税收制度改革将重点锁定包括增值税、消费税、资源税、环境保护税、房地产税、个人所得税在内的六大税种。因此，在未来一段时间内，税收制度将成为调节收入分配的重要手段。

然而与此同时，社会各界对收入分配不公的争议也日趋强烈，提高个人所得税的免征额并未得到所有人的支持，不断出现部分学者反对的声音。如何调整消费税的征收范围以提高消费税的调节收入分配功能，并未进行详细说明。“营改增”不断推进，2016 年 5 月 1 日起，全面实施“营改增”，试点范围扩大到建筑业、房地产业、金融业和生活服务业，这意味着至今已试点 4 年的“营改增”改革或将在“十三五”开局之年全面收官，营业税或将退出历史舞台，“营改增”的实施在减少重复征税、降低企业成本和税收成本的同时，对收入分配有着怎样的影响？服务业的税负发生了怎样的变动？对诸如此类问题的探索将具有非常重要的理论意义和现实意义。

鉴于此，本书对我国税收的收入再分配效应进行测度。首先，探讨分项个人所得税对城镇居民收入分配的调节作用，对历次工薪所得税改革效果进行评价，分析行业个人所得税的再分配效应；其次，采用不同测度方法分析增值税、消费税、营业税等间接税的累进性情况以及对居民收入分配的调节效应；最后，考察增值税“扩围”对城镇居民收入分配效应的影响，并重点分析增值税部分行业“营改增”、四大行业“营改增”以及全面“营改增”对服务业税负的影响。

二、研究意义

（一）理论意义

第一，系统梳理税收的再分配效应和累进性的测度方法和分解方法，揭示各种方法之间的相互联系及存在的不足，并提出改进，以更好分析和量化我国税收改革对收入分配效应的调节作用，为合理评价税收再分配效应提供了理论依据。

第二，有利于丰富和深化税收调节收入分配的理论基础。从注重公平分配角度出发，揭示个人所得税和间接税调节收入分配的作用机理，从而达到补充现有税收调节收入分配的研究的目的。

第三，有利于促进学科间的交叉发展。税收的收入再分配效应研究涉及经济学、统计学、管理学等学科知识，在理顺和理解收入分配关系和税务知识的前提下，将统计学作为一门方法论运用到经济学中，有利于各学科的交叉发展和完善。

（二）现实意义

第一，有利于为政府优化税收政策提供参考。本书基于实证分析，考察、评估各主要税种对收入分配的调节功能，并对其成因进行剖析，指出哪些课税对象的征收是有利于调节收入分配的，哪些是不利于调节收入分配的，从而为政府财税改革提供理论和现实参考。

第二，有利于促进居民收入的公平分配。当前我国居民收入差距较大，基尼系数超过国际警戒线，收入分配不公平问题突出，通过对税收的收入再分配效应研究，以发现税收政策在调节居民收入再分配过程中存在的不足，从而制定科学合理的税收政策，更好发挥税收调节居民收入分配的作用，缓解收入分配不公引起的矛盾。

第三，有利于我国收入分配格局的合理化。企业部门和政府部门在初次分配中比重偏高的主要原因是我国以间接税为主的税制结构，这种税制结构不利于初次分配中居民部门收入占比的提高，也不利于再分配中居民收入分配的调节。通过完善税制，降低垄断因素对国民收入初次分配的不利影响，通过减税、退税鼓励企业提高劳动者报酬，从而提高居民部门的占比，促进分配格局的合理化。

第二节 文献回顾与述评

收入分配可以分为部门收入分配、要素收入分配和居民收入分配三种（吕冰洋，2010）。部门收入分配指的是国民收入在政府、企业和居民三大部门之间的分配，是考察国民收入中各部门份额大小的分配。要素收入分配又称功能性收入分配，研究国民收入在土地、资本和劳动力等生产要素之间的分配，是考察国民收入中各要素份额大小的宏观概念上的分配。居民收入分配又称规模性收入分配，研究收入所得者的规模与其所得收入规模间的关系，是考察不同个体间收入差距大小的微观意义上的分配（周云波和覃晏，2008）。部门收入分配、要素收入分配和居民收入分配之间存在着非常密切的联系。如果以要素收入分配为枢纽，我们可以发现，当要素收入分配向劳动要素倾斜的时候，会改善居民收入分配和增加居民部门收入占比；当要素收入分配向资本要素倾斜的时候，会恶化居民收入分配，同时降低居民收入分配占比。本书将分别综述税收调节与部门收入分配、要素收入分配和居民收入分配之间的关系。

一、税收调节与收入分配

（一）税收调节与部门收入分配

自 1996 年以来，中国国民收入分配格局发生了显著变化，其最显著的特征是：国民收入不断向政府和企业部门倾斜，居民部门的比重呈逐年下降趋势，引起了广泛关注（安体富和蒋震，2009）。自改革开放以来，部门收入分配失衡的问题没有得到根本的解决，贾康和刘微（2010）认为税收等财政收入的高增长是国民收入分配中政府占比呈现增长趋势的表现。更进一步，在中国部门收入分配的格局与特征研究中，很多学者研究表明税收增长会挤占居民部门的收入份额。吕冰洋和禹奎（2009）通过对我国历年资金流量表的分析，认为税收增长和税负转嫁两个因素已对国民收入分配格局产生深刻影响，其趋势是居民部门的财富向政府部门和企业部门流动，降低了居民部门的总体可支配收入水平。安体富和蒋震（2009）通过计算我国国民收入初次分配和最终分配的基本格局，发现我国国民收入分配格局失衡的原因之一在于政府税收收入的快速增长降低了居民收入分配份额。

事实上，现有关于税收调节部门收入分配的研究表明，税收调节很难对部门收入分配格局产生有益的影响，相反，税收本身的快速增长，已经在相当大的程度对中国部门收入分配产生了负面的影响。蔡红英等（2009）在理论和实证分析的基础上指出税收未能在国民收入分配调控中起到应有的调控作用。李香菊和刘浩（2013）研究发现，长期以来，中国以间接税为主的税制结构，既没有办法调节部门收入，也无法实现税收调节居民收入的职能。张晓雯和马万里（2014）指出，税收对国民收入分配格局的影响在初次分配和再次分配均有体现，劳动力报酬下降和税收因素共同导致居民部门收入下降。

应当承认，中国当前存在着越来越严重的部门收入分配失衡的问题，应尽快解决部门收入分配持续恶化的问题。从部门收入分配调节的宏观视角出发，当前中国存在的主要问题是中国税收增长速度要远远快于国民收入的增长速度，导致政府和企业的收入份额持续增加，而居民收入份额持续降低。总之，在当前背景下，要充分发挥税收对部门收入分配的调节作用，促使居民收入和企业收入保持合理的增长，就应该实行结构性减税政策，这也是近期国家一直在强调的推进供给侧改革的重要政策举措。

（二）税收调节与要素收入分配

要素收入分配可以分为要素收入的初次分配和要素收入的再次分配。其中，要素收入的初次分配主要由市场主导，而要素收入的再次分配则由政府主导。因此，税收调节主要作用于要素收入再分配过程。当前中国居民部门收入主要来源于劳动收入，要素收入分配格局的变化，几乎成了国民收入部分分配变化的主要影响因素。现有国内外文献中，有许多文献研究要素收入分配变动原因，但专门探讨税收调节与要素收入分配之间关系的文献较少，也一直未得到足够的关注。当前有关税收调节与要素收入再分配的研究可以归纳为以下两个方面。

1. 要素收入税收负担研究

有效税收负担的研究主要是为了研究劳动要素与资本要素的有效税收负担。张阳（2008）采用一般均衡模型方法模拟发现，2005 年企业所得税中资本要素只承担了税负总额 83% 左右，其余 17% 左右的税负转嫁给劳动要素。莱恩（Lane，1998）认为减少劳动者的税收负担有助于提高税后劳动收入份额，减缓税后收入份额的下降，资本收入份额的大幅增加促进了爱尔兰经济的复苏，而劳动收入份额的下降是爱尔兰经济复苏的显著特征。

要素收入有效税收负担的测度主要有两种不同的思路。一是基于微观数据估算要素收入的税收负担。金和富勒顿（King and Fullerton，1984）提出了一个计算要素收入边际有效税率的理论框架；刘初旺（2005）、孙琳琳和任若恩（2007）等基于微观数据估算了中国不同类型企业投资的边际有效税率。二是基于税基估计要素收入有效税收负担。门多萨等（Mendoza，et. al.，1994）提出了一种衡量资本要素、劳动要素和消费平均有效税率的方法框架。刘溶沧和马拴友（2002）、李芝倩（2006）、王大林和成学真（2007）、岳树民和李静（2011）等学者测算了不同时期和税制下，中国劳动要素收入、资本要素收入和消费支出的真实有效税负。

基于间接税转嫁的视角，席玮（2012）测算了 1995—2010 年中国劳动与资本要素收入的有效税负，结果发现中国劳动要素的有效税负平均为 20%，资本要素的有效税负平均为 22%，与世界发达国家相比，中国的要素税负也并不算低。席玮和彭刚（2015）测算我国 2010 年地区要素税负水平，发现间接税较多地转嫁给资本要素，劳动和资本的间接税税负在西部地区尤其显著。

此外，也有文献研究了个人所得税中劳动所得、资本所得征税的比例及其变动趋势。吕冰洋和台航（2013）通过测算中国个人所得税的要素结构，发现我国个人所得税中对资本所得征税的比例平均维持在30%—40%，个人所得税的要素结构和我国居民收入要素结构的差异较大，个人所得税对资本所得征税的比例远高于居民收入的资本所得比例。金双华（2014）测算比较了劳动所得、资本所得的个人税收负担情况，发现资本所得税负高于劳动所得税负，但劳动所得的征税对基尼系数下降的贡献率较高。

2. 税制变动与要素收入分配

税制变动无疑会对要素收入分配产生影响，税制变动对要素收入分配的影响因素包括了社会保障税、公司所得税和工资所得税等。在国外，德兰（Deran，1967）研究表明社会保障税的开征会减少资本分配份额。穆吉和尼克（De Mooij and Nicodème，2006）指出20世纪90年代早期欧洲降低公司所得税税率后导致税前资本分配份额上升。哈夫勒等（Haufler，et. al.，2009）对1980—2004年23个OECD国家的研究表明公司税税率下降、工资税税率上升会使得资本分配份额上升、劳动分配份额下降。

在国内，李绍荣和耿莹（2005）通过实证分析研究发现，流转税类、所得税类、资源税类和财产税类份额的增加会扩大资本所有者和劳动所有者市场收入的分配差距，而特定目的税类和行为税类份额的增加则会缩小资本要素与劳动要素的收入分配差距。石柱鲜等（2011）通过构建CGE模型分析中国间接税税率降低对经济的影响，研究结果表明间接税税率的降低不同程度地提高了农村居民的要素收入和总收入。郭庆旺和吕冰洋（2011）采用理论分析表明税收通过替代效应和收入效应影响要素收入分配，然后采用系统GMM估计的实证分析，研究发现税收对要素收入分配具有明显影响。李文溥等（2012）实证研究发现两税合并有利于降低劳动要素对企业所得税的实际负担率，有助于改善劳动要素在国民收入再分配过程中的地位。吕冰洋和郭庆旺（2012）

实证研究发现全国整体税前和税后劳动分配份额自 1983 年达到顶峰后呈长期下滑趋势，自 1983 年至 1994 年分税制改革前，税前和税后资本分配份额呈长期上升趋势，之后上升趋势变缓，无论是劳动要素还是资本要素，税后分配份额一直低于税前分配份额。

（三）税收调节与居民收入分配

关于居民收入分配领域中的税收调节作用一直是国内外学者的研究重点。本书也将着重分析现有关于税收调节与居民收入分配的文献，以厘清居民收入分配领域中税收调节的研究重点与基本方法。我国税收的种类较多，具体见表 1－1。

表 1－1　　我国税种分类

按课税对象	税种	按税负归宿	按收入支配权
一、流转税类	增值税	间接税	中央与地方共享税（除海关代征）
	消费税		中央税
	营业税		地方税
	关税		中央税
二、所得税类	个人所得税	直接税	中央与地方共享税
	企业所得税		
三、财产税类	房产税	直接税	地方税
	车船税		
	契税		
	车辆购置税		中央税
	船舶吨税		中央税（由海关代征）
四、资源税类	资源税	间接税	中央与地方共享税
	土地增值税		地方税
	城镇土地使用税		
	耕地占用税		
五、行为税	印花税	直接税	地方税（除证券交易印花税）
	城市维护建设税	间接税	地方税
	烟叶税		

资料来源：由作者整理得到，参考陈少克，陆跃祥．税制结构的性质与中国税制改革研究［M］．北京：经济科学出版社，2013.

按课税对象划分，可以分为流转税类、所得税类、财产税类、资源税类、行为税类等五类；按税收负担的最终归宿，可以分为直接税和间接税，其中，直接税是指直接向个人或企业单位征收的税，纳税人是税收的实际负担人，不能或不便于把税收转嫁给别人；按税收的征收管理和收入支配权，可以分为中央税、地方税、中央与地方共享税等三类。

根据税收种类，本书将税收调节与居民收入分配的文献综述从税制结构与居民收入分配、企业所得税与居民收入分配、个人所得税与居民收入分配、间接税与居民收入分配等四个方面展开。

1. 税制结构与居民收入分配

税收调节居民收入分配作用的发挥受税种设计和税制结构的影响，税制结构是一个国家税收体系的整体布局和总体结构，是各项税种在社会再生产中的分布状况和所占比重的结构关系。我国的税制结构整体以具有累退性的流转税为主体，学者们都基本一致地认为我国的税制结构不利于收入的公平分配。张斌（2006）基于我国当前的税制结构从具体税种、税式支出、税收征管等角度分析其对收入分配的影响，发现从长期来看税收调节收入分配功能的实现依赖于税制结构调整。王乔和汪柱旺（2008）分析表明现行税制结构对居民收入分配差距的影响不明显，建议提高直接税比例、适当降低间接税比例。闻媛（2009）认为以流转税为主体的税制结构使整体税制呈累退性，个人所得税过分关注工薪收入、财产性收入调节缺位，这些增强了个人所得税逆向调节特征。赵福昌（2011）认为目前的税制结构不利于收入分配调节，反而存在某些强化收入不均等的趋向。刘虎（2012）从理论上分析认为我国当前的税制结构不利于缩小贫富差距。岳希明等（2014）使用传统税收归宿分析方法发现中国税制整体的累退性来源于间接税，税收的累退性在农村较城镇更为突出，有效税率随收入水平而下降。刘成龙和王周飞（2014）通过构建税收的收入分配效应和税收累进性模型，表明我国整体税制的收入分配效应为负。周克清和毛锐（2014）通过构造计量模型分析发现我国的税收制度整体上对收入分配呈逆向调节作用，货劳税和所得税具有明显的逆向调节作用，财产税和其他税则具有正向调节作用，但在统计上不显著。刘成龙（2014）也得到类似的结果，整体税制的收入分配效应为负，直接税具有正向的收入分配效应，间接税是负向的收入分配效应，建议提高直接税比例、适当降低间接税比例。

2. 企业所得税与居民收入分配

现有分析企业所得税的居民收入分配效应的文献较少，得出的结论也并不一致。佩奇曼（Pechman，1986）指出公司税税负在一半由资本所有者承担、一半由消费者承担的假定下，表现出累退性。菲力克斯（Felix，2007）研究表明由于税负转嫁，企业所得税由劳动者负担，难以发挥收入分配的调节作用。皮凯蒂和赛斯（Piketty and Saez，2007）比较多个国家的税制后，发现企业所得税可以通过影响资本要素价格对收入分配起着重要的调节作用，应重视企业所得税的再分配功能。万莹（2013）认为由于资本要素大部分为高收入者所持有，企业所得税整体上应有助于缩小居民收入分配差距。田志伟等（2014）使用城镇住户调查数据分析表明2002—2011年企业所得税对收入分配的影响呈倒“U”形。

关于个人所得税、间接税或流转税与居民收入分配，国内外学者进行了大量的研究，取得了非常丰富的研究结果，本书也将着重梳理个人所得税、间接税对居民收入分配的调节作用，其中，对间接税或流转税的再分配效应研究集中于增值税、消费税、营业税。

二、个人所得税与居民收入分配

从不同的研究角度出发，居民收入分配领域中个人所得税的影响大体可以分为以下几个部分：一是研究个人所得税调节居民收入分配的作用；二是研究个人所得税费用扣除标准变动对居民收入分配的影响；三是研究个人所得税税率结构对居民收入分配的影响；四是研究个人所得税征管效率的影响；五是研究个人所得税外在因素的影响。后四者可以归为个人所得税再分配效应的影响因素研究。

（一）个人所得税再分配功能研究

国内外学者基本都认同个人所得税能够有效调节居民收入差距。韦伯（Verbist，2004）分析欧盟15国的直接税制，发现个人所得税是累进的，是最重要的缩小收入差距的源泉。此外，部分学者从国家、城镇和农村、收入阶层等层面，对比分析不同条件下，个人所得税调节居民收入分配作用的差异。博格特和哈桑（Bogetic and Hassan，1995）研究发现保加利亚城镇居民的个人所得税税收负担要高于农村居民，所得税能显著降低农村和城镇以及全国的收入不平等。饶海琴和冯仲华（2010）对上海市五个不同阶层的居民分析比较发现现行的个人所得税对中等收入阶层的调节作用最显著，对高收入阶层的调节作用偏弱，并指出初次分配不公平、高收入阶层收入来源多样化和税收征管信息不健全是导致这种现象的主要原因。

但是，也有许多研究认为个人所得税的再分配效应作用不大。如张世伟和万相昱（2008）、王少国和李伟（2009）、杨卫华和钟慧（2011）、彭海艳（2011）、徐建炜等（2013）等认为个人所得税对居民收入分配起到正向的再分配效应，但调节效果有限；对于大多数发展中国家，所得税降低收入不平等作用很小（Bird and Zolt，2014）。与此同时，在考察个人所得税与收入分配关系时，上述研究都没有考虑灰色收入对税收调节作用的影响，李青（2012）分析指出当考虑灰色收入时，个人所得税的再分配效应和累进性都相对较弱，基于收入角度的个人所得税反而呈累退性。贾榕泉和杨爱华（2015）对2004—2011年个人所得税改革的成效分析表明个人所得税有较弱的累进性，个人所得税改革增强了其累进性功能。杜莉（2015）考虑居民隐性收入的基础上考察2011年税制改革对个人所得税再分配效应的影响，分析发现此次税制改革的影响不够明显，从结构上看个人所得税“调节高收入”的效果得到显著改进，中等偏上收入的家庭收益最大。

（二）个人所得税再分配效应影响因素分析

相较于探讨个人所得税的再分配效应，对其影响因素进行分析将更具有现实借鉴意义。个人所得税再分配影响因素通常可以分解为：费用扣除标准（免征额）、扣除额、税率、税级、免征项目与税收抵免以及其他宏观、微观影响因素。

1. 个人所得税费用扣除标准的影响

国内外的研究普遍认为，个人所得税免征额、扣除额与税收抵免的提高未必能降低收入不平等，对收入分配的调节作用有限。韦伯（Verbist，2004）使用 EUROMOD 模型，研究 1998～2008 年 15 个欧盟国家直接税的再分配效应，结果发现免税项目能提高个人所得税的累进性，有利于调节居民收入分配；而扣除额和税收抵免的作用不明确。洪兴建（2007）借助基准收入和免税额的各种位置关系，首次从理论上分析表明提高免税额未必能降低不平等，并利用 2004 年中国 176 个细分行业的工薪数据实证分析表明免税额提高后职工的收入不平等进一步扩大。林和玄（Lim and Hyun，2009）研究表明韩国个人所得税的费用扣除较税率更能降低收入不平等，而税收抵免会恶化收入不平等。

同样地，贾康和梁季（2010）基于我国个人所得税改革的技术条件分析，也认为“起征点”的上调对实现个人所得税调节收入分配目的的意义不大，且会出现逆调节。白彦锋和许嫚嫚（2011）分析表明工资薪金个人所得税免征额对财政收入“减收”效应不明显，对缩小我国当前收入差距的作用有限。陈敏和郭继强（2014）通过构建带有行为效应的 shapley 分解，表明不考虑行为效应会低估免征额对收入不平等的真实影响，过高的免征额产生的直接分配效应会加剧工资不平等。但也有学者持相反观点，如安福仁和沈向民（2011）对 2005～2010 年南京市全体工资薪金个人所得税数据进行分析，发现提高工资薪金个人所得税的扣除标准对收入分配起着正向的积极作用，会进一步提高个人所得税的累进性。

2. 个人所得税税率及级次设定的影响

国外学者对个人所得税税率形态存在较大分歧。莫里斯（Mirrlees，1971）认为最优个人所得税为非线性，而斯登（Stern，1976）指出最优边际税率为线性，Seade（1977）则认为个人所得税的最优边际税率应呈倒“U”形，赛斯（Saez，2001）分析认为个人所得税的税率结构应呈“U”形。韦伯（2004）使用EUROMOD模型研究1998—2008年15个欧盟国家直接税的再分配效应，发现边际税率对再分配效应没有显著影响，累进税率是个人所得税发挥收入分配作用的主导因素。

国内学者对个人所得税税率的分析多处于对西方理论的应用阶段，通过对中国实际情况的分析，部分学者认为九级税率级次未能发挥个人所得税调节收入分配的作用（王剑锋，2004；刘怡等，2010；岳树民等，2011），现行的七级超额累进税率级次设定仍然偏多，适用于高收入者的边际税率几乎起不到作用（陈建东等，2014）；刘怡和聂海峰（2005）建议降低第一级次的边际税率，拉开级次间的边际税率以发挥工薪所得税的作用；刘丽（2011）提出我国可以设置5档税率级次，并降低最高边际税率。另外，石子印（2014）分析平均税率、标准税率与收入分布对个人所得税累进性的影响，指出对再分配效应变化起关键作用的是平均税率。高亚军（2015）运用CHNS数据微观模拟发现在七级累进税率、九级累进税率和综合个人所得税的假设下，我国个人所得税都具有降低居民收入差距的功能，其中综合个人所得税的调节效果最显著。

3. 个人所得税征管效率的影响

个人所得税发挥收入分配调节作用离不开廉价、高效的税收征管，良好的个人所得税征管对于保障国家税收收入、提升行政效率具有积极的意义。国内学者对个人所得税征管制度的研究集中在理论分析方面，如朱建文（2008）、夏宏伟（2009）、童锦治和李星（2012）都提出应借鉴国外的个人所得税制度与经验以完善我国个人所得税征管。实证方面的研究较少，一般都是对个人所得税征管效率的影响因素进行分析，如潘孝珍（2011）分析1999—2009年我国个人所得税征管效率的变化，从完善个人所得税税制、加强税收征管能力建设、完善税收处罚制度、逐步减少现金交易和增强纳税人的公民意识等方面提出改进措施。李建军（2013）基于个人所得税征管理论模型的实证研究发现个人所得税在税务局征管工作中的重要性、税务人员人均管理范围的增加、经济社会信息化程度的提高等有助于个人所得税征管效率的提升。

4. 个人所得税外在因素的影响

张斌（2010）指出提高个人所得税比重、降低货物与劳务税比重，可以更好发挥税收调节收入分配的功能，也可以促进经济结构调整。冯瑛等（2015）对 2012 年四川省 Y 校教职工的研究表明个人所得税有助于降低教职工间收入差距，但其效应受职称、岗位、学历、党政职务、年龄等各种分组因素的影响。詹新宇和杨灿明（2015）从微观、中观和宏观三个层面对我国个人所得税的居民收入再分配效应进行研究，发现城镇化、地区间收入差距和产业结构升级等因素都会影响个人所得税的再分配效应，从而提出从外部治税环境、税制设计和征管水平等方面提高个人所得税的再分配功能。

三、间接税与居民收入分配

（一）间接税的再分配效应

关于间接税、流转税的文献研究主要集中在增值税、消费税和营业税等三大税种，本书将从间接税的整体再分配效应、增值税的再分配效应、消费税的再分配效应，以及营业税的再分配效应四个方面，探讨间接税与居民收入分配之间的关系。

1. 间接税的整体再分配效应

国内外大多数研究都表明间接税是一种累退税，对收入分配有着负向的调节作用（Kakwani，1977；O'donoghue，et. al.，2004；聂海峰和刘怡，2010；薛刚，2012）。弗里巴恩（Freebairn，1997）指出征收间接税会扩大居民收入差距；间接税占比过高不利于收入分配的调节

(Madden, 1995; Kaplanoglou and Newbery, 2003; 杨杨等, 2012)。霍顿（Haughton, 2006）使用1997~1998年生活水平调查数据和1997年投入产出数据对越南间接税进行研究，表明整体税制的累进性归于主要对富人征收的企业所得税。刘穷志（2011）通过构建间接税归宿的累退性和居民收入不平等的理论模型，实证分析发现我国的间接税是累退的。

也有部分学者着眼于探讨城乡之间的间接税再分配效应的差异。杨森平和周敏（2011）研究发现农村居民的间接税税负要高于城镇居民，认为现阶段的间接税不利于调节城乡收入差距。聂海峰和岳希明（2012）基于斯库泰拉（Scutella, 1999）税收转嫁模型，发现不论是全国范围还是分别从城乡内部看，间接税都呈累退性，其增加了城乡内部不平等，降低了城乡之间的不平等。陈建东等（2015）考察2009—2012年直接税和间接税对城乡居民收入差距的影响，发现我国的直接税和间接税对城乡居民分别起正向和逆向调节作用，正向调节作用虽较强但呈减弱趋势，逆向调节作用虽较弱但呈增强趋势。

但也存在相反的观点，即间接税的累退性并不强，甚至认为在特定条件下，间接税会呈现出累进性。沃伦（Warren, 2008）发现对OECD国家的商品设定不同税率会使间接税呈累进性。克里默等（Cremer, et. al., 2001）、里勒（Rele, 2007）认为间接税能重新分配穷人和富人的财富，可以对国民收入进行再分配。赛斯（Saez, 2004）表明从长期来看只有直接税能有效调节不同收入阶层的收入分配，而间接税只在短期内发挥作用。刘怡和聂海峰（2009）认为流转税虽扩大了收入分配差距，但其影响在下降。

2. 增值税的再分配效应

增值税通常对于居民收入分配具有负面的影响。利贝拉蒂（Liberati, 2001）对意大利增值税和消费税改革的分配效应和福利效应进行评价，研究表明采用欧洲增值税双税率制度会增加现有的福利，减少增值税的税率级次能促进收入分配公平。刘怡和聂海峰（2009）采用Suits

指数发现在1995—2006年期间，增值税一直是累退的。万莹（2012）研究发现中国的增值税是明显累退的，其累退性归于低税率商品的消费需求收入弹性不足。樊勇和王蔚（2012）基于微观模拟还原法分析发现增值税加剧城镇居民收入差距的扩大，现行的多档税率对居民收入分配的效率损失少于单一税率。此外，周小林和胡斌（2011）、夏晶和李波（2012）对增值税（货物劳务税）的研究表明增值税对居民收入分配起到逆向调节作用。但是，霍顿（Haughton，2006）研究发现，采用增值税代替流转税会增加税制的累进性。

3. 消费税的再分配效应

消费税通常对于居民收入分配也具有负面的影响。佩奇曼和奥克纳（Pechman and Okner，1974）研究发现美国营业税和消费税具有明显的累退性。波特伯（Poterba，1989）发现汽油、酒和烟草等商品的家庭消费支出采用终生收入衡量比采用年度收入衡量分布更均匀，从而长期看这些商品的消费税累退性更弱一些。于洪（2008）指出低收入者对必需品的消费需求弹性很小，对必需品课税会提高消费税的累退性，而征税范围过窄会不利于消费税在更大范围内发挥调节收入分配的作用。郝春虹（2012）采用ELES模型测度消费税对城镇居民八大类消费支出的影响，结果显示消费税对城镇居民收入不具有正向调节作用。

但也有学者认为消费税可以呈累进性，可能起到缩小收入差距作用。格鲁伯和克萨齐（Gruber and Köszegi，2004）建立更符合吸烟决策现实情况的时间不一致模型，该模型将烟草消费税作为自变量函数，由于低收入者对烟草的需求价格弹性非常敏感，研究结果表明烟草税的累退性比之前认为的弱，并且当参数值变化时烟草税可以是累进性的。科雷亚（Correia，2010）采用一般均衡模型分析发现美国税制若采用单一税率的消费税可以降低不平等，增加低收入者的福利。万莹（2012）研究发现消费税有累进性趋势，但对收入分配影响不明显。

4. 营业税的再分配效应

关于营业税的居民收入再分配效应，国内外学者并没有达成一致的认识。佩奇曼和奥克纳（Pechman and Okner，1974）研究发现美国营业税具有明显的累退性。刘怡和聂海峰（2009）采用 Suits 指数，研究发现 1995～2006 年期间，中国的营业税是累进的。刘穷志（2011）研究发现，中国的营业税是累退的，但累退程度比增值税和消费税弱。相反，万莹（2012）研究发现在 2002～2009 年期间，中国营业税表现出稳定的累进性。

（二）我国“营改增”与居民收入分配

自 2011 年财政部、国家税务总局联合下发营业税改征增值税试点方案，我国逐步扩大试点省市和试点行业，交通运输业、部分现代服务业、邮政服务业和电信业等行业逐渐纳入营业税改征增值税试点范围。如此，增值税的征收范围扩大，简称增值税“扩围”，2016 年增值税将实现全面“扩围”。增值税“扩围”是我国近年来财税改革的核心问题之一，国外研究“营改增”的文献几乎没有，我国学者从对改革方案的探索、改革推进过程中的困难和改革效果的评价等几方面展开了较全面的分析。

1. 增值税“扩围”的思考

增值税“扩围”是深化财税体制改革的重要内容，学者们从“扩围”的时机、“扩围”面临的困难以及“扩围”的意义等几方面对增值税“扩围”进行思考。对于“扩围”的时机，肖绪湖和汪应平（2011）认为现阶段营业税税制仍存在优越性，增值税扩围征收操之过急必会弊大于利，应充分借鉴国外的税制改革经验。对于“扩围”面临的困难，胡怡建（2011）认为增值税“扩围”改革会引发一系列利益关系调整，将面临模式选择、制度设计、财政承受、企业负担、地方接收、价格控制、机构协调、立法推进等八大挑战。而对于“扩围”的意义，高培勇（2013）指出从宏观经济运行视角看，“营改增”不仅是完善现行流转税税制的基础性举措，也是推动经济结构调整的重要手段和关系本轮宏观调控的重要操作；从深化改革开放视角看，“营改增”既可能促进地方主体税种和地方税体系的重建，也能促进直接税体系的建设，既能倒逼分税制财政体制重构，也能促使新一轮全面改革启动。对于“扩围”后增值税和营业税的征收和税率设置，龚辉文（2010）对不同的营业税征收项目在纳入增值税征收范围后的征税方式和税率设计进行了初步思考，并对增值税、营业税两税合并后如何与征管水平相适应等提出看法。

2. 增值税“扩围”方案的探索

关于增值税“扩围”方案的探索，姜明耀（2012）认为将货物与劳务双元增值税模式作为过渡方案具有一定的现实意义，可以降低“扩围”阻力，最大限度适应我国客观条件。马海涛和李升（2013）认为“营改增”应采取分区域、分阶段的渐进式改革，简化税率，调整优化中央和地方税收收入划分比例，减少增值税税收返还，提高“营改增”征管效率。崔军和胡彬（2015）提出要推动“营改增”行业覆盖，完善征税范围、税率设置和优惠政策，调整中央和地方增值税收入划分比例，完成增值税立法等四点建议。

关于增值税“扩围”的地方和中央分享比例方面，邢树东和陈丽丽（2013）、刘明和王友梅（2013）、张秀莲和李建明（2014）等认为“营改增”后应提高地方增值税的分享比例。但朱青（2014）分析了我国营业税淡出后地方税体系的建设问题，提出增值税收入应由中央独享。

关于增值税“扩围”的税率设定方面，杨默如（2011）、谭郁森和朱为群（2013）、李青和方建潮（2014）等指出应简化现有增值税税率档次；陈晓光（2013）采用谢赫和克雷诺（Hsieh and Klenow）模型和企业层面数据，研究也发现“营改增”过程中尽可能减少增值税税率档次能避免效率损失。

关于增值税“扩围”的行业选择方面，汪德华和杨之刚（2009）、赵丽萍（2010）、魏陆（2011）等讨论了增值税“扩围”的产业选择和征收问题。具体在金融业上，徐达松（2015）分析我国金融业实施“营改增”的难点，回答了当前金融业实行“营改增”需要思考的几个问题，提出把握好改革的顶层设计、科学设置基本税制要素、配套政策必须跟进等三方面的建议。魏志华和夏永哲（2015）通过比较分析2009—2013年我国金融业上市公司在基本免税模式和简易计税模式下的税负差异，提出我国金融业“营改增”初期应采用简易计税模式，设定6%的征收率，对保险业实行差额征收。

3. 增值税“扩围”对财政收入的影响

对于增值税“扩围”对财政收入的影响，学者们的结论较为一致，即“扩围”后财政收入将减少。胡怡建和李天祥（2011）利用投入产出表模拟估算增值税扩围在不同税率下对财政收入的影响，指出服务业营业税改征增值税对财政收入的影响取决于增值税的税率设计，当增值税税率13%时是减税影响，当增值税税率17%时是增税影响。邹昱（2012）的研究表明，不管是部分行业“扩围”还是全部行业“扩围”都会降低江苏省的税收收入而增加中央税收。景顺祥和陈大庆（2012）依照上海试点模式对甘肃兰州市“营改增”政策实施的效应进行静态测算，认为“营改增”对西部欠发达地区的地方财政收入的影响相对有限。胡春（2013）分析了上海改革方案推广到全国后对财政收入的影响，发现增值税“扩围”会导致财政收入减少。李青和方建潮（2013）基于2007年全国和各省投入产出数据的模拟结果发现，维持现有分享比例不变，增值税全面“扩围”后省级政府税收收入将大幅度减收。

4. 增值税“扩围”与居民收入分配

关于研究增值税对收入分配的影响，学者们一致认为增值税“扩围”对城镇居民收入分配起到逆向调节作用。闫锐和田志伟（2012）利用投入产出表和相关资料数据，研究发现增值税“扩围”后不同行业劳动报酬变化差异明显，行业、城乡、地区的收入分配差距有进一步扩大的趋势。李海玲（2012）指出增值税的累退性使得增值税“扩围”在一定程度上减弱了税收调节收入分配的公平性。赵颖和王亚丽（2013）微观模拟1995—2010年增值税“扩围”的影响，发现增值税

“扩围”对收入分配的逆向调节在减弱。葛玉御等（2015）基于收入和消费双重视角，研究表明“扩围”缩小了城市与农村内部的收入分配差距，但对城市家庭的收入分配效应大于农村。孙正和李学军（2015）运用1995—2013年省际面板数据研究表明“营改增”试点改革改变了既有的国民收入分配格局，使国民收入分配中政府部门所得份额下降，企业、居民部门所得份额提高。洪兴建和罗刚飞（2015）提出了一个新的增值税收入分配效应分解方法，分析表明增值税“扩围”后不同收入等级的增值税税负随收入增加而降低，增值税不利于收入的公平分配，平均税率和消费支出差异的分配效应是增值税不均等效应减弱的决定因素。

最后，部分学者还比较分析了不同改革方案对收入分配的影响，程子建（2011）利用住户调查数据、投入产出方法和实际税收数据研究发现增值税扩大到生产性服务业会改善居民福利，但有累退性；而增值税全面扩围的福利改善作用小于生产性扩围，但有累进性。冼彬璋和雷根强（2012）利用玉冈（Masayuki Tamaok，1994）的投入产出模型测算增值税“扩围”对我国城镇家庭收入分配的影响，发现不同的“扩围”方案都降低了收入不平等程度，但下降程度较小；虽从总体上降低了我国城镇居民家庭税负，但并未改变我国流转税累退的性质。

四、关于税制改革方向

（一）个人所得税改革方向研究

在个人所得税改革方面，高培勇（2009）、贾康和梁季（2010）、崔军和朱志钢（2011）、严丹良和韩彦峰（2012）等认为我国个人所得税改革应实行分类与综合相结合的税制模式。潘小璐（2009）、杨宜勇和池振合（2010）、刘畅（2011）等认为采用综合课税模式。刘尚希（2012）认为我国的个人所得税改革宜放弃累进税率，实行有免征额的较低单一税率。崔志坤和经庭如（2014）提出在局部地区试点综合与分类征收模式的个人所得税制度，并考虑将个人所得税作为中央税、地方政府征收附加税。王结玉（2014）建议将工资薪金所得减除费用标准与 CPI 挂钩，一年一调整。谷成（2014）认为未来的改革应在合理确定劳动所得和资本所得税负水平的基础上调整税率结构，将指数化机制用于费用扣除标准的调整，按照家庭人口数量及就业状况细化费用减除标准，对一定额度以下、具有显著文化意义的实物所得予以免税。

（二）财产税改革方向研究

在财产税改革方面，学者们普遍认为要将财产税作为地方主体税种，发挥筹集财政收入的功能。沈玉平（2005）分析了我国现行财产税存在的问题、财产税改革及其政策选择的目标原则、财产税种类的选择以及财产税制度设计等。谷成（2006）认为财产税体系应从改革财产税计税依据和税率、管理水平、征管水平等几方面加以改革和完善。刘尚希（2007）指出我国财产税改革要替代原来已经不合时宜的相关税种以及替代基层政府不具有地方税属性的税种。舒国燕（2008）指出我国的财产税改革需将财政收入功能放在第一位，使财产税成为地方政府的主要收入来源，将“物业税、遗产税和赠与税作为主体、车船税等税种作为补充的财产税体系”作为目标模式。谢宇航（2014）也指出财产税是适合我国地方政府的主体税种，财产税制度改革须分阶段逐步推行，第一阶段应将征税范围限制在财富积累程度高、人均负税能力强且房地产市场发达的城市地区，第二阶段将征税范围扩展至乡镇和农村。

（三）遗产税税改革方向研究

在遗产税改革方面，近年来学者们讨论得比较多，就我国开征遗产税的条件、是否适合开征以及制度设计等问题发表了看法。李成（2004）通过对民营企业现状的分析得出我国现阶段不宜开征遗产税，并指出开征遗产税所应具备的制度条件。赵伟和周小付（2014）基于功能定位角度分析了遗产税的开征条件、税率设计和税基等问题。谢枫（2014）以 2007 年和 2011 年我国居民财产收入的相关数据为基础，提出构建我国遗产税制度的纳税人、征税范围、税率形式及免征额等税制要素的设计思路。谢百三和刘芬（2014）通过对国际经验的介绍与对我国国情的分析，认为我国不宜开征遗产税。贾康（2014）从遗产税考量的价值取向和改革设计的问题导向两个维度，对研究开征遗产税问题进行分析探讨。朱延松（2015）分析了遗产税开征的公平与效率问题，认为从我国经济发展状况看开征遗产税是当务之急。李华和王雁（2015）探讨了遗产税存废的原因，认为中国开征遗产税的社会意义大于财政意义，我国当前的经济基础能支撑遗产税的开征，但需弱化征管水平、国际竞争和社会文化传统等的约束。

（四）房地产税改革方向研究

在房地产税改革方面，20 世纪 80 年代以来房地产市场快速发展，房地产价格持续上涨，建立调控房价、调节社会财富分配的税收制度显得尤为重要。温来成（2011）分析全面推行房地产税改革所需的基础条件，从房地产产权普查、税源信息系统建设、房地产税改革定位等方面提出目前推进房地产税改革的路径选择。何倩（2013）通过对房产、地产以及房地产征税依据的分析，对房产地产合并征收房地产税进行探讨。安体富和葛静（2014）从房地产税的概念层次、税收立法权的回归、房地产税与稳定税负、房地产税与不动产统一登记制度、房地产税改革与农地产权制度改革等多个视角对下一阶段房地产税改革需要注意的新问题进行了探讨。李文（2014）设计了我国房地产税改革的四个方案，测算不同方案下的经营性房地产和非经营性房地产的税收收入，认为窄税基低税率方案较为可行，但短期内房地产税很难作为地方主体税种。詹鹏和李实（2015）在论述房产税对收入不平等的传递机制的基础上，根据 2002 ~ 2009 年城镇住户调查数据研究发现重庆和上海的房产税试点扩展至全部城镇居民后的平均税率不足 0.2%，房产税采用累进税率优于采用固定比例税率，按家庭总面积作为减免依据优于按人均住房面积。

五、文献述评

国内外学者对税收的收入再分配效应展开了大量研究，由于税率、税基、征收效率以及国情等的不同，使得相同的税种或税制对居民收入分配的调节作用在不同国家表现出异质性。就我国而言，多数文献以微观个体或分组数据为样本，采用指数分解方法、可计算一般均衡（CGE）模型等方法研究表明，个人所得税有利于调节居民收入分配，间接税整体呈累退性，增值税“扩围”对居民收入分配起逆向调节作用，但现有文献的研究仍存在以下四个问题。

第一，现有文献主要探讨工薪所得税的收入再分配效应，没有或很少探讨个人所得税的总调节效应或分项收入个人所得税的收入再分配效应。而关于工薪所得税的研究中，也较少对历次工薪所得税改革效果进行评价。另外，由于就业者所处的行业在很大程度决定了其收入水平，所以研究行业个人所得税的收入再分配效应显得非常有必要，但很少有文献从行业角度研究个人所得税的再分配效应。

第二，现有文献侧重于分析间接税或流转税的整体再分配效应，对间接税或流转税分税种分税目的研究相对缺乏。间接税的整体再分配效应是明确的，但分税种的调节效应未明确，其主要原因在于各税种的不同税目的累进性或累退性不一。因此，分析各税种不同税目在不同收入群体的消费情况以及它们的累进性质，可以更好设定税率，精准定位税收的作用人群，从而达到提高间接税的收入再分配调节作用的目的。

第三，现有文献在探讨增值税“扩围”的作用时，没有关注居民消费支出差异、税率变化等因素对增值税“扩围”的收入分配效应的影响，也没反映税率、税基、中间投入等因素对服务业税负的影响，更没对即将实行的全面“营改增”的影响进行研究。大部分文献都只分析部分行业“营改增”前后居民收入差距的变化，较少挖掘“营改增”

对居民收入分配和服务业的深层次影响。

第四，鲜有文献全面考察个人所得税、间接税和增值税“扩围”的收入再分配效应。现有文献或只研究工薪所得税的收入再分配效应，或只研究间接税或流转税的收入再分配效应，或只研究增值税“扩围”的收入再分配效应。关于这三方面的研究或整个税制的研究缺乏系统性、深入性。

第三节 研究内容与研究方法

一、研究思路

本书对税收的收入再分配效应研究从理论和实证两个方面展开。在理论研究中，本书对税收调节居民收入分配的理论演进、作用机制和局限性进行了阐述，梳理税收的收入再分配效应测度方法及分解方法、税收的累进性测度方法及分解方法，并探讨各种方法之间的联系、区别和优缺点。

在理论研究的基础上，本书从多个视角对税收的收入再分配效应进行了广泛的实证分析。首先，从分项个人所得税、工薪所得税和行业个人所得税三个方面对个人所得税的再分配效应进行研究；其次，分税种对我国城镇居民间接税的累进性和再分配效应进行研究；最后，分析增值税“扩围”对我国城镇居民收入分配效应的影响以及部分行业“营改增”、全面“营改增”对服务业税负的影响。

以上研究思路具体见图 1－1。

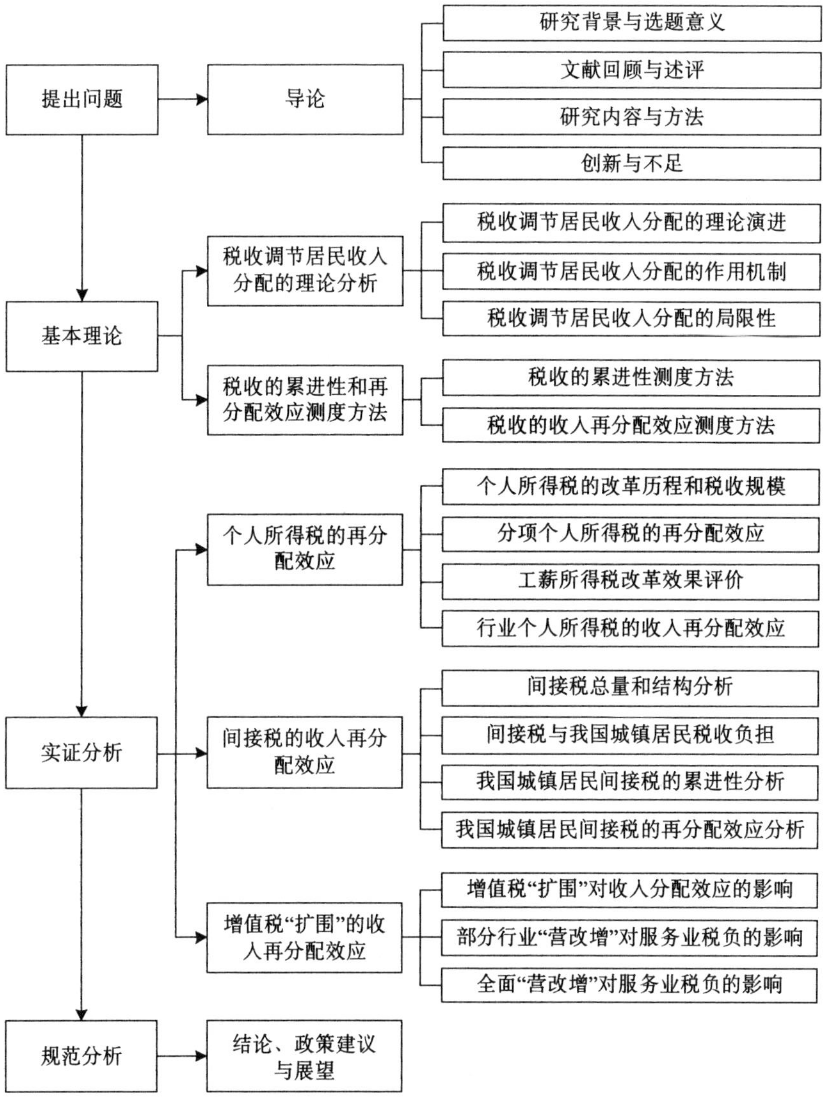

图1-1　我国税收的收入再分配效应研究思路

二、研究内容

本书共分为七章，各章节内容安排如下：

第一章是导论。介绍研究背景和选题意义、国内外文献回顾与述评、研究内容与研究方法、创新与不足等内容。

第二章是税收调节居民收入分配的理论分析。首先，介绍税收调节居民收入分配的理论演进；其次，阐述税收调节居民收入分配的作用机制；最后，介绍税收调节居民收入分配的局限性。

第三章是税收的累进性和再分配效应测度方法。对税收的累进性测度、税收的收入再分配效应测度及分解方法进行了系统梳理，阐述了各方法之间的区别和联系，本章是本书方法论的基础。

第四章是我国个人所得税的再分配效应。首先，对个人所得税的改革历程、个人所得税的税收规模和结构进行回顾和分析；其次，采用拟合分布方法研究分项个人所得税对城镇居民收入分配的调节作用；然后，采用中国健康与营养调查（CHNS）微观数据分析历次工薪所得税改革对城镇居民收入分配的影响，从静态和动态两方面评价工薪所得税的税制改革效果；最后，分析个人所得税对行业收入差距的调节作用。

第五章是我国城镇居民间接税的收入再分配效应。在描述我国间接税总量和结构的基础上，分析城镇居民间接税的税收负担，对间接税整体的累进性及分税种的累进性进行测度，并对间接税累进性按税种进行分解，最后分析间接税的收入再分配效应。

第六章是增值税“扩围”的收入再分配效应。本章从两个方面展开分析，一是增值税“扩围”对城镇居民收入分配效应的影响，该部分通过提出的新方法将增值税“扩围”的再分配效应分解为平均税率、税率差异、基尼相关和消费支出差异等四个部分。二是基于投入产出表分析部分行业“营改增”以及全面“营改增”对服务业税负的影响，重点分析部分行业“营改增”前后我国服务业各行业的税收变动值与税负变动率，以及全面“营改增”、四大行业“营改增”对服务业税负的影响。

第七章是结论、政策建议与展望。通过对第一章至第六章研究结论的梳理，本书从促进收入公平分配的个人所得税政策和促进收入公平分配的间接税政策两个方面分别提出相应的政策建议，并对进一步深化该领域的研究进行了展望。

第四节　创新与不足

一、创新之处

关于税收的收入再分配效应研究，学者们做过很多相关方面的分析，本书在梳理大量文献的基础上，对我国个人所得税的再分配效应、间接税的再分配效应以及增值税“扩围”的收入分配效应进行了较为深入的研究。总体上看，本书的创新主要体现在两个方面，即研究视角的创新和研究方法的创新。

（一）研究视角

第一，本书对税收再分配效应及分解方法、累进性及分解方法进行了较全面的梳理，对各种方法之间的区别、联系和优缺点都做了清晰的阐述，完善了税收再分配效应和累进性研究的方法论。

第二，以往研究多关注工薪所得税的收入再分配效应，本书通过拟合城镇居民收入分布，考察个人所得税整体的收入再分配效应以及不同所得类型的个人所得税对城镇居民收入差距的调节作用。

第三，本书分析部分行业“营改增”、四大行业“营改增”以及全面“营改增”对服务业税负的影响。由于全面“营改增”于2016年5月1日开始实行，关于该方面的研究几乎没有学者做过，本书分析这三类“营改增”的效应及相互间的差别，有助于全面评价“营改增”对服务业税负的影响。

（二）研究方法

第一，关于我国个人所得税的再分配效应。本书提出MT再分配效应指数静态与动态分解方法，以分析工薪所得税对城镇居民的收入再分配效应，并对历次的工薪所得税改革效果进行评价，为未来的个人所得税改革政策制定提供了有效参考。另外，本书采用S基尼系数反映行业收入不平等状况，并将行业个人所得税的再分配效应分解为以S基尼系数衡量的纵向公平效应和横向公平效应。

第二，关于我国城镇居民间接税的收入再分配效应。本书采用多种累进性测度方法和再分配效应测度方法分析，以检验间接税对城镇居民收入分配调节作用以及税制的累进性程度的稳健性，并按税种、税目对间接税的累进性进行分解，考察不同税种以及不同商品的累进或累退程度。

第三，关于增值税“扩围”的收入再分配效应。本书提出一个新的增值税收入再分配效应的分解方法，使用该新方法分析增值税“扩围”对城镇居民收入分配效应的影响。另外，本书基于投入产出表分析部分行业“营改增”对服务业税负的影响时，提出税负变动率的分解公式，并将中间抵扣效应进一步分解为抵扣产品平均税率和中间投入品结构，从而更具体地量化了部分行业“营改增”对服务业税负的影响。

二、不足之处

第一，《中国城市（镇）生活与价格统计年鉴》于2012年后就不再编撰，该年鉴中关于城镇居民七等份分组的详细收入和支出细分类数据在2011年以后无法得到更新，其他年鉴也无该类数据，这使得采用该类数据进行分析的实证结果的时间稍显陈旧。

第二，由于微观收入数据的缺失，本书利用城镇居民七等份分组数据拟合的收入分布可能与实际收入分布存在偏差，导致分析的结论不够精准。由于个体倾向于隐瞒、低报真实的收入水平，使得年鉴上的城镇居民经营净收入过低，极少个体的经营净收入超过费用扣除标准，使得本书无法深入分析经营净收入个人所得税对居民收入分配的调节作用。另外，中国健康与营养调查（CHNS）的公布存在时滞性，且不连续，使得分析结果不能得到及时更新。

第三，间接税的收入再分配效应研究以及增值税“扩围”对我国城镇居民收入再分配效应的影响都建立在一定的税负归宿假定条件的基础上，不同的税负转嫁假定会影响税收的再分配效应结果，从而影响本书分析结论的客观性和准确性。

第二章

税收调节居民收入分配的理论分析

税收作为调节居民收入分配的一种工具有着悠久的历史，本章通过对其理论演进和作用机制进行回顾，论述税收调节作用存在的局限性，为后文分析我国居民收入分配现状和提出促进收入分配合理化的税收政策建议提供理论依据。

第一节　税收调节居民收入分配的理论演进

税收调节居民收入分配理论历史悠久，早在18世纪资本主义时期，西方经济学家就对此进行过研究。随着经济的发展，税收调节居民收入分配理论不断丰富和完善。本章从经济学角度对税收调节收入分配的重要理论进行系统考察和梳理，将其归纳为国家干预主义学说、自由放任主义学说和最优税收理论三大类。

一、国家干预主义学说

国家干预主义学说主张削弱私人经济活动，由国家对经济生活进行干预和控制，包括重商主义学派、历史学派、凯恩斯学派、新剑桥学派、新古典经济学派和制度学派。

（一）重商主义学派

重商主义学派认为国家应积极干预经济生活，促进对外贸易发展，其税收思想构成了西方税收理论的基本框架，对后来西方税收思想发展产生了重大影响。代表人物斯图亚特（1767）认为通过向富人征税来充当国家资金，提高穷人的公共福利，提出赋税的征收原则，即法定原则、最低限度原则、消费比例原则。代表人物尤斯蒂客观分析了消费税的优缺点，提出以营业收益税代替国内消费税，国内消费税可以按照营业收益率设定税率，对生活必需品征收低税率，对奢侈品征收高税率。

为了减轻人民税负，他提出赋税课征六项原则，包括适度原则、公平原则、福利原则、适应原则、确实原则、简便原则。[①]

（二）历史学派

历史学派把同英法古典经济学的对立发展到极端地步，反对古典经济学派的抽象演绎法，主张国家干预经济，强调政府在经济发展中的积极作用。代表人物李斯特（2009）主张实行关税保护制度，提出著名的生产力理论和经济发展阶段理论。代表人物史泰因认为国家和税收是社会再生产过程中不能缺少的因素，他提出税收再生产理论，认为税收数额应和国家职能的经济价值相适应，赋税须有助于所有个别经济的资本形成，并提出赋税的三大原则，即经济原则、财政原则和国家经济原则[②]。代表人物瓦格纳（1931）确立了“社会国家”的理论和社会政策的税收思想，提出经济原则、财政原则、国民经济原则等关于税收再生产理论的三项原则，指出税收不仅是筹集国家经费的财政工具，还可以干预和调整国民收入分配和国民财产分配；根据课税客体负担能力差异，瓦格纳提出实行量能负担原则，即对来自土地和资本这两个要素的收入多课税，对劳动所得少课税，对低收入者免税；另外，他根据支付能力征税原则从支出角度补充设置消费税系，对普通人共同消费的商品课轻税，对奢侈品课重税；瓦格纳提出的“四端九项”赋税原则强调社会政策税收在调节财产、所得分配不公过程中的积极作用。总之，瓦格纳的税制更好地发挥了税收调节社会财富分配不均、贫富两极分化的作用，实现用税收进行社会改革的目的。

（三）凯恩斯学派

凯恩斯学派产生于20世纪30年代的经济危机，这次危机造成生产大幅度下降、失业猛增、贸易萎缩、社会矛盾激化，凯恩斯（1983）认为经济危机的原因是有效需求不足，首次赋予政府调控宏观经济稳定的职能，建议采用税收政策促进收入分配均等化、增加社会消费倾向、

---

① 甘行琼. 西方财税思想史［M］. 北京. 中国财政经济出版社，2007：17－20.

② 甘行琼. 西方财税思想史［M］. 北京. 中国财政经济出版社，2007：101－102.

刺激有效需求。凯恩斯认为实行累进税率，尤其是对遗产课征高额累进税，有利于资本积累、提高消费倾向，并指出以直接税代替间接税为主的税制能更好调节收入分配。

（四）新剑桥学派

新剑桥学派在税收理论上与新古典综合学派都把税收作为政府调节经济活动的重要工具，区别在于新剑桥学派不仅承认新古典综合学派的税收功能，还强调税收具有缩小贫富差距的作用；另外在财政政策上，新剑桥学派认为财政政策的目标是使收入分配均等化，而新古典综合学派则将目标定在促进经济稳定发展上。新剑桥学派代表人物罗宾逊（1982）主张对资本主义经济的调节放在收入分配领域和其他可能影响现有收入分配格局的方面，通过税收缩小贫富差距达到收入均等化的目标；她提倡采用累进所得税率，使低收入者少纳税、高收入者多纳税；鼓励对奢侈品征税而不对必需品征税，主张实行没收性的遗产税（除了给孤儿、寡妇留下的财产外），以消除私人财产的集中，并把该部分得到的收入用于公共政策。

（五）新古典综合学派

新古典综合学派将凯恩斯的宏观经济理论与新古典微观经济理论相结合，一方面承认市场的自动调节作用，另一方面也指出市场不能自动形成充分就业，需要发挥政府的干预作用。代表人物汉森（Hansen，2013）提出了“补偿性的财政政策”，具体含义为：当经济萧条时，通过增加财政支出或降低税率，或两者结合来刺激总需求；当经济繁荣时，通过减少财政支出或提高税率，或两者结合来抑制总需求，并指出税收政策对调节经济波动和促进经济增长具有较大作用，较低的累进所得税有利于促进私人消费和投资。代表人物萨缪尔森（2013）认为税收是调节经济周期波动的“内在稳定器”，在经济繁荣时趋于上升，在经济萧条时趋于下降；他认为一个国家的税收制度应包括比例税和累进税，划分依据取决于从高收入者的征收比例与从低收入者的征收比例的比较，税收的再分配功能主要体现在累进税。代表人物托宾（Tobin，

1974）提出的税收主张被称为“托宾税”，他倡议对国内证券和外汇交易征收小额税收以打击投机行为，并将税收所得救济贫困者；“托宾税”包括资本流入税和资本流出税，税率大小与金融资产的特性、期限和到期执行情况有关，期限越短的金融资产税率越高，其征收方式灵活，可以用隐含征税的方式进行。

（六）制度学派

制度学派反对自由放任，主张通过制度改良调节经济。旧制度学派代表康芒斯（2009）认为对所得税和遗产税应实行累进税制，但税率不能过高，需考虑纳税能力和财富服务能力，对劳动所得征收较低的税，对资本所得征收较高的税。新制度学派代表人物加尔布雷思（1980）认为实行累进税制有利于促进收入平等，主张增加税收来刺激需求、调节经济周期波动，倡导增加销售税、降低关税。

二、自由放任主义学说

自由放任主义学说认为市场具有自发调节作用，反对政府对经济活动进行过多干预，主要包括重农主义学派、古典经济学派、新古典经济学派、货币学派和供给学派。

（一）重农主义学派

重农主义学派从自然法则出发，主张经济自由，认为包括赋税政策在内的国家任何政策和措施的制定都应以有利于农业发展为宗旨。代表人物布阿吉尔贝尔（1984）主张按照固定、公平、合理的原则改革税制，提出取消关税、出口税等国内通行税，实行实物税，减轻农民税收负担。代表人物魁奈（1979）根据“纯产品”理论，主张征收土地单一税，反对征收财产税和人头税或劳动所得税，提倡轻税政策，他非常重视税收征管方式，提倡废除包征制。

（二）古典经济学派

古典经济学派理论核心是经济自由主义，主张经济运行需靠“看不见的手”自发调节，避免税收削弱资本，并认为完善的税收体系应该由直接税和间接税相结合。代表人物配第（2011）详细研究了税收制度的若干要素，对税收原则的论述做了开创性的工作，提出公平、缴纳便利和征收费用最少的税收原则，配第为后来古典经济学派的税收理论奠定了基础和框架。代表人物斯密（2014）分析了税收的来源、性质、税负转嫁和归宿等，提出平等、确实、便利和节约的税收原则，为资本主义税收理论的发展奠定了基础。代表人物李嘉图（1976）扩充和完善了斯密的税赋理论，认为最好的赋税就是税额最少的赋税，并详细研究了地租税、利润税和工资税等税种。代表人物萨伊（2009）认为赋税一般都不利于再生产，应限制政府的生产性消费和赋税规模，并提出反映资产阶级要求的税收原则，即税率适度原则、公平负担原则、节省征收费用原则、不妨碍再生产原则、有利于国民道德提高原则，并论述了直接税和间接税的利弊，指出间接税的税负最终为消费者。代表人物穆勒（1936）反对赋税“利益说”，认为每个人的纳税牺牲均等时才能实现平等纳税，他倡导实行比例税，但要求在一定前提条件下才能实行，他认为直接税会加重国民税负，间接税可以作为国家赋税收入来源，并对间接税的适用范围或征收对象进行了论述。

（三）新古典经济学派

新古典经济学派认为自由放任、国家不干预经济是最好的政策。代表人物马歇尔（1965）开创了税负转嫁与归宿的局部均衡分析和边际分析，首次提出以累进税解决社会的公平问题，采用边际效用递减规律分析税收，主张对个人所得征收累进税，通过税收把富人的相当一部分收入集中于国家。他论述了税收的超额负担问题，认为超额负担是纳税人缴税以外的经济损失，也是消费者剩余的纯损失，对必需品征税比对奢侈品征税产生的超额负担要小。马歇尔认为按比例税率征收的国内消费税和关税对穷人极不公平，应对土地税实行受益多者多缴税、受益少者少缴税的原则征收，对所得和财产课重税。另外，马歇尔还分析了地方税的性质、征收范围和设计等问题，认为地方税应采取有偿税形式，税额应直接用于增加居民福利，征收对象和范围不能导致工人流动。代表人物庇古（2014）从社会福利角度阐述税收对收入分配均等化的作用，将最小牺牲原则作为税收的最高原则，提出通过征收收入累进税、遗产税和给予财政补贴等措施改善居民收入分配，认为商品税无法调节居民的收入。另外，他还提出控制环境污染行为的“庇古税”，旨在通过税收弥补排污者的私人成本和社会成本的差距，从而实现社会资源的有效配置。

（四）货币学派

货币学派的理论基础是“现代货币数量论”和单一规则货币政策，其关于税收的论述是基于政府实施财政政策角度展开，主要体现在弗里德曼的税收思想。弗里德曼（2009）认为税收具有稳定经济的作用，但并不主张运用税收政策，指出比例税率和广泛的税基能使所得税课税公平合理，反对进出口关税保护政策。“负所得税”制度是弗里德曼的一个重要贡献，其实施能保障低收入者的生活，促进社会收入分配的公平。另外，面对20世纪70年代的经济滞胀，弗里德曼提出“收入指数化”方案，将工资、政府债券收益及其他收入与物价指数挂钩，以抵消通货膨胀带来的不平等。

（五）供给学派

供给学派政策主张的核心是减税，通过减税尤其是降低所得税税率来刺激生产或供给、抑制通货膨胀、促进经济增长。代表人物拉弗提出的“拉弗曲线”说明了税率和税收收入的关系，为供给学派的减税理论提供了分析工具，拉弗认为最佳的税收制度应是税率尽可能低而税基尽可能宽广。拉弗和供给学派的其他经济学家还从理论上分析税率、劳动供给和资本形成之间的关系，建立劳动、资本“楔子”模型来描述税率改变对劳动供给和闲暇之间的选择弹性和刺激作用，以及对劳动需求和资本形成的影响，证实减税具有增加就业和资本供给、增强投资吸引力的效应。代表人物费尔德斯坦（Feldstein，1975，1976b）虽主张减税，但反对大规模减税，也不赞成减税具有快速的“收入效应”，认为减税的重点在于降低公司所得税和资本收益税，他还讨论了税收对家庭慈善捐赠、投资行为的影响。

三、最优税收理论

最优税收理论产生于20世纪20年代，是西方税收理论研究的重要内容，经过不断发展和完善，形成了较系统的理论体系。最优税收理论以社会福利函数为工具，研究如何选择税种构建合理的税制体系以实现社会福利最大化。该理论是对税收原则理论的深化和拓展，具体包括最优商品税理论和最优所得税理论。

（一）最优商品税理论

最优商品税理论研究在税收超额负担最小化的条件下如何确定各种商品的税率。拉姆齐（Ramsey，1927）最早对最优商品税问题进行分析，在一系列假设条件下对完全竞争市场中的单一家庭经济进行考察，指出最优商品税税率应使不同商品需求数量的变动比例相等，这被称为“拉姆齐法则”，也就是说对于缺乏需求弹性的商品实行高税率，而对于需求弹性大的商品实行低税率。后来，鲍莫尔和布莱德福（Baumol and Bradford，1970）在各种商品的价格相互独立的情形下，推导出“逆弹性法则”，并指出对于完全需求无弹性的商品，其税率应无穷大，这实际上要求对生活必需品征收重税，对奢侈品课征轻税，这样会导致穷人税负大于富人，不符合公平原则。科利特和黑格（Corlett and Hague，1953）沿着拉姆齐的思路从不同角度研究商品税的设计问题，提出“科利特—黑格法则”，即在不能对闲暇征税的情况下，对与闲暇呈互补关系的商品课重税，对与闲暇呈替代关系的商品课轻税，这实际上是对闲暇间接课税，产生了与“逆弹性法则”相反的效果。达门和莫里斯（Diamond and Mirrlees，1971）将拉姆齐的单一家庭经济扩展到多个家庭经济中，把公平问题引入最优商品税，指出在需求独立情形下，一种商品的最优税率取决于需求价格的逆弹性和收入弹性。斯登

(Stern, 1987) 基于公平角度认为应当对需求弹性小的商品征收低税率，对需求弹性大的商品征收高税率。詹姆斯（James, 1996）考虑了公平、效率、实施成本、管理成本等因素后，认为由拉姆齐发展起来的最优商品税不具可行性，单一比例税率能减少实施成本和管理成本，商品税应实行单一比例税率。

（二）最优所得税理论

最优所得税理论研究在信息不对称的假设下如何确定税率以兼顾公平与效率，分为非线性最优所得税和线性最优所得税两类。埃奇沃思（Edgeworth, 1897）以边沁主义福利学说为基础，在假定所得税不会影响劳动供给的前提下，认为最优税收的目标就是使社会福利即个人效用之和达到最大。维克里（Vickrey, 1946）基于信息不对称，研究最优所得税对经济行为主体的激励作用，建立满足公平又不影响效率的个人所得税税率。斯登（1976）考虑闲暇因素后分析所得税对劳动供给的影响，提出线性所得税模型，指出劳动供给补偿弹性越大则边际税率越低。迈克（Micrless, 1971）利用数理推导得出了倒"U"形所得税税率模式，根据兼顾公平和效率的原则，对中等收入阶层的边际税率可以适当提高。格鲁伯和塞亚斯（Gruber and Seaz, 2002）研究发现最优所得税应该符合边际税率随收入的增加而下降，平均税率随收入的增加而上升的特征，高收入者边际税率的降低可以提高劳动供给，从而政府可以获得更多的税收来补贴低收入者。

纵观税收调节居民收入分配的理论研究，可以看到税收的调节功能随着不同时期的经济发展状况和政府的政策取向而改变，其实质也是公平和效率的选择问题。国家干预主义学派期望通过税收政策的实施达到促进经济发展、缩小收入差距的目的，但国家干预也会陷入"政府失灵"的困境。经济自由主义学派在政策上坚持自由放任，更注重效率，但也会陷入"市场失灵"的困境。斯蒂格利茨（2013）认为税制无法兼具公平和效率，关注收入分配公平的税制必然损失经济效率，大幅度累进的税制可以增加社会公平，但会损失经济效率。因此，最优税收理论试图协调税收的公平和效率原则，以尽可能地使社会福利最大化。

第二节　税收调节居民收入分配的作用机制

在国民收入的初次分配和再分配的过程中，税收可以影响课税主体的成本、收益和财富积累，改变其经济行为的选择方向，从而达到调节居民收入分配的目的。在一个完整、健全的税制体系下，税收在居民收入的实现、使用、积累和转让等运动环节对收入的流量和存量进行直接和间接的调节。

一、居民收入的实现环节

在个人收入的实现环节，个人所得税和社会保险税直接影响居民的可支配收入，从而影响居民的投资能力和财富积累；企业所得税直接调节企业收入，间接调节居民收入和企业积累规模，从而起到调节居民收入分配的作用。具体地，个人所得税通过免征额的设定使低收入阶层不用纳税，而累进的税率结构使高收入阶层缴纳更多的税额，低收入阶层缴纳较少的税额，从而缩小不同阶层的收入差距，是调节收入分配最重要的税种。

企业所得税是对企业经营所得扣除各项成本后的纯收入课税，其调节收入分配的作用取决于税负转嫁的方向和程度，无论是理论探讨还是实证检验，至今都没有对企业所得税税负转嫁和归宿达成共识（Sørensen，1995；Gravelle，2009）。部分学者认为企业所得税不会转嫁给消费者或劳动者，持该观点的人认为企业所得税可以通过降低资本收益率的方式完全由资本所有者承担，企业所得税的高低直接决定了资本所有者的收益，有助于缩小不同盈利状况的企业间的税后利润差距，调节不同资本所有者的收入差距。另外，由于资本所有者基本上都是高收入者，因此，企业所得税也在一定程度上降低了高收入阶层的潜在收入，间接缩小了资本所有者和劳动者的收入差距。另一种观点认为企业所得税作为企业成本的一部分，可以通过压低工资转嫁给劳动者（Gravelle and Smetters，2006；Felix，2007），也可以通过提高商品价格转嫁给消费者（Sebold，1979；Ablett and Hart，2005），这将使企业所得税调节收入分配的功能受到一定程度的影响。

社会保险税以企业员工的工资为课税对象，是企业和员工共同支付的保险金，在我国以社会保险费的形式按一定比率征收，包括基本养老保险费、基本医疗保险费、工伤保险费、失业保险费和生育保险。社会保险税是政府实行社会保障的主要资金来源，政府可以通过财政转移支付方式增加低收入阶层的收入，在一定程度上实现收入的公平分配。但由于社会保险税一般有征收上限，没有免征额或起征点，高收入阶层的税负较轻，这使社会保险税具有一定的累退性，减弱了调节收入分配的作用。

二、居民收入的使用环节

在个人收入的使用环节，居民利用可支配收入进行消费活动，虽然名义上的纳税人是生产者、经营者，但通过税负转嫁，实际承担的往往是消费者。消费税、增值税、营业税等间接税的征收会提高不同商品的价格，使不同收入阶层居民的实际购买力不同程度的下降，从而达到调节收入分配的作用。①

消费税的课征对象选择性强，范围窄，包括烟酒、化妆品、汽油、小汽车和高档消费品。通过对普通消费品实行免税或低税率，使低收入

① 关于间接税调节收入分配的功能存在着争议，反对者认为间接税不对消费行为课税，使一些消费行为得不到调节，另外，间接税还受商品供求状况、需求弹性、消费模式和市场环境的影响，从而难以发挥调节收入分配的作用。

阶层少纳税；通过对高档奢侈品征收高额的消费税，使高收入阶层多纳税，增加其消费支出，从而起到缩小收入差距的作用。增值税通过对粮食、食用植物油、自来水、天然气等日常必需品征收低税，使该部分商品价格不至于过高。营业税对收入的调节功能和增值税类似，对收入较高的行业如娱乐业、金融保险业等征税，从而达到调节收入分配的目的。

三、居民收入的积累环节

在个人收入的积累环节，居民的收入以动产和不动产的形式存在，财产税对居民的财产存量进行征收，其税负不宜转嫁，能改善财富过度集中现象，有助于缩小居民之间的财富差距。我国开征的财产税有房产税、契税、车船税、船舶吨税、车辆购置税等，房产税对纳税人拥有的房屋按房价或租金收入征税，契税以所有权发生变动的不动产（包括土地使用权出售、房屋买卖、房屋赠与等）为征税对象，车船税对车船所有者征税，船舶吨税对进出中国港口的国际船舶征税，车辆购置税是对购买境内规定车辆征税。拥有这些财产的居民一般都是高收入阶层或生活相对宽裕的居民，其纳税额越多，对收入分配调节的功能越强。

四、居民收入的转让环节

在个人收入的转让环节，遗产税对个人财富（包括由灰色收入形成的财富）转移征税，不但可以弥补个人所得税的不足，还能有效防止财富代代相传，实现代际公平。我国目前尚未开征遗产税，《关于深化收入分配制度改革的若干意见》中提出研究在适当时期开征遗产税问题，未来遗产税的实施将大大增强我国税收调节收入分配的功能。

图 2－1 反映了税收调节居民收入分配的一个简略流程。首先，分析政府部门的收入来源和支出。企业部门缴纳的企业所得税、居民缴纳

的个人所得税以及社会保险费构成了政府部门财政收入的一部分，而政府部门的补贴则构成了居民的可支配收入。其次，企业部门发放的劳动报酬、股票分红等要素收入构成了居民的个人总收入，个人总收入在缴纳所得税、社会保障支出后形成个人可支配收入。个人可支配收入在消费过程中需缴纳增值税、消费税、营业税、关税等间接税，在投资过程中需缴纳财产税，剩余部分收入则形成储蓄。在消费、投资、储蓄后，个人积累了财产，而这部分财产可能又需要交纳遗产税。可见，税收对居民收入的调节贯穿个人收入的形成、消费、投资、转让等多个环节，通过构建全方位、多层次、系统化的税制体系，可以有效发挥税收调节居民收入分配的功能。

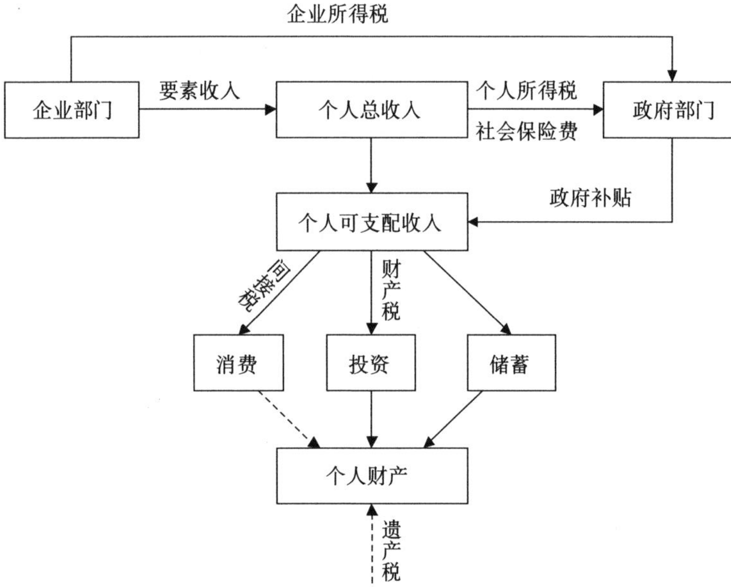

图 2－1　税收调节居民收入分配的作用机制

资料来源：作者整理得到，参考吕冰洋．我国税收制度与三类收入分配的关系分析［J］．税务研究，2010（3）：28－32.

第三节 税收调节居民收入分配的局限性

尽管税收具有调节收入分配的作用，但其调节作用会受到一些限制，具有一定的局限性，包括税收调节机制的时滞性、收入信息的完整程度、经济组织课税作用方向的不确定性以及税收征管水平等因素都会影响税收调节收入分配功能的发挥。

一、税收调节机制的时滞性

税收作为一种财政政策作用于经济活动时不会立即产生作用，存在识别时滞、执行时滞和反应时滞。识别时滞指政府对某种经济现象从认识到采取措施经历的时间间隔，税收的识别时滞产生的根本原因在于政府需要一段时间进行资料的收集和分析，并评估和预测税收的实行可能带来的效果。执行时滞指政府决定实行某项税收政策到实际执行所滞延的时间，精简审批程序、提高执政效率能缩短税收政策的执行时滞。反应时滞指税收政策从实施到产生影响的时间间隔，其产生原因在于纳税人对新的税收政策需要一定时间适应，综合权衡后才调整经济行为。

二、收入信息的完整程度

我国统计制度不健全，居民收入信息统计不完整，收入来源统计不详细，很多隐性收入无法监测，尤其是当高收入者的隐性收入较多时，会大大削弱税收的调节作用。一方面，合法的隐性收入未上报、未公开，比如一些财产性收入、劳务报酬、第二职业收入等，使相应的税种无法发挥作用；另一方面，对于非法的隐性收入，比如寻租收入、贩毒收入、走私收入等，造成收入差距扩大，而税收无法对此加以调节，需靠法律予以取缔和规范。

三、经济组织课税作用方向的不确定性

纳税主体包括直接履行纳税义务的经济组织和个人，由于经济组织可以通过各种方式将税款转嫁给居民，产生税负的重新分配，实际承担税负的是居民。因此，研究税收调节居民收入分配的作用程度需考虑税负转嫁的影响。但实际上税负转嫁过程很复杂，不但受各类商品供需弹性的影响，还受市场结构、课税范围等因素的影响，很难清晰准确界定税负转嫁程度，也就无法确定税收的最终归宿以及各方承担的税负，导致税收调节居民收入分配的作用方向存在不确定性，作用大小难以清晰量化。

四、税收征管水平

税收征管水平是税收发挥调节居民收入分配功能的根本保证，影响税收调节居民收入分配的力度。稽查水平较低和征管手段落后会增加偷税、逃税行为发生的概率，尤其是部分高收入者的收入来源多样化，对他们的税收征管比较薄弱，容易造成税收漏失，降低税收调节效果。

第四节　本章小结

本章首先对税收调节居民收入差距的理论研究进行回顾，从经济学角度将其归纳为国家干预主义学说、自由放任主义学说和最优税收理论三大类。其中，国家干预主义学说主张削弱私人经济活动，由国家对经

济生活进行干预和控制，包括重商主义学派、历史学派、凯恩斯学派、新剑桥学派、新古典经济学派和制度学派；自由放任主义学说认为市场具有自发调节作用，反对政府对经济活动进行过多干预，主要包括重农主义学派、古典经济学派、新古典经济学派、货币学派和供给学派；最优税收理论是对税收原则理论的深化和拓展，具体包括最优商品税理论和最优所得税理论。其次，本章从居民收入的实现、使用、积累和转让等运动环节，分析税收调节居民收入分配的作用机制，指出通过构建全方位、多层次、系统化的税制体系，可以有效发挥税收调节居民收入分配的功能。最后，本章分析税收发挥调节居民收入分配作用存在的局限性，指出税收调节机制的时滞性、收入信息的完整程度、经济组织课税作用方向的不确定性以及税收征管水平等因素都会影响税收调节居民收入分配功能的发挥。

第三章

税收的累进性和再分配效应测度方法

第一节　税收的累进性测度方法

税收的累进性是指有效税率随着人们收入的提高而增加。一般地，当税率随着收入的提高而增加，则表明税制为累进税；当税率为固定常数，不随收入改变而发生变化，则表明税制为比例税；当税率随着收入的提高而下降，则为累退税。

税收的累进程度决定了税收的再分配效应大小和税收的调节力度。累进程度越高，则税收的再分配效应越大，税收调节收入分配的作用力度也越强；累进程度越低甚至累退，则税收的再分配效应越小甚至为负值，税收调节收入分配的作用力度也越弱，甚至逆向调节收入分配。因此，税收的累进性测度及分解是研究税收再分配效应的基础，也是税收发挥调节收入分配作用的重要内容。

根据税收累进性的测定范围，可以将累进性测度指数分为两类。第一类是局部累进性方法。这种方法主要关注居民收入的内部税率结构，测量特定收入水平或收入区间的税收累进性，又称结构累进性方法，主要的测度方法包括平均税率累进性 ATR、边际税率累进性 MTR、应纳税额累进性 LP 和剩余收入累进性 RIP 等四种；第二类是整体累进性方法。这种方法测量的是整个居民收入分布的累进性，通常采用基尼系数衡量税前税后的居民收入不平等的变动情况，又称有效累进性方法，主要的测度方法包括 MT 累进性、EP 有效累进性、PO 累进性、KP 累进性、K 累进性、S 累进性、RSA 累进性、TBI 累进性、KAPE 累进性等九种。

一、局部累进性方法

（一）平均税率累进性 ATR

庇古（Pigou，1928）提出采用平均税率的变化与收入变化的比率来衡量累进性，具体公式为：

$$ATR = \frac{\frac{T_1}{X_1} - \frac{T_0}{X_0}}{X_1 - X_0} \tag{3-1}$$

其中，T_1、T_0 分别为收入 X_1、X_0 的应纳税额，且 $X_1 > X_0$。将应纳税额 T 表示为收入 X 的函数，即 $T = T(X)$，平均税率为$\frac{T}{X}$。假设平均税率曲线是光滑的，当收入微小变化时，则平均税率累进性也可以表示为：

$$ATR = \frac{d}{dX}\left\{\frac{T(X)}{X}\right\} = \frac{1}{X}\left[T'(X) - \frac{T(X)}{X}\right] = \frac{1}{X}(M_{1-0} - A_0) \tag{3-2}$$

其中，M_{1-0}为边际收入 $X_1 - X_0$ 的税率，A_0 为收入 X_0 的平均税率。当 $ATR > 0$ 时，表明税制为累进税，此时 $M_{1-0} > A_0$；当 $ATR = 0$ 时，表明税制为比例税，此时 $M_{1-0} = A_0$；当 $ATR < 0$ 时，表明税制为累退税，此时 $M_{1-0} < A_0$。可见，平均税率累进性是平均税率曲线的斜率，其随着收入的上升而下降，用于测量部分收入范围的累进性。

（二）边际税率累进性 MTR

庇古（Pigou，1928）提出以边际税率变化与收入变化的比率来衡量累进性，即边际税率累进性，具体公式为：

$$MTR = \frac{\frac{T_2 - T_1}{X_2 - X_1} - \frac{T_1 - T_0}{X_1 - X_0}}{X_2 - X_1} \tag{3-3}$$

其中，T_1、T_0 分别为收入 X_1、X_0 的应纳税额，$X_1 > X_0$，$X_2 > X_1$，假设边际税率曲线是光滑的，当收入微小变化时，边际税率累进性可表示为：

$$MTR = \frac{d^2}{dX^2}\{T(X)\} = \frac{M_{2-1} - M_{1-0}}{X_2 - X_1} \tag{3-4}$$

M_{2-1}为边际收入 $X_2 - X_1$ 的税率。当 $MTR > 0$ 时，表明税制为累进税，此时 $M_{2-1} > M_{1-0}$；当 $MTR = 0$ 时，表明税制为比例税，此时 $M_{2-1} = M_{1-0}$；当 $MTR < 0$ 时，表明税制为累退税，此时 $M_{2-1} < M_{1-0}$。可见，

边际税率累进性是边际税率曲线的斜率，不同收入区间对应不同斜率，其同样也用于测量部分收入范围的累进性。

（三）应纳税额累进性 LP

马斯格雷夫和西姆（Musgrave and Thin，1948）在庇古（Pigou，1928）的基础上提出的，它等于应纳税额变化百分比与收入变化百分比的比率。具体公式为：

$$LP = \frac{T_1 - T_0}{T_0} \cdot \frac{X_0}{X_1 - X_0} \tag{3-5}$$

其中，T_1、T_0 分别为收入 X_1、X_0 的应纳税额。应纳税额累进性也可以表示为税收弹性，即应纳税额累进性等于边际税率和平均税率的比值：

$$LP = \frac{dT(X)}{dX} \cdot \frac{X}{T(X)} = \frac{d\log T(X)}{d\log X} = \frac{M_{1-0}}{A_0} \tag{3-6}$$

当 $LP > 1$ 时，表明税制为累进税，此时 $M_{1-0} > A_0$；当 $LP = 1$ 时，表明税制为比例税，此时 $M_{1-0} = A_0$；当 $LP < 1$ 时，表明税制为累退税，此时 $M_{1-0} < A_0$。

比较应纳税额累进性和平均税率累进性，可以发现两者同时成立，其变化趋势是一致的。应纳税额累进性是应纳税额和收入分别取对数后的双对数曲线的斜率，当平均税率同比例变化时，应纳税额累进性在所有收入点上保持不变。

（四）剩余收入累进性 RIP

剩余收入累进性也是由马斯格雷夫和西姆（Musgrave and Thin，1948）提出，它等于税后收入变化百分比与税前收入变化百分比的比率，具体公式为：

$$RIP = \frac{(X_1 - T_1) - (X_0 - T_0)}{X_0 - T_0} \cdot \frac{X_0}{X_1 - X_0} \tag{3-7}$$

其中，T_1、T_0 分别为收入 X_1、X_0 的应纳税额，$(X_0 - T_0)$、$(X_1 - T_1)$ 分别表示收入 X_0、X_1 的税后收入，也即 X_0、X_1 的剩余收入。当收入微小变化时，剩余收入累进性也可以表示为剩余收入弹性，即边际保留率和平均保留率的比值：

$$RIP=\frac{d\{X-T(X)\}}{dX}\cdot\frac{X}{X-T(X)}=\frac{d\log\{X-T(X)\}}{d\log X}=\frac{1-M_{1-0}}{1-A_0}\quad(3-8)$$

当 $RIP>1$ 时，表明税制为累退税，此时 $M_{1-0}<A_0$；当 $RIP=1$ 时，表明税制为比例税，此时 $M_{1-0}=A_0$；当 $RIP<1$ 时，表明税制为累进税，此时 $M_{1-0}>A_0$。比较剩余收入累进性和平均税率累进性，可以发现两者同时成立。剩余收入累进性是税后收入和税前收入分别取对数后的双对数曲线的斜率。

当收入发生改变从而影响税负时，这四种方法测定的累进性结果对不同收入人群存在差异。马斯格雷夫和西姆（Musgrave and Thin，1948）通过将纳税人分为高收入组和低收入组进行分析，发现对高收入组最有利的累进性指标分别为：平均税率累进性、边际税率累进性、法定累进性、剩余收入累进性，对低收入组则刚好相反。同时，马斯格雷夫和西姆（Musgrave and Thin，1948）还指出结构累进性只是分析的技术手段并没有实际经济意义。

上述四种测度税收累进性方法都只能反映某一收入范围的累进性，无法判断整体税率结构的累进情况。在比较两种税制的累进性时，四种方法可能出现在收入分布的不同范围得到相反的累进性结论。因此，有必要采用整体累进性方法对整个收入分布进行分析。

二、整体累进性方法

根据税收规模是否影响累进性，可以将税收整体累进性方法分为两类。第一类整体累进性方法受税收规模的影响，一般将税后收入分配状况包含在累进性指数中，该类方法关注税收的收入再分配效应，通常被学者们用来反映税收的再分配效应情况（Kiefer，1984），包括 MT 累进性、EP 有效累进性和 PO 累进性。第二类整体累进性方法不受税收规模的影响，也不考虑税后收入分配状况，也就是说整个收入分布的税收成比例增加或减少不会影响累进性指数的大小，该类方法关注税负与税前收入的分配状况，包括 KP 累进性、K 累进性、S 累进性、RSA 累进性、TBI 累进性和 KAPE 累进性。

（一）MT 累进性

马斯格雷夫和西姆（Musgrave and Thin，1948）提出采用税前基尼系数与税后基尼系数的差异来反映累进性，即

$$P^{MT}=2S_B-2S_A=G_X-G_Y \tag{3-9}$$

其中，S_A、S_B 分别为图 3-1（a）、（b）中阴影部分 A、B 的面积，G_X 为税前基尼系数，G_Y 为税后基尼系数。当 $P^{MT}>0$ 时，表明税制为累进税；当 $P^{MT}=0$ 时，表明税制为比例税；当 $P^{MT}<0$ 时，表明税制为累退税。另外，雷诺兹和斯莫伦斯基（Reynolds and Smolensky，1977）也提出类似的公式：$P^{RS}=G_Y-G_X$，此时，$P^{RS}<0$ 说明税制是累进税，$P^{RS}=0$ 说明税制是比例税，$P^{RS}>0$ 说明税制是累退税。

（二）EP 有效累进性

根据税后收入平等与税前收入平等的比值，马斯格雷夫和西姆（Musgrave and Thin，1948）提出了一种衡量税收有效累进性的指标，即

$$P^{EP}=\frac{S_B}{S_A}=\frac{1-G_Y}{1-G_X} \tag{3-10}$$

其中，S_A、S_B 分别为图 3-1（a）、（b）中阴影部分 A、B 的面积，G_X 为税前基尼系数，G_Y 为税后基尼系数。当 $P^{EP}>1$ 时，表明税制是累进税；当 $P^{EP}=1$ 时，表明税制是比例税；当 $P^{EP}<1$ 时，表明税制是累退税。

马斯格雷夫和西姆（1948）指出当税率结构给定时，EP 有效累进性大小在很大程度上受税前收入不平等的影响。如果税前收入完全平等，则比例税和高累进税的 EP 有效累进性都等于 1；如果税前收入不平等，则应采用累进性的税率结构，税前收入越不平等，累进税对收入分配的作用越显著。EP 有效累进性不仅取决于平均税率的大小也取决于税率结构的陡峭程度。比较 EP 有效累进性和剩余收入累进性 RIP，

可以发现如果剩余收入累进性 RIP 保持不变，则 EP 有效累进性保持不变；如果剩余收入累进性 RIP 改变，则 EP 有效累进性也会同方向变动（即使变动率可能不相同）。

（三）PO 累进性

佩奇曼和奥克纳（Pechman and Okner，1974）提出将税后基尼系数相比税前基尼系数下降的百分比用来衡量税收的再分配效应，Okner（1975）将该公式作为测量税收累进性的指数，具体公式为：

$$P^{PO}=\frac{2S_B-2S_A}{1-2S_A}=\frac{G_X-G_Y}{G_X} \tag{3-11}$$

其中，S_A、S_B 分别为图 3-1（a）、（b）中阴影部分 A、B 的面积，G_X 为税前基尼系数，G_Y 为税后基尼系数。当 $P^{PO}>0$ 时，表明税制是累进税；当 $P^{PO}=0$ 时，表明税制是比例税；当 $P^{PO}<0$ 时，表明税制是累退税。

上述 MT 累进性、EP 有效累进性和 PO 累进性三种方法都属于第一类整体累进性方法，其中，后两种方法是 MT 累进性的扩展。三者都只考虑税前收入和税后收入的分配状况，区别在于数学公式的表达方式不一样，但反映税收累进性的变化方向是一致的。由于平均税率的变化会影响这三种累进性指数的大小，因此，很难说它们是测度税收累进性的合适方法，更多得被用于衡量税收的再分配效应。

（四）KP 累进性

可丹和波达尔（Khetan and Poddar，1976）提出两种测量累进性的方法，分别是中性产出累进系数—差异 1（Yield - Neutral Coefficient of Progression Variant 1，简称 YNCP1）和中性产出累进系数—差异 2（Yield - Neutral Coefficient of Progression Variant 2，简称 YNCP2），两种方法测算的累进性不受平均税率变化的影响。YNCP1 的公式为：

$$YNCP1=\frac{S_A}{S_C}=\frac{1-G_X}{1-C_T^X} \tag{3-12}$$

其中，S_A、S_C 分别为图 3-1（a）、（c）中阴影部分 A、C 的面积，G_X 为税前基尼系数，C_T^X 为税收 T 按税前收入 X 排序的集中指数。当

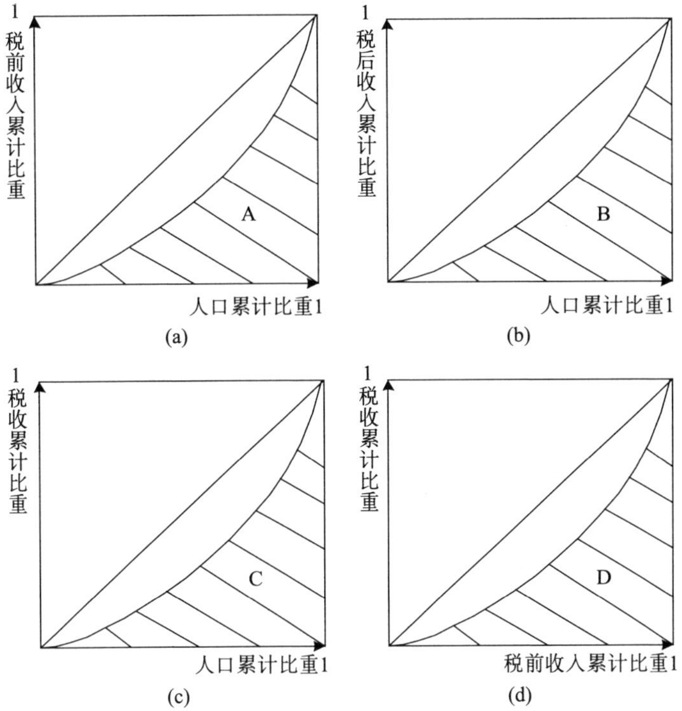

图 3 – 1　收入和税收的洛伦茨曲线

资料来源：EXCEL 统计输出。

$YNCP1>1$，表明税制为累进税，此时 $G_X<C_T^X$；当 $YNCP1=1$，表明税制为比例税，此时 $G_X=C_T^X$；当 $YNCP1<1$，表明税制为累退税，此时 $G_X>C_T^X$。可丹和波达尔（Khetan and Poddar，1976）证明 $YNCP1$ 与 P^{MT} 是同时成立的。

对于 YNCP2，有

$$YNCP2=\frac{1}{2S_D}=\frac{1}{2\int_0^1 F(x)dL(X)} \tag{3-13}$$

其中，S_D 为图 3 – 1（d）中阴影部分 D 的面积，$F(x)$ 为图 3 – 1（d）中收入 x 对应的纵坐标（按税前收入排序的税收累计比重函数），$L(X)$ 为图 3 – 1（d）中收入 x 对应的横坐标（税前收入累计比重函数）。当 $YNCP2>1$，表明税制为累进税；当 $YNCP2=1$，表明税制为比例税；当 $YNCP2<1$，表明税制为累退税。

（五）K 累进性

卡瓦尼（Kakwani，1977）提出税收累进性应当是衡量实际税制偏离比例税制的程度，认为税收累进性可以表示为税收集中系数和税前收入基尼系数的差，其基本原理与 YNCP1 累进性相同，具体公式为：

$$K=2(S_A-S_C)=C_T^X-G_X \tag{3-14}$$

其中，S_A、S_C 分别为图 3－1（a）、（c）中阴影部分 A、C 的面积，G_X 为税前基尼系数，C_T^X 为税收 T 按税前收入 X 排序的集中指数。当 $K>0$，表明税制为累进税；当 $K=0$，表明税制为比例税；当 $K<0$，表明税制为累退税。

卡瓦尼（1977）还指出 MT 累进性指数并不能很好地反映税收累进性，他认为"MT 累进性指数是关于平均税率和累进性的公式，实际度量了税收的再分配效应"，并给出反映 MT 累进性指数与 K 累进性指数两者之间关系的公式：

$$P^{MT}=G_X-G_Y=\frac{t}{1-t}K \tag{3-15}$$

其中，t 为平均税率。从式（3－15）可以发现，对于给定的税收弹性和 K 累进性，平均税率越大，MT 累进性指数越大，税收的收入再分配效应就越强；平均税率越小，MT 累进性指数越小，税收的收入再分配效应就越弱。

K 累进性指数可以从税制种类和税制影响因素两个方面展开分解。

第一，按税制种类分解。该分解方法由卡瓦尼（1977）提出，旨在将税收体系的累进性分解为各单个税种累进性指数的加权和。具体公式为：

$$K=C_T^X-G_X=\sum_{i=1}^{n}\frac{t_i}{t}K_i \tag{3-16}$$

其中，$K_i=C_{T_i}^{X_i}-G_{X_i}$ 为第 i 个税种的 K 累进性指数，t_i、t 分别表示第 i 个税种的平均税率和总税收体系的平均税率。根据式（3－16）可以计算每个税种对总税收体系累进性的贡献份额：

$$S_i = \frac{t_i}{t}\frac{K_i}{K} \tag{3-17}$$

第二，按税制影响因素分解。该分解方法由普法勒（*Pfahler*，1990）提出，旨在将税收体系累进性分解为税率效应、扣除额效应、税收抵免效应和逃税效应四种因素。定义 X 为税前收入，S 为名义税率结构，D 为扣除项目，H 为税收抵免额，E 为逃税额，X_T 为应纳税所得额，T_1 为税收抵免前总应纳税额，T_0 为税收抵免后净应纳税额，T 为实际缴纳税款。根据税制影响因素将 K 指数进行分解，得到：

$$K = C_T^X - G_X = \underbrace{(C_T^X - C_{T_0}^X)}_{\text{逃税额累进性}} + \underbrace{(C_{T_0}^X - G_X)}_{\text{税制累进性}} \tag{3-18}$$

C_T^X、$C_{T_0}^X$分别表示实际缴纳税款 T 和净应纳税额 T_0 按税前收入 X 排序的集中指数。由于 $T_0 = T + E$，对净应纳税额集中系数 $C_{T_0}^X$进行分解：

$$C_{T_0}^X = \frac{T}{T+E}C_T^X + \frac{E}{T+E}C_E^X \tag{3-19}$$

C_E^X 表示逃税额 E 按税前收入 X 排序的集中指数。通过整理式（3-19）得到逃税额累进性与实际纳税额累进性的关系：

$$C_T^X - C_{T_0}^X = \frac{E}{T}(C_{T_0}^X - C_E^X) \tag{3-20}$$

其中，$\frac{E}{T}$反映逃税的程度。另外，根据 $T_0 = T_1 - H$，净应纳税额集中系数 $C_{T_0}^X$又可以分解为：

$$C_{T_0}^X = \frac{T_1}{T_1 - H}C_T^X - \frac{H}{T_1 - H}C_H^X \tag{3-21}$$

C_H^X 表示税收抵免额 H 按税前收入 X 排序的集中指数。式（3-21）两边同时减去 G_X，整理得到税制累进性的分解公式：

$$C_{T_0}^X - G_X = \frac{T_1}{T_1 - H}(C_{T_1}^X - G_X) + \frac{H}{T_1 - H}(G_X - C_H^X) = \frac{t}{t-h}\kappa_{T_1 X} + \frac{h}{t-h}\kappa_{XH} \tag{3-22}$$

其中，$C_{T_1}^X$表示总应纳税额 T_1 按税前收入 X 排序的集中指数。$t = \frac{T_1}{X}$

为税收抵免前的平均税率，$h=\frac{H}{X}$为平均税收抵免率，$\kappa_{T_1X}=G_X-C_H^X$ 表示总应纳税额累进性，κ_{XH}表示税收抵免累进性。进一步地，总应纳税额累进性可以分为表示税率结构的直接累进性和表示税基结构的间接累进性：

$$\kappa_{T_1X}=(C_{T_1}^X-C_{X_T}^X)+\frac{X}{X-D}G_X-\frac{D}{X-D}C_D^X-G_X=\kappa_{T_1X_T}+\frac{d}{1-d}\kappa_{XD} \quad (3-23)$$

其中，$C_{X_T}^X$表示应纳税所得额 X_T 按税前收入 X 排序的集中指数，C_D^X 表示扣除项目 D 按税前收入 X 排序的集中指数。$\kappa_{T_1X_T}=(C_{T_1}^X-C_{X_T}^X)$表示税率结构累进性，$d=\frac{D}{X}$为扣除项目比率，$\kappa_{XD}=G_X-C_D^X$ 表示扣除项目累进性。

综上，K 累进性指数可以分解为：

$$K=\underbrace{(C_T-C_{T_0})}_{\text{逃税效应}}+\frac{t}{t-h}\left(\underbrace{\kappa_{T_1X_T}}_{\text{税率效应}}+\frac{d}{1-d}\underbrace{\kappa_{XD}}_{\text{扣除效应}}\right)+\frac{h}{t-h}\underbrace{\kappa_{XH}}_{\text{税收抵免效应}} \quad (3-24)$$

（六）S 累进性

该方法由休茨（Suits，1977）提出，其基本原理与 YNCP2 相同，具体公式为：

$$S=1-2S_D=1-2\int_0^1F(x)dL(X) \quad (3-25)$$

其中，S_D 为图 3－1（d）中阴影部分 D 的面积，$F(x)$为图 3－1（d）中收入 x 对应的纵坐标（按税前收入排序的税收累计比重函数），$L(X)$为图 3－1（d）中收入 x 对应的横坐标（税前收入累计比重函数）。

当数据为离散数据时，S 累进性指数可以表示为：

$$S=1-\sum_{i=1}^{n}[L(x_i)+L(x_{i-1})][F(x_i)-F(x_{i-1})]$$
$$=\sum_{i=1}^{n-1}[L(x_{i+1})F(x_i)-L(x_i)F(x_{i+1})] \quad (3-26)$$

当 $S>0$，表明税制为累进税；当 $S=0$，表明税制为比例税；当 $S<0$，表明税制为累退税。可以发现，S 累进性指数受税前收入分配的

影响，因此，使用 S 累进性指数比较不同地区或国家的税收累进性程度时，需考虑其税前收入分配状况。

类似于 K 累进性指数，当税制包含两种或更多的税种时，S 累进性指数可以分解为：

$$S_{12} = (t_1 S_1 + t_2 S_2)/(t_1 + t_2) \quad (3-27)$$

其中，S_1、S_2 分别为税种 1 和税种 2 的累进性指数，S_{12} 为包含税种 1 和税种 2 的税收体系的累进性指数，t_1、t_2 分别为税种 1 和税种 2 的平均税率。当税收体系中同时存在累进性税种和累退性税种时，整个税收体系可能表现为比例税。

（七）RSA 累进性

鲍姆（Baum，1987）提出了相对份额调整（Relative Share Adjustment，简称 RSA）累进性测度方法，将家庭收入从高到低排序分组，用每一组的税后收入份额占税前收入份额的比值来衡量，测定由征税引起的收入相对份额的变化，由此产生的一系列 RSA_i 描述了税收的整体累进性。公式表示为：

$$RSA_i = \frac{Y_i / Y}{X_i / X} \quad (3-28)$$

其中，X_i、Y_i 表示第 i 组的税前收入和税后收入，X、Y 分别表示税前总收入和税后总收入。当 RSA_i 随着收入组收入的增加而下降时，表明税制是累进税。当所有收入组的 $RSA_i = 1$ 时，表明税制是比例税。

RSA 累进性方法使用简便，并且在计算过程中表明了税前收入分布的变化，可以识别出税前收入分布的改变对税收累进性的变化，不同收入组的 RSA_i 值使得我们对收入的再分配情况有更清晰的认识。但该方法也存在缺点，当税率很低以至于对收入分布影响很小时，RSA 方法可能会产生错误的结果，因为 RSA 依赖于收入份额的变化，很低的税率不会对 RSA 产生较大的差异，RSA 的这个性质使它在比较不相同的税制时显得作用不大，并且有时会出现中间收入组的 RSA 值大于或小于其他组的 RSA 值，也就是说 RSA 值不是单调变化的。

（八）TBI 累进性

由斯特鲁普（Stroup，2005）提出的税收负担不平等指数（tax burden inequality index）采用洛伦茨曲线和税收曲线围成的面积与洛伦茨曲线和横轴围成的面积之比。具体公式为：

$$TBI = \frac{S_A - S_C}{S_A} = \frac{C_T^X - G_X}{1 - G_X} \tag{3-29}$$

其中，S_A、S_C 分别为图 3－1（a）、（c）中阴影部分 A、C 的面积，G_X 为税前基尼系数，C_T^X 为税收按税前收入排序的集中指数。一般情况下，TBI 累进性与 K 累进性变化方向一致，当 $TBI>1$，表明税制为累进税；当 $TBI=1$，表明税制为比例税；当 $TBI<1$，表明税制为累退税。该指标的一个特点是即使税收政策保持不变，TBI 累进性指数也能反映税收累进性的变化。

（九）KAPE 累进性

与以往采用洛伦茨曲线、税收集中系数不同，卡基纳卡和佩雷拉（Kakinaka and Pereira，2006）提出了一种基于税收相对收入变动的累进性测量方法，该方法计算简便，只需要总税收和总收入的宏观数据便可以进行不同地区或国家间的累进性程度比较，便于缺乏个体微观数据的部分不发达地区或国家计算累进性，具体公式为：

$$\gamma_t = \frac{CV_{T,t}}{CV_{X,t}} \tag{3-30}$$

其中，$CV_{T,t}$、$CV_{X,t}$分别是第 t 年税收 T、收入 X 的变异系数。该公式与平均税率累进性 ATR 一致，当 $\gamma_t>1$，表明税制为累进税；当 $\gamma_t=1$，表明税制为比例税；当 $\gamma_t<1$，表明税制为累退税。

综上分析，国外学者对累进性测度方法进行了大量的研究，而国内学者倾向于累进性方法的应用分析，鲜有关于累进性测度的方法论研究。戴平生（2014）提出衡量税收累进性的边际效应方法，并给出了税收累进性新的经济含义，即税收累进性是税收对总收入基尼系数的贡献率大于平均税率。边际效应累进性指数是税前收入基尼系数的税收边际效应，具体公式为：

$$M = s(T) - t \tag{3-31}$$

其中，$s(T)$表示税收T对税前收入基尼系数的贡献率，$t=\frac{T}{X}$是平均税率。当$M>0$，表明税制为累进税；当$M=0$，表明税制为比例税；当$M<0$，表明税制为累退税。从式（3－31）可以发现M累进性指数与税收规模有关，平均税率增加，M累进性指数变小。M累进性指数虽不具备平均加权的性质，但具有可加性，也就是说M累进性指数可以表示为不同税种的M累进性指数的加总，即$M=\sum_{k=1}^{m}M_k$，M_k表示第k个税种的M累进性指数。通过证明，戴平生（2014）指出M边际效应累进性指数与K累进性指数构成比例关系，两者符号一致，但M累进性指数在测量税收累进性方面更为稳健，修正了K累进性指数对比例税过于敏感的问题。一般地，M边际效应累进性指数的绝对值小于K累进性指数的绝对值，但大于MT累进性指数，即$|MT|<|M|<|K|$。在累进性税制下，MT累进性、S累进性、K累进性和M边际效应累进性满足$0<MT<M<K<S$。

上述几种整体累进性方法虽能在整体上判断收入分布的累进性，但作为一个单一的累进性指数，必定无法完全描述税收对收入分配的整体情况，信息丢失是难免的。可见，局部累进性方法和整体累进性方法各有优缺点，存在互补性，应根据实际情况和分析目的合理选择，必要时结合两类累进性指数以刻画税收在不同收入区间和整体的累进性。

三、累进性的两个重要性质

波达尔和根塞尔（Poddar and Genser，1986）指出有效累进性有两个重要性质，一是比例产出中性（Proportional Yield Neutrality，简称PYN），二是线性可分解（Linear Decomposability，简称LD）。

（一）比例产出中性

比例产出中性也称为不变性（Invariance Property），指如果两个税制产生的税收分布是严格成比例的，就称这两个税制有相同程度的累进性。当税收发生比例变化时，累进性不变。比例产出中性定义为税收累进性测量的零阶齐次函数，用公式表示为：

$$P(\alpha T,\ X) = P(T,\ X) \tag{3-32}$$

其中，X、T 分别为收入和相应的税收，$\alpha > 0$。

可丹和波达尔（Khetan and Poddar，1976）、卡瓦尼（Kakwani，1977）等学者都认为比例产出中性很重要，它可以让我们从税收相对分布的变化中分离出政府预算规模变化的影响，他们对马斯格雷夫和西姆（Musgrave and Thin，1948）提出的将 P^{MT} 指数作为有效累进性指数持保留意见，因为这个指数不满足产出中性的性质。也有学者反对这个性质，他们认为个体税收规模的变化会影响税后收入分布，但他们没有认识到比例产出中性并不是否定平均税收变化的再分配结果，而是从税收差异效应中分离出税收水平效应（Blackorby and Donaldson，1984；Kiefer，1984）。

本书与波达尔和根塞尔（Poddar and Genser，1986）的观点相同，认为只有当测量方法满足比例产出中性时，才能称为有效累进性方法，因此，将 P^{MT}、P^{RS}、P^{EP} 和 P^{PO} 都归为再分配效应指数。

（二）线性可分解性

线性可分解性也称为可加性（Additivity Property），若整个税制包含多个税种，则整体的累进性可以分解为各个税种累进性的加权平均和，具体公式为：

$$P\left(\sum T_n, X\right) = \sum w_n(\overline{T}_n, \overline{T}, \overline{X}) \cdot P(T_n, X) = \sum \frac{\overline{T}_n}{\overline{T}} P(T_n, X) \tag{3-33}$$

其中，X 表示收入向量，T_n、$\overline{T}_n$ 分别表示第 n 个税种的税收分布向量和平均税率，$\overline{T}$、$\overline{X}$ 分别表示整个税制的平均税收、平均收入。可以发现 $YNCP1$ 和 $YNCP2$ 不满足这个性质，但转换成如下形式就可以分解：

$$YNCP1' = \frac{1}{YNCP1},\ YNCP2' = 1 - \frac{1}{YNCP2} = S \tag{3-34}$$

波达尔和根塞尔（Poddar and Genser，1986）还证明这两个性质存在很强的内在联系。对于任意连续的累进性测量方法，若其满足线性可分解性，那肯定也满足比例产出中性，即(*LD*) = >(*PYN*)，反之则不成立(*PYN*) ≠ >(*LD*)。

综上，本书将税收累进性的测度方法整理为图 3－2，以明确它们之间的关系。

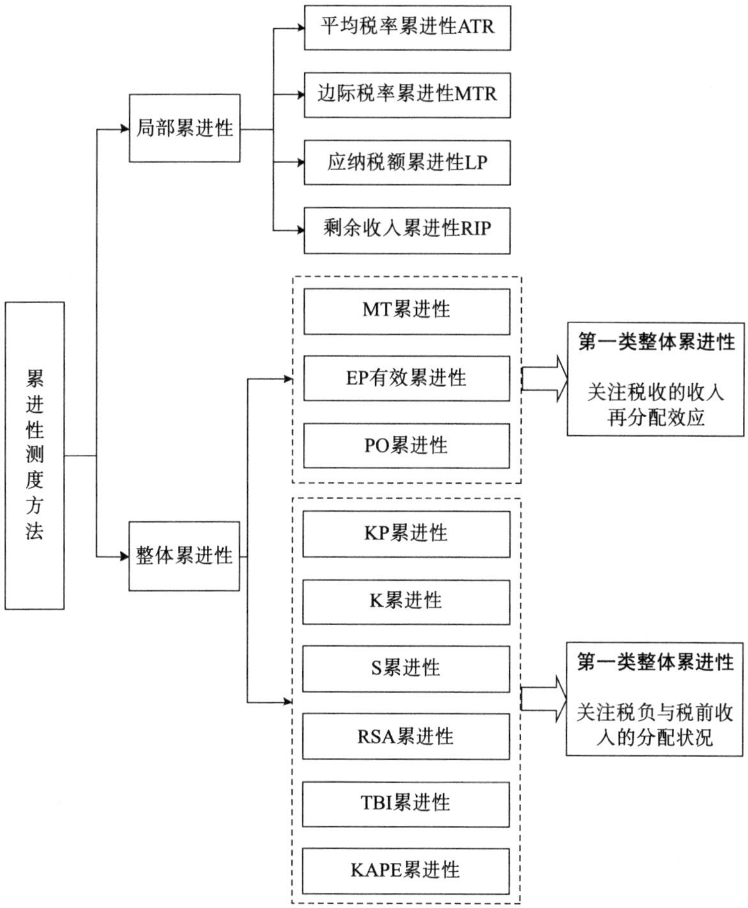

图 3－2　税收累进性的测度方法

资料来源：由作者整理得到。

第二节 税收的收入再分配效应测度方法

税收的收入再分配效应是指税收对收入差距的影响程度，税收通过税制、税率、费用扣除标准以及税目等的变化，使初始收入结构或收入水平发生改变的程度。当征税后的收入差距比征税前的收入差距缩小了，说明税收的再分配效应为正，也即税收有利于调节收入分配；当征税后的收入差距比征税前的收入差距扩大了，说明税收的再分配效应为负，也即税收不利于调节收入分配。税收的收入再分配效应测度方法的研究源于税收累进性的研究，最早可以追溯到马斯格雷夫和西姆（Musgrave and Thin，1948），斯利特（Slitor，1948）、达尔顿（Dalton，1955），以及布雷斯韦尔（Bracewell - Milnes，1971）等学者的研究。

根据上节对累进性测度方法的分析，本节具体分析累进性指数 P^{MT}、P^{EP} 和 P^{PO} 作为再分配效应指数在测量税收再分配效应方面的作用，将这三个累进性指数分别表示为 MT 再分配效应指数、EP 再分配效应指数和 PO 再分配效应指数，具体公式分别为：

$$RE^{MT} = G_X - G_Y \tag{3-35}$$

$$RE^{EP} = \frac{1 - G_Y}{1 - G_X} \tag{3-36}$$

$$RE^{PO} = \frac{G_X - G_Y}{G_X} \tag{3-37}$$

根据累进性和再分配效应的关系可知，当这三个指数表明税制为累进税时，说明税收的再分配效益为正，税收降低了收入不平等；当这三个指数表明税制为累退税时，说明税收的再分配效应为负，税收加剧了收入不平等。

基弗（Kiefer，1984）认为当税前收入分配较公平时，即使税收对收入分配的影响很小，RE^{PO} 指标也会因税前基尼系数较小而变大。因此，绝对指标在某种程度上优于相对指标。实际应用中，使用 MT 再分配效应指数衡量和分解税收的收入再分配效应的文献最多，本书对此进行梳理。

税收的收入再分配效应分解主要是将 MT 再分配效应指数分解为横向公平效应和纵向公平效应。横向公平的意思是“equal treatment of equals”（Musgrave，1976），即“相同的人要受到相同的对待”，强调具有相同纳税能力的人应缴纳相同的税款。纵向公平的意思为“unequal treatment of unequals”，指具有不同纳税能力的人应缴纳不同的税款，这涉及课税方法的选择和区别征税程度的问题。目前主要有两个方法测量横向不平等，涉及两种横向公平的解释。一是横向公平的经典解释，采用税前收入相同的人税后收入的不平等程度来衡量；二是横向公平的再排序解释。横向公平的再排序解释采用税前税后收入分布的排序变化来衡量横向不平等，该方法的出现是为了克服经典横向不平等实证分析中的识别问题。

一、横向公平的概念

（一）横向公平的经典解释

约翰逊和麦尔（Johnson and Mayer，1962）认为横向不公平是各组群税后收入不平等的加权和，具体公式为：

$$HI = \sum w_k h(x_k) \tag{3-38}$$

其中，w_k 是税前收入为 x 的组群 k 在总人群中的人口比例和收入比例的组合参数，$h(x_k)$是税前收入为 x 的组群 k 的税后收入不平等指数，其既可以是相对不平等指数，也可以是绝对不平等指数，应用不同的不平等指数可以得到不同的横向不公平测度方法。当采用森（Sen，1973）提出的基于基尼系数的福利函数时，就可以计算表示个体间福利的横向不公平。

兰伯特和拉莫斯（Lambert and Ramos，1997a）采用平均对数离差

计算 $h(x_k)$ 得到横向不公平指标，定义为：

$$HI = \sum p_k h_M(x_k) \qquad (3-39)$$

其中，p_k 为税前收入为 x 的组群 k 在总人群的人口比例，$h_M(x_k)$ 是税前收入等于 x 的组群 k 的税后收入平均对数离差。若组群 k 的税后收入为$\{y_1, y_2, \cdots, y_n\}$，则 $h_M(x_k) = \sum \ln(\bar{y}/y_i)/n$ 。

上述两种方法要求组群内的个体收入相等，但实际上很少存在完全相同的收入，这会导致计算的横向不公平估计不足，因此兰伯特和拉莫斯（Lambert and Ramos，1997b）提出将税前收入近似相同的个体归为组 j，计算“伪横向不公平”（pseudo - horizontal inequity，PHI）：

$$PHI = \sum_j \pi_j h_{Mj} = \sum_j \pi_j (I_j^a - I_j^b) \qquad (3-40)$$

其中，I_j^a、I_j^b 分别为组 j 的税前、税后收入的平均对数离差，π_j 为组 j 的人口比例。但该方法在划分相似个体收入时涉及带宽的选择问题，导致分析结果会因带宽的不同会产生差异。因此，Rodríguez 等（2005）提出采用非参数回归技术估计税后收入分布以解决相似个体的人为带宽划分问题。

普洛特尼克（Plotnick，1985）认为经典横向公平的概念很少具有实际应用，因为不存在相同的两个个体，而任意的将相近的个体归为一组并检验它们是否受到相同的对待是较虚假的实证应用。

（二）横向公平的再排序解释

当 A、B 两人的税前收入不相同（A 为 300，B 为 200），税后收入发生改变（A 为 200，B 为 300），此时 A、B 的排序发生改变，不平等也确实发生了，但由于 A、B 两人的税前收入不相同，无法采用横向公平的经典解释进行测量，此时采用再排序解释横向公平就显得很有必要。费尔德斯坦（Feldstein，1976a）第一个引入横向公平的再排序概念，认为当两个个体税前税后的效用水平排序不发生变化时存在横向公平。阿特金森（Atkinson，1979）和普罗特尼克（Plotnick，1981）进一步完善横向公平的测量方法，提出采用税前收入分布转变为税后收入分布的再排序程度来衡量，即：

$$AP = [G_{X-T} - C_{X-T}^{X}]/2G_{X-T} \tag{3-41}$$

其中，G_{X-T}为税后收入$(X-T)$的基尼系数，C_{X-T}^{X}为税后收入$(X-T)$的集中系数。该公式存在一个问题，即当对相同组实施不同对待而又不改变再排序时，$AP=0$，但经典的横向公平则能准确地测量这种情况。

金（King，1983）给出再排序的另外一种衡量方式，用实际税后收入分布和不存在再排序情况下的税后收入分布之间的距离表示横向不公平。科威尔（Cowell，1985）随后提出如下测量横向不公平的公式：

$$C_{\beta} = \begin{cases} \sum y_{\kappa}[(y_{\kappa}/\hat{y}_{\kappa})^{\beta} - 1]/[N\beta(\beta+1)\mu] & \beta \neq 0, -1 \\ \sum y_{\kappa}\ln(y_{\kappa}/\hat{y}_{\kappa})/N\mu & \beta = 0 \\ -\sum \hat{y}_{\kappa}\ln(y_{\kappa}/\hat{y}_{\kappa})/N\mu & \beta = -1 \end{cases} \tag{3-42}$$

其中，y_k 表示第 k 个个体的税后收入，$\hat{y}_k$ 表示当第 k 个个体的税前税后收入排序不发生改变时应该取得的收入。β 为阿特金森（Atkinson，1970）不平等厌恶参数，μ 为税后收入均值，N 为个体 k 的个数。随后，詹金斯（Jenkins，1994）在金（King，1983）的基础上进一步提出基于社会福利函数 W（y，h）的横向不公平指标：

$$J_{\alpha,\nu} = \begin{cases} 1 - \left[\sum (y_k h_k^{-\alpha})^{v} / \sum y_k^{v}\right]^{1/v} & \alpha \geqslant 0, 0 \neq v \leqslant 1 \\ 1 - \exp\left\{-\alpha \sum \ln(h_k)/N\right\} & \alpha \geqslant 0, v = 0 \end{cases} \tag{3-43}$$

其中，$h_k = 1 + |y_k - \hat{y}_k|/\mu$ 表示个体 k 的横向不公平程度。α 是相对横向不公平厌恶程度，$1-v$ 是相对不平等厌恶程度。C_{β} 和 $J_{\alpha,v}$的区别在于两者对横向不公平的阐述不同，C_{β} 比较实际税后收入分布 y 和税前税后收入排序不发生改变的收入分布 $\hat{y}$ 的距离，而 $J_{\alpha,v}$比较 y_k 和$\hat{y}_k$ 的距离。因此，相较于 C_{β}，AP 更接近 $J_{\alpha,v}$。

二、税收的再分配效应分解

由于税收对收入排序的改变非常不显著，税收的收入再分配效应的产生主要是纵向公平效应引起的。根据学者们对横向公平效应的认识，可以分为以下七种分解方法：

（一）APK 式分解

阿特金森（Atkinson，1979）、普罗特尼克（Plotnick，1981）和卡瓦尼（1984，1986）提出将横向公平效应定义为税后收入基尼系数与税后收入集中系数的差。因此，MT 再分配效应指数可以分解为：

$$RE^{MT} = V^{K} - R^{APK} \tag{3-44}$$

其中，V^{K} 为 Kakwani 纵向公平效应，$V^{K} = G_X - C_Y^X = \frac{t}{1-t}K$，$t = \frac{T}{X}$是平均税率，$K = C_T^X - G_X$ 为 Kakwani 累进性指数，$R^{APK} = G_Y - C_Y^X$。

（二）LY 式分解

列尔曼和伊扎基（Lerman and Yitzhaki，1985）批评 Kakwani 的纵向公平效应，认为其纵向公平效应 V^{K} 会随着再排序的增加而增加。他们举例说明税后排序是计算累进性的正确排序，指出再排序能减少整体收入不平等。根据卡瓦尼（Kakwani，1977）的分解，列尔曼和伊扎基（Lerman and Yitzhaki，1985）得到不同的再排序作用的分解结果，具体公式为：

$$RE^{MT} = V^{LY} + R^{LY} \tag{3-45}$$

其中，$V^{LY} = C_X^Y - G_Y$ 为纵向公平效应，$R^{LY} = G_X - C_X^Y$ 为横向公平效应，C_X^Y 为按税后收入排序的税前收入集中系数，V^{LY} 和 R^{LY} 的值越大越好。

（三）KL 式分解

卡瓦尼（Kakwani，1984）的税收再分配效应分解并未能反映税收中的其他不公平现象，因此，卡瓦尼和兰伯特（Kakwani and Lambert，1998）提出税制公平的三个公理以更好地处理横向公平和纵向公平。其中，公理 1 为“最小累进”准则，指收入越高者纳税额越多，即税负绝对额累进；公理 2 为“渐进性准则”，指在满足公理 1 的同时，收入越高者负担的税率越高，即税率累进；公理 3 为“无再排序”准则或“激励保护准则”，指在满足公理 2 的同时，边际税率不应该超过

100%，即税收不能改变收入排序。用 S_1、S_2、S_3 分别表示这三个公理，MT 再分配效应指数可以分解为：

$$RE^{MT} = t^Y(K + R_t) - S_1 - S_2 - S_3 \tag{3-46}$$

其中，$S_1 = t^Y R_T = t^Y(G_T - C_T^X)$，$S_2 = t^Y(R_t - R_T)$，$R_t = G_t - C_t^X$，$R_T = G_T - C_T^X$，$S_3 = R_Y = R^{APK} = G_Y - C_Y^X$，$t^Y = \frac{T}{Y}$，$t^Y(K + R_t)$反映了当消除所有不平等时的潜在再分配效应，近似于 V^K。当 $S_1 = 0$，则满足公理 1，当 $S_1 > 0$，则不满足公理 1，说明存在不公平，S_2、S_3 同理。APK 式分解可以表达为：$RE^{MT} = t^Y K - S_3$。可见，KL 式分解能更深入地挖掘税收再分配中的不公平问题。

佩莱格里诺和维尼兹（Pellegrino and Vernizzi，2013）质疑卡瓦尼和兰伯特（Kakwani and Lambert，1998）提出的公理 2 的测定方法，指出 KL 式分解是基于洛伦茨曲线和集中曲线进行分析的，认为它未能符合其陈述的内容，即公理 2 要求 S_2 值是非负的，但作者给出的 S_2 测定方法却可能出现负值。佩莱格里诺和维尼兹（Pellegrino and Vernizzi，2013）通过成对收入单位的属性差异（through attribute differences for pairs of income units），建立一个非负的指标 S_2^*，该指标将 S_2 中 R_T 的测定与 R_t 联系起来，这样 MT 再分配效应指数就表示为：

$$RE^{MT} = t^Y\left(K + \frac{S_2^*}{t^Y} + R_T\right) - S_1 - S_2^* - S_3 \tag{3-47}$$

运用 2008 年意大利个人所得税的数据，佩莱格里诺和维尼兹（Pellegrino and Vernizzi，2013）计算表明修改的方法估计得到的公理 2 的值比卡瓦尼和兰伯特（Kakwani and Lambert，1998）的估计值小很多，与公理 1 的值更一致。

（四）AJL 式分解

阿伦森、约翰逊和兰伯特（Aronson、Johnson and Lambert，1994）在 APK 式分解的基础上提出的，将 MT 再分配效应指数分解为纵向公平效应 V^{AJL}、横向公平效应 H^{AJL}、再排序效应 R^{AJL}，具体公式为：

$$RE^{MT} = V^{AJL} - H^{AJL} - R^{AJL} \tag{3-48}$$

其中，$V^{AJL}=G_X-G_B$，$H^{AJL}=\sum\alpha_x G_{F(x)}$，$R^{AJL}=G_Y-C_Y$，$G_B$ 是税后收入为 $x-T(x)$ 的组间基尼系数，$T(x)$ 是税前收入为 x 的组的平均税额。个体 k 的税收为 $T_k(x)=T(x)+\theta_k(x)$，$\theta_k(x)$ 反映税前收入为 x 的个体税收差异的变量，α_x 是税前收入为 x 水平下的人口份额和税后收入份额的乘积，$G_{F(x)}$ 是税前收入为 x 的组的基尼系数。H^{AJL} 其实是经典的横向不公平，R^{AJL} 与阿特金森（Atkinson，1979）和普罗特尼克（Plotnick，1981）的再排序公式一致，但在计算税后收入集中指数时，R^{AJL} 对税前收入相同的人按税后收入排序。

为了测定不同税种产生的再分配效应，钟（Zhong，2009）将 AJL 式分解应用到多个税种，把横向公平效应分解为平均税率 t 和税收待遇（tax treatment）差异，并在税收结构对再排序效应的贡献中分离出平均税率的贡献，具体公式为：

$$\begin{aligned} RE^{MT} &= \mathrm{V}^{AJL}-\mathrm{H}^{AJL}-\mathrm{R}^{AJL} \\ &= \frac{t}{1-t}K-\left[-\frac{1}{1-t}\sum\beta_x\,\bar{\theta}_x C_{x\theta}\right] \\ &\quad -\left[\frac{1}{1-t}(C_Y^X-G_X)-\frac{t_i}{1-t}(C_Y^T-C_T)\right] \end{aligned} \tag{3-49}$$

其中，$\bar{\theta}(x)$ 是 $\theta_k(x)$ 的均值，当不存在横向不公平时，$T_k(x)=T(x)+\bar{\theta}(x)$。与 AJL 式分解不同的是 Zhong（2009）假定 $\bar{\theta}(x)\neq 0$，税率的调整影响 $T(x)$ 而不影响 $\theta_k(x)$。$\bar{\theta}_x=\frac{\overline{\theta(x)}}{x}$，$\beta_x$ 是税前收入为 x 水平下的人口份额和税前收入份额的乘积，$C_{x\theta}$ 是税前收入为 x 的个体 k 的 $\theta_k(x)$ 的集中指数，通常为负值。由于平均税率 t 会改变横向不公平的值，因此，钟（Zhong，2009）认为用 $-\sum\beta_x\,\overline{\theta_x}C_{x\theta}$ 测量横向不公平更合适。因为总税收 $T(x)$ 可以表示为 n 种税收 $T_1(x)$、$T_2(x)$，…，$T_n(x)$ 之和，所以 MT 再分配效应指数可以表示为：

$$\mathrm{RE}^{MT}=\sum_{i=1}^{n}\frac{t_i}{1-t}K_i-\left[-\frac{1}{1-t}\sum_{i=1}^{n}\sum_{x}\beta_x\,\overline{\theta_{ix}}C_{ix\theta}\right]$$

$$-\left[\frac{1}{1-t}(C_Y^X - G_X) - \sum_{i=1}^{n}\frac{t_i}{1-t}(C_Y^{T_i} - C_{T_i})\right] \quad (3-50)$$

（五）VCL 式分解

范等（Van, et. al., 2001）指出在各组税前收入近似相等的情况下，若各组收入存在交叉，如第 k 组的一部分收入高于第 $k+1$ 组的收入，另一部分收入又低于第 $k+1$ 组的收入，此时 AJL 式分解是不完全的。因此，提出如下的分解公式：

$$\mathrm{RE}^{MT} = \mathrm{V}^{VCL} - \mathrm{H}^{VCL} - \mathrm{R}^{VCL} \quad (3-51)$$

其中，$\mathrm{V}^{VCL} = G_{B,X} - G_{B,Y}$，$\mathrm{H}^{VCL} = \sum \alpha_{k,Y}G_{k,Y} - \sum \alpha_{k,X}G_{k,X}$，$\mathrm{R}^{VCL} = E_Y - E_X$。范等（Van, et. al., 2001）指出在累进税制下，增加带宽会使 V^{VCL} 先增加到最大值再下降，最优带宽是使 V^{VCL} 达到最大值的带宽，此时分解误差最小。但在累退税制下，该最优带宽不成立。

（六）UL 式分解

厄本和兰伯特（Urban and Lambert, 2008）对 AJL 式分解进行了改进，将 MT 再分配效应指数分解为完全纵向公平效应 V、第二类型横向公平效应 H 和 APK 再排序效应 R^{APK}，使再排序效应包括了组内再排序 R^{WG} 效应和组间再排序 R^{EG} 效应。具体公式为：

$$RE^{MT} = V - H - R^{APK} \quad (3-52)$$

可见，APK 式分解、AJL 式分解、UL 式分解存在如下的关系：

$V = V^K + H = V^{AJL} + R^{EG}$，$H = H^{AJL} - R^{WG}$，$R^{APK} = R^{AJL} + R^{WG} + R^{EG}$。该方法的横向公平效应有对个体间实际的税后收入和平滑的税后收入进行比较的特征，更符合横向不公平的概念，而 H^{AJL} 没有这个含义。

（七）DJA 式分解

杜克洛等（Duclos, et. al., 2003）基于社会福利函数将收入再分配效应分解为纵向公平效应 V^{DJA}、经典横向公平效应 H^{DJA} 和再排序效应 R^{DJA}：

$$\Delta I = I_X - I_Y = V^{DJA} - H^{DJA} - R^{DJA} \quad (3-53)$$

其中，$I_X = 1 - \dfrac{\xi_X}{\mu_X}$是阿特金森（Atkinson, 1979）提出的不平等指

数，$V^{DJA}=I_X-I_Y^E$ 表示纵向公平效应，$H^{DJA}=I_Y^P-I_Y^E$ 为横向公平效应，$R^{DJA}=I_Y-I_Y^P$ 为再排序效应。I_Y^E 来自于税前收入分布中排序为 p 的期望税后收入 $\overline{N}(p)=\int_0^1 N(q|p)dq$，$I_Y^P$ 来自于税前收入分布中排序为 p 的税后收入的期望效用 $\overline{U}_\varepsilon(p)=\int_0^1 U_\varepsilon(N(q|p))dq$。DJA 式分解在独立正态分布的基础上定义横向公平效应和再排序效应，不要求数据分组，因而不用改变他们的原始定义。并且 DJA 使用非参数方法估计，从而适用于任何的收入形式，而 VCL 的带宽选择标准只适用于累进税制。

比较以上几种税收再分配效应分解方法，可以根据横向公平的测量方法分为两类，一类是基于再排序概念的分解，包括 APK 式分解、LY 式分解和 KL 式分解。APK 式分解奠定了收入再分配分解的基础，并且根据卡瓦尼（Kakwani，1977）可以进一步分解为不同税种或某一税种不同税制要素对收入再分配的影响，具有广泛的应用价值。LY 式分解认为再排序有助于减少不平等，并且以税后收入作为排序依据计算累进性是比较正确的，尤其在分析税收的边际改变量时，但该分解的应用较少。KL 式分解分离出 APK 式分解中的三种不公平现象，以更好反映横向公平和纵向公平。总之，LY 式分解、KL 式分解都在 APK 式分解的基础上进行深入和改进，使再分配效应的分解更符合实际、更完善。

另一类是采用横向公平的经典解释进行收入再分配的分解。其中，AJL 式分解和 VCL 式分解都是基于基尼系数子群分解公式提出的。AJL 式分解将税后收入基尼系数分解为组内基尼系数、组间基尼系数以及剩余项，再将税前收入基尼系数减去税后基尼系数的分解项，并采用兰伯特和阿伦森（Lambert and Aronson，1993）的剩余项含义，得到纵向公平效应、横向公平效应和再排序效应，但 AJL 式分解没有考虑群体间再排序或整个群体再排序。当税前组内收入不完全相等时，采用 VCL 式分解更合适，其将税前基尼系数和税后基尼系数分别进行子群分解，仅当税前收入分组内的收入相等时，AJL 式分解和 VCL 式分解两者相等，可见 AJL 式分解是 VCL 式分解的特例。APK 式分解没有揭示横向公平效应，其横向公平效应包含在纵向公平效应中。因此。UL 式分解分离出了横向公平效应，并将再排序效应分解为三种效应之和，其在揭示信息的完备性和现实性上具有优越性。AJL 式分解、VCL 式分解和 UL 式分解都需要按一定带宽或间隔划分近似相同的群体，而带宽（或间隔）的不同会影响结果的准确性。DJA 式分解采用非参数估计方法从而避免了带宽的选择问题，其采用社会福利函数同时测量横向公平效应和再排序效应，在分解上更完善。上述几种方法用图 3－3 来表示它们之间的关系。

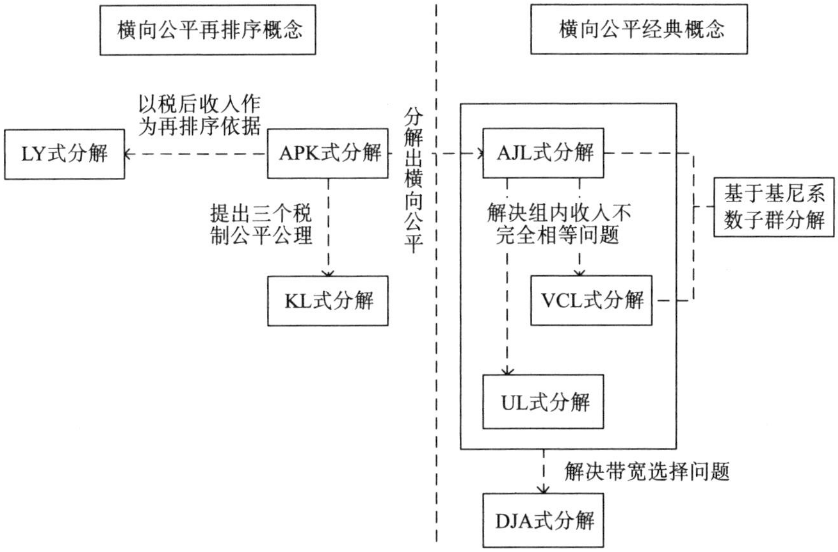

图 3－3　税收的再分配效应分解方法

资料来源：由作者整理得到。

需要补充说明的是，税收的累进性和再分配效应测度方法多采用基尼系数来衡量，根据洪兴建（2008）的论述，基尼系数是 n 维实数空间到一维实数集合的映射，会不可避免地造成信息的丢失，其与洛伦茨曲线并非一一对应，无法区分洛伦茨曲线的形状（包括偏度和峰度），不同的收入分布可以产生相同的基尼系数值。因此，当税收使居民收入分布发生改变时，比如从不合意的收入分布类型转向合意的收入分布类型，税收改善了居民收入分配状况，但上述的测度指数并未变小，或者税收改善了部分收入群体的分配状况，但在总体效果上恶化了收入分配状况，这些变化都无法被基尼系数捕捉到。其次，MT 再分配效应指数比较的基准是税前收入，基尼系数未能较好地反映不同年份的收入分布状况，使得不同年份的再分配效应数值缺乏可比较性。最后，基尼系数是一个对众数区域变动敏感的测度指标，我国居民的收入分布状况接近“金字塔”型，高收入人群较少，低收入人群较大，累进的个人所得税对富人征收更多的税，对穷人少征或不征，因此，采用税前税后基尼系数的变化程度未能较好反映当前税收对收入的再分配状况，可以在采用基尼系数的同时结合其他不平等指标来对比分析。

第三节　本章小结

本章对税收的累进性和再分配效应测度方法进行了系统的梳理和比较。首先，本章阐述了累进性和再分配效应的关系，将累进性测度指标分为两类。第一类是结构累进性方法，主要关注居民收入的内部税率结构，测量特定收入水平或收入区间的税收累进性，又称局部累进性方法，包括平均税率累进性 ATR、边际税率累进性 MTR 和应纳税额累进性 LP、剩余收入累进性 RIP 等。第二类是有效累进性方法，测量的是整个居民收入分布的累进性，又称整体累进性方法，可以分为第一类整体累进性方法和第二类整体累进性方法。前者关注税收的收入再分配效应，包括 MT 累进性、EP 有效累进性和 PO 累进性。后者关注税负与税前收入的分配状况，包括 KP 累进性、K 累进性、S 累进性、RSA 累进性、TBI 累进性和 KAPE 累进性。另外，本章整理了有效累进性的两个重要性质，一是比例产出中性，二是线性可分解。

其次，本章将 MT 累进性指数、EP 有效累进性指数和 PO 累进性指数都归为再分配效应指数，详细阐述了横向公平的测量方法，涉及两种横向公平的解释，一是横向公平的经典解释，采用税前收入相同的人税后收入的不平等程度来衡量；二是横向公平的再排序解释，采用税前税后收入分布的排序变化来衡量横向不公平。在此基础上，根据学者们对横向公平效应的认识，本章将税收的再分配效应分解方法分为两类，一类是基于再排序概念的分解，包括 APK 式分解、LY 式分解和 KL 式分解，另一类是采用横向公平的经典解释进行收入再分配的分解，包括 AJL 式分解、VCL 式分解、UL 式分解和 DJA 式分解。

第四章

我国个人所得税的再分配效应

个人所得税对居民收入分配的调节作用是学术界研究的重要问题，也是人民群众密切关心的热点问题。本章对个人所得税的再分配效应分析从四个方面展开：第一，梳理个人所得税的改革历程、税收规模和结构。第二，由于个人所得税实行分类征收模式，工薪所得税与居民生活关系更密切，是大多数工薪阶层都需要缴纳的一种个人所得税，其改革次数相对频繁，同时也限于分项收入数据的可得性，以往研究多关注工薪所得税的再分配效应，较少分析个人所得税整体的再分配效应以及各分项收入个人所得税的再分配效应。因此，本章第二节通过拟合城镇就业居民收入分布，分析个人所得税整体及分项税收收入对居民收入分配的调节作用。第三，通过第二节的分析可以发现个人所得税对城镇居民收入的再分配效应几乎都是工薪所得税起调节作用，因此，本章第三节采用中国健康与营养抽样调查数据（CHNS），从微观个体层面分析评估历次工薪所得税改革对城镇居民收入分配的影响。第四，由于就业人员所处的行业在很大程度上决定了其收入水平，因此，本章第四节从我国细分行业层面分析个人所得税对行业收入的再分配效应。

第一节　个人所得税的改革历程和税收规模

一、个人所得税的改革历程

我国个人所得税的立法和开征起步较晚，根据改革发展历程，大致可以分为三个阶段，分别为个人所得税的研究和设置阶段（1980年前）、个人所得税的整合与统一阶段（1980～1993年）、个人所得税的改革与完善阶段（1994年后）。

（一）个人所得税的研究和设置阶段

在新中国成立初期，我国政府于1950年1月31日公布《全国税政实施要则》，将“薪给报酬所得税、存款利息所得税”作为开征的14种税收之一，并规定对个体工商户的生产经营所得征收所得税。随后，又公布《利息所得税暂行条例》，对存款利息所得征收5%的比例税，但在1959年私营经济改造完成后，为配合政府降低存款利率，取消了利息所得税。由于当时的政治体制、计划经济体制、社会经济发展水平等方面的原因，在此后的近30年内，我国实际上并未开征个人所得税，仅在立法上少量涉及个人所得的相关税收。

（二）个人所得税的整合与统一阶段

为适应改革开放出现的新局面，1980年9月10日第五届全国人民代表大会第三次会议公布实施《中华人民共和国个人所得税法》，这是新中国成立以来的第一部个人所得税法，其中规定的起征点为800元，实质主要针对在华工作的外籍人员以及劳务报酬所得、利息股息红利所得、特许权使用费所得、财产租赁所得等一次性所得征税。为了规范个体工商户的发展和调整个体经济发展中不协调的收入分配关系，1986年1月7日，国务院发布《中华人民共和国城乡个体工商业户所得税暂行条例》，规定从事工业、商业、服务业、建筑安装业、交通运输业等行业的城乡个体工商户按照7%—60%的10级累进税率纳税，部分高收入者还需加征一定比例的税额。为了调节社会成员的贫富差距，1986年9月25日，国务院发布《中华人民共和国个人收入调节税暂行条例》，并于1987年1月1日施行，条例规定对在中国境内居住的中国公民的8类收入征税，具体为工资、薪金收入，承包、转包收入，劳务报酬收入，财产租赁收入，专利权转让、专利实施许可和非专利技术提供、转让收入，投稿、翻译收入，利息、股息、红利收入，经财政部确定征税的其他收入等8类。其中前第四类收入按月合并为综合收入，扣除一定费用后适用20%—60%的5级累进税率；第五类至第七类收入按每次收入适用20%的税率；第八类收入的税率由财政部确定。至此，我国形成了个人所得税、城乡个体工商户所得税和个人收入调节税等三税并存的个人所得课税制度，对当时的经济发展、调节个人收入等方面发挥了积极作用。

随着改革开放的进一步深入和市场经济的发展，三税并存制度在实施过程中暴露出一些问题，客观上要求统一个人所得税以形成合理的收入分配机制。1993年10月31日，第八届全国人民代表大会常务委员会第四次会议通过《关于修改〈中华人民共和国个人所得税法〉的决定》，同时公布修改后的《个人所得税法》从1994年1月1日起施行，规定全部中国居民和在中国获取所得的非居民都需依法缴纳个人所得税，取消个人收入调节税和城乡个体工商户所得税，采用分类征收的模式。其中，工资、薪金所得在减除800元费用扣除标准后适用5%—45%的9级累进税率，个体工商户的生产、经营所得和对企业、事业单位的承包经营、承租经营所得适用5%—35%的5级累进税率。

（三）个人所得税的改革与完善阶段

1994年后，我国对个人所得税进行了多次修改，主要体现在以下三方面。在储蓄存款利息方面，1999年11月1日起我国对储蓄存款利息所得征收20%的税率，2007年8月15日起将适用税率减为5%，又于2008年10月9日起暂免征收储蓄存款利息的个人所得税。在股息红利方面，2005年6月13日起对股息红利所得暂减按50%计入个人应纳税所得额，税率仍为20%，2013年1月1日起实施上市公司股息红利差别化个人所得税政策，不再统一适用减按50%计算所得额。在费用扣除标准和税率方面，2006年1月1日起，工资、薪金所得的费用扣除标准从原来的每月800元提高到1600元，2008年3月1日起进一步将费用扣除标准提高到每月2000元，2011年9月1日起再次提高到每月3500元，并将原来的9级税率调整为7级税率，调整每一级的级距，将最低税率由5%调整为3%，取消15%和40%两档税率；同时，调整个体户所得、承包承租所得的级距，将最低级距的收入由5000元提高到15000元，将最高级距的收入由50000元提高到100000元。

我国从“九五计划”“十五计划”“十一五计划”到“十二五计

划”以及2013年《深化收入分配制度改革若干意见的通知》都明确表示要建立综合与分类相结合的个人所得税制度，改革目标确定近二十年但没有实际改动，在于面临着诸如社会信用体系不健全、收入监管机制未完善、居民收入信息不透明等困难。随着经济发展和信息化程度的提高，社会征信系统逐步建立、税收征管法不断推进，政府应该采取措施尽快推进个人所得税改革的步伐，尽早出台改革方案，将目前的分类征收转为综合和分类相结合或综合所得税，有效调节财富分配，缓解两极分化的矛盾，缩小居民收入差距。

总体而言，我国的个人所得税法正在逐步完善和成熟，在降低税负、组织财政收入的同时不断强化个人所得税调节收入分配的功能。对接近普通居民切身利益的工资薪金所得税的改革相对较频繁、幅度相对较大，对存款利息、股息红利所得税的改革更多是出于当时经济发展状况的考量，对稿酬所得、财产转让所得、财产租赁所得和偶然所得等几类收入的改革较稳定，很少发生较大的变化。

为了直观地展示并比较我国个人所得税改革的演变，本书将1994年后的个人所得税税率和费用扣除标准的改革以表格的形式表现，具体见表4－1、表4－2。

表4－1　　　中国个人所得税税率设置（1994年至今）

序号	收入类别	性质	1994.1～2011.8			2011.9至今		
			级数	全月含税应纳税所得额	税率（%）	级数	全月含税应纳税所得额	税率（%）
1	工资、薪金所得	累进税率	1	不超过500元	5	1	不超过1500元	3
			2	500～2000元	10	2	1500～4500元	10
			3	2000～5000元	15	3	4500～9000元	20
			4	5000～20000元	20	4	9000～35000元	25
			5	20000～40000元	25	5	35000～55000元	30
			6	40000～60000元	30	6	55000～80000元	35
			7	60000～80000元	35	7	超过80000元	45
			8	80000～100000元	40			
			9	超过100000元	45			

续表

<table>
<tr><td>序号</td><td>收入类别</td><td>性质</td><td colspan="3">1994.1～2011.8</td><td colspan="3">2011.9 至今</td></tr>
<tr><td rowspan="2">2</td><td rowspan="2">个体工商户的生产、经营所得</td><td rowspan="6">累进税率</td><td>级数</td><td>全年含税应纳税所得额</td><td>税率（%）</td><td>级数</td><td>全年含税应纳税所得额</td><td>税率（%）</td></tr>
<tr><td>1</td><td>不超过 5000 元</td><td>5</td><td>1</td><td>不超过 15000 元</td><td>5</td></tr>
<tr><td rowspan="4">3</td><td rowspan="4">对企事业单位的承包经营、承租经营所得</td><td>2</td><td>5000～10000 元</td><td>10</td><td>2</td><td>15000～30000 元</td><td>10</td></tr>
<tr><td>3</td><td>10000～30000 元</td><td>20</td><td>3</td><td>30000～60000 元</td><td>20</td></tr>
<tr><td>4</td><td>30000～50000 元</td><td>30</td><td>4</td><td>60000～100000 元</td><td>30</td></tr>
<tr><td>5</td><td>超过 50000 元</td><td>35</td><td>5</td><td>超过 100000 元</td><td>35</td></tr>
<tr><td rowspan="4">4</td><td rowspan="4">劳务报酬所得</td><td rowspan="4">比例税率/累进税率</td><td>级数</td><td>每次应纳税所得额</td><td colspan="4">税率（%）</td></tr>
<tr><td>1</td><td>不超过 20000 元</td><td colspan="4">20</td></tr>
<tr><td>2</td><td>20000～50000</td><td colspan="4">30</td></tr>
<tr><td>3</td><td>超过 50000 元</td><td colspan="4">40</td></tr>
<tr><td>5</td><td>稿酬所得</td><td>比例税率</td><td colspan="6">税率为 20%，并按应纳税额减征 30%，故实际税率为 14%</td></tr>
<tr><td>6</td><td>特许权使用费所得</td><td rowspan="6">比例税率</td><td rowspan="6" colspan="6">税率为 20%。储蓄存款利息自 2008 年 10 月 9 日起暂免征收。对个人出租房取得的所得减按 10% 的税率征收个人所得税</td></tr>
<tr><td>7</td><td>财产租赁所得</td></tr>
<tr><td>8</td><td>财产转让所得</td></tr>
<tr><td>9</td><td>利息股息红利所得</td></tr>
<tr><td>10</td><td>偶然所得</td></tr>
<tr><td>11</td><td>其他所得</td></tr>
</table>

注：本表所称全月含税应纳税所得额是指依照税法规定，以每月收入额减除相应费用后的余额。对个体工商户的生产、经营所得的全年含税应纳税所得额是指以每一纳税年度的收入总额减除成本、费用、相关税费以及损失后的余额；对企事业单位的承包经营、承租经营所得的全年含税应纳税所得额是指以每一纳税年度的收入总额减除必要费用后的余额。

资料来源：据个人所得税法整理得到。

表 4－2　　1994 年后个人所得税费用扣除标准设置

序号	收入类别	1994.1～2005.12	2006.1～2008.2	2008.3～2011.8	2011.9 至今
1	工资、薪金所得	800 元/月	1600 元/月	2000 元/月	3500 元/月

续表

序号	收入类别	1994.1～2005.12	2006.1～2008.2	2008.3～2011.8	2011.9 至今
2	个体工商户的生产、经营所得	由省市区确定各自标准	19200 元/年（1600 元/月）	24000 元/年（2000 元/月）	42000 元/年（3500 元/月）
3	对企事业单位的承包经营、承租经营所得	9600 元/年（800 元/月）	19200 元/年（1600 元/月）	24000 元/年（2000 元/月）	42000 元/年（3500 元/月）
4	劳务报酬所得	每次收入额不超过 4000 元时，减除费用 800 元；每次收入额超过 4000 元时，减除 20% 的费用			
5	稿酬所得				
6	特许权使用费所得				
7	财产租赁所得				
8	财产转让所得	无生计费用扣除（只减除财产原值和合理费用）			
9	利息、股息、红利所得	无费用扣除			
10	偶然所得				
11	其他所得				

资料来源：据个人所得税法整理得到。

二、个人所得税税收规模和结构分析

本章以 2014 年为例分析分项目全国个人所得税情况（见表 4－3），可以看到 2014 年个人所得税总收入为 7376.60 亿元，其中工资、薪金所得的个人所得税收入为 4820.13 亿元，占比最高，达到 65.34%。其次为利息、股息、红利所得，该项个人所得税收入为 777.98 亿元，占个人所得税总额的 10.55%。财产转让所得的个人所得税收入也较多，为 706.14 亿元，占 9.57%。接下来是个体工商户生产、经营所得，该项个人所得税收入为 520.69 亿元，占 7.06%。劳务报酬所得和企事业单位承包、承租经营所得的个人所得税收入都比较低，分别为 207.17 亿元、153.89 亿元，占比分别为 2.81%、2.09%。这几项所得的个人所得税收入占总收入的比重达到 97.42%。工资、薪金所得和劳动报酬所得属于劳动要素所得，这两项所得的个人所得税占比达到 68.15%，可见我国的个人所得税各类所得的税收占比极不均衡，主要是对劳动要素征收，缴税对象主体是工薪阶层。一般高收入者的收入主要来源于资本所得，而资本所得的税额占比较低，这一方面是由于我国高收入者人数较少，另一方面也反映出对资本要素征税不足。总之，目前个人所得税的分类征收不利于调节收入分配。

表 4 – 3　　2014 年分项目全国个人所得税情况

序号	项目	合计（亿元）	构成（%）
1	工资、薪金所得	4820.13	65.34
2	个体工商户生产、经营所得	520.69	7.06
3	企事业单位承包、承租经营所得	153.89	2.09
4	劳务报酬所得	207.17	2.81
5	稿酬所得	4.74	0.06
6	特许权使用费所得	4.46	0.06
7	利息、股息、红利所得	777.98	10.55
8	财产租赁所得	35.16	0.48
9	财产转让所得	706.14	9.57
10	偶然所得	93.97	1.27
11	其他所得	38.01	0.52
12	税款滞纳金、罚款收入	14.26	0.19
13	合计	7376.60	100.00

资料来源：2015 年《中国税务年鉴》。

表 4 – 3 显示共有 11 项收入需要缴纳个人所得税，根据《中国住户调查年鉴》对城镇居民工薪收入、经营净收入和财产性收入的解释，对照《税法》中对个人所得税 11 类分项所得的定义，将工资、薪金所得用“工薪收入”表示；个体工商户的生产、经营所得以及对企事业单位的承包经营、承租经营所得用“经营净收入”表示；利息、股息、红利所得以及财产转让所得用“财产性收入”表示；剩余 6 类分项所得用“其他所得”表示。这样就整理得到 2002—2014 年工薪收入、经营净收入、财产性收入和其他所得的个人所得税情况，见表 4 – 4。

表 4-4　　2002—2014 年项目全国个人所得税情况　　单位：元

年份	工薪收入	经营净收入	财产性收入	其他所得	合计	占总税收比重（%）
2002	561.45	208.78	385.92	54.92	1211.07	7.13
2003	741.49	225.96	386.38	63.50	1417.33	6.93
2004	939.76	273.17	450.75	72.52	1736.20	6.75
2005	1162.08	323.91	523.68	84.29	2093.96	6.78
2006	1289.45	364.09	699.20	99.93	2452.67	6.52
2007	1750.77	437.07	867.06	130.04	3184.94	6.44
2008	2244.87	528.52	784.00	164.92	3722.31	6.43
2009	2487.79	546.06	725.61	184.14	3943.59	6.25
2010	3158.46	668.86	794.85	215.09	4837.27	6.25
2011	3901.84	766.44	1124.60	261.19	6054.08	6.32
2012	3589.54	685.94	1240.12	304.73	5820.32	5.25
2013	4095.00	698.92	1401.97	335.63	6531.53	5.44
2014	4820.13	674.58	1484.11	397.78	7376.60	5.69

资料来源：2003—2015 年《中国税务年鉴》。

从个人所得税分类收入的规模看（见表 4-4），工薪收入缴纳的个人所得税最多，2002 年为 561.45 亿元，2014 年上升到 4820.13 亿元，增加了 7.59 倍，年均增长率为 19.62%。经营净收入缴纳的个人所得税从 2002 年的 208.78 亿元上升到 2014 年的 674.58 亿元，增加了 2.23 倍，年均增长率为 10.27%。财产性收入缴纳的个人所得税从 2002 年的 385.92 亿元上升到 2014 年的 1484.11 亿元，增加了 2.85 倍，年均增长率为 11.88%。其他所得缴纳的个人所得税最少，2002 年为 54.92 亿元，2014 年上升到 397.78 亿元，增加了 6.24 倍，年均增长率为 17.94%。

从个人所得税分项收入的变动趋势看（见图 4-1），工薪收入个人所得税占个人所得税总收入的比重最高，且呈上升趋势，从 2002 年的 46.36% 增加到 2014 年的 65.34%。经营净收入个人所得税占比和财产性收入个人所得税占比都呈下降趋势，分别从 2002 年的 17.24%、31.87% 下降到 2014 年的 9.14%、20.12%，经营净收入的下降幅度较大。其他所得个人所得税占比波动较平缓，2002 年为 4.53%，2014 年为 5.39%。

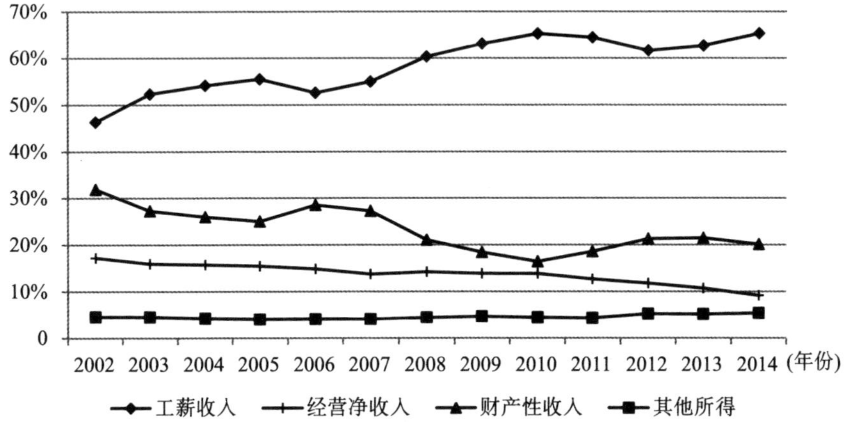

图 4-1 我国个人所得税分项收入比重

资料来源：由 2003—2015 年《中国税务年鉴》整理得到。

综上分析，工薪收入个人所得税纳税额最多，占个人所得税收入的比重也最高，2002—2014 年平均占比达到 58.36%，且呈不断上升趋势，在 2006 年、2011 年由于费用扣除标准提高减少了工薪收入个人所得税税收收入，使其占比有所下降，但工薪收入个人所得税一直对调节居民收入分配发挥主要作用；其次为财产性收入个人所得税纳税额，2002—2014 年其占个人所得税的比重平均为 23.32%，财产性收入个人所得税对居民收入差距的调节作用在逐渐增强；经营净收入个人所得税纳税额的比重较小，2002—2014 年平均占比仅为 13.78%，经营净收入个人所得税对收入差距的调节作用较弱。2002—2014 年这三项收入缴纳的个人所得税占个人所得税总收入的 95% 左右。因此，在其他 6 类分项所得难以确定分类时，工薪收入、经营净收入和财产性收入这三项收入缴纳的个人所得税可以代表个人所得税整体对收入差距的影响。

第二节 分项个人所得税的再分配效应

目前关于个人所得税调节收入差距的文献较多，但限于数据，鲜有研究分析不同收入来源缴纳的个人所得税对城镇居民收入差距的调节作用。因此，本节基于城镇居民收入七等份分组数据，采用收入分布拟合方法，描述2002—2012年城镇居民收入分布的形状。并根据列尔曼和伊扎基（Lerman and Yitzhaki，1985）给出的基尼系数分解方法，本书提出了一个新的税收再分配效应的分解方法，分析不同收入来源缴纳的个人所得税对城镇居民收入分布的影响。

一、数据说明

现有文献中使用的收入数据可以分为两类，一类是微观数据，如中国健康与营养调查数据（CHNS）、中国家庭收入调查数据（CHIP）、中国家庭金融调查数据（CHFS）以及国家统计局城镇住户抽样调查数据等；另一类是分组数据，如《中国统计年鉴》《中国住户调查年鉴》《中国城市生活与价格统计年鉴》等年鉴中公布的分组数据。微观数据可以反映个体的收入差异，便于进行深入分析，是税收再分配效应研究的最佳数据选择。但是微观数据一般难以获得，且由于微观数据调查需要耗费非常大的人力、物力、财力，调查年限一般不连续，从数据调查到数据整理公开存在较长的滞后期，比如CHNS从1989年开始每隔3年左右进行一次调查，最新数据为2011年；CHIP于1988年、1995年、1999年、2002年、2007年和2007年进行调查，数据年份过于陈旧；CHFS于2011年、2013年进行过两轮调查，2013年的调查数据还未公布；而国家统计局城镇住户抽样调查数据不对外公开。

因此，考虑到数据的权威性、连续性和时效性，根据本书研究需要，选取2001—2005年《中国价格及城镇居民家庭收支调查统计年鉴》、2006—2011年《中国城市（镇）生活与价格统计年鉴》和2015年《中国住户调查年鉴》的城镇居民七等份分组数据，并将各组的人均总收入、工薪收入、经营净收入、财产性收入和转移性收入转换成就业人员的相关收入。根据获得的数据，本书对我国城镇居民的收入分布进行推断拟合，以更好反映收入信息。

由于年鉴编制调整，《中国城市（镇）生活与价格统计年鉴》在2011年后改为《中国价格统计年鉴》，以反映中国主要价格指数变动。而2013年起，国家统计局实行城乡一体化住户调查，《中国住户调查年鉴2015》公布的2013年和2014年的收入数据是按收入五等份分组的人均可支配收入和城镇居民可支配构成，未公布分组的人均总收入及构成数据，从而无法进行税收的收入再分配效应研究。因此，本节的研究年限为2000—2012年。

二、收入分布类型选取

估计收入概率密度分布函数的方法分为参数估计和非参数估计，参数估计方法需先假定分布函数，通过拟合实际收入数据来估计分布函数中的参数，若假定的分布函数正确，则参数估计方法的结果是非常有效的，若假定的分布函数不正确，则参数估计方法的结果误差较大。常用的参数分布函数有对数正态分布（Lognormal distribution）、对数逻辑斯蒂分布（Log - logistic distribution，又称 Fisk 分布）、伽玛分布（Gamma distribution）、帕累托分布（Pareto distribution）、威布尔（Weibull distribution）等两参数分布函数，以及 Singh - Maddala 分布、达古姆分布（Dagum distribution）、广义的第二类 Beta 分布（Generalized beta distribution of the second kind，简称 GB2）等多参数分布函数（见表 4 - 5）。对比两参数分布函数，多参数分布函数由于增加了控制形态的参数数量，使得其调整形态的自由度较大，在多数情况下的拟合效果优于两参数分布，但多参数的估计过程比较复杂烦琐。这几类分布函数相互之间存在一定的联系，当参数取不同数值时，GB2 分布可以表示为达古姆分布、对数正态分布、Singh – Maddala 分布和伽马分布，Singh – Maddala 分布可以转化为对数逻辑斯蒂分布和威布尔分布。

表 4 –5　　　　收入分布函数及其基尼系数

种类	分布函数	参数	概率密度函数	基尼系数
两参数分布	Lognormal①	μ，σ $x>0$	$\frac{1}{\sqrt{2\pi}\sigma x}\exp\left(-\frac{\ln^2(x/\mu)}{2\sigma^2}\right)$	$G=2\Phi\left(\frac{\sigma}{\sqrt{2}}\right)-1$
	Log – logistic	$\alpha>0$ $\beta>0$	$\frac{\beta\quad(x/\alpha)^{\beta-1}}{\alpha\ [1+(x/\alpha)^{\beta}]^2}$	$G=\frac{1}{\beta}$
	Gamma	$\alpha>0$，$\beta>0$ $x>0$	$\frac{1}{\Gamma(\alpha)}\beta^{\alpha}x^{\alpha-1}e^{-\beta x}$	$G=\frac{\Gamma(\alpha+0.5)}{\Gamma(\alpha+1)\sqrt{\pi}}$
	Pareto	$\alpha>1$ $x>x_m>0$	$\frac{\alpha x_m^{\alpha}}{x^{\alpha+1}}$	$G=\frac{1}{2\alpha-1}$
	Weibull	$\alpha>0$，$\beta>0$ $x>0$	$\frac{\alpha}{\beta}\left(\frac{x}{\beta}\right)^{\alpha-1}e^{-(x/\beta)^{\alpha}}$	$G=1-2^{-\frac{1}{\alpha}}$
多参数分布	Singh – Maddala	$\alpha>0$，$\beta>0$ $\gamma>0$，$x>0$	$\frac{\alpha\gamma x^{\alpha-1}}{\beta^{\alpha}\left(1+\left(\frac{x}{\beta}\right)^{\alpha}\right)^{\gamma+1}}$	$G=1-\frac{\Gamma(\gamma)\Gamma\left(2\gamma-\frac{1}{\alpha}\right)}{\Gamma\left(\gamma-\frac{1}{\alpha}\right)\Gamma(2\gamma)}$
	Dagum	$\alpha>0$，$\beta>0$ $\gamma>0$，$x>0$	$\frac{\alpha\gamma x^{\alpha\gamma-1}}{\beta^{\alpha\gamma}\left(1+\left(\frac{x}{\beta}\right)^{\alpha}\right)^{\gamma+1}}$	$G=\frac{\Gamma(\gamma)\Gamma\left(2\gamma+\frac{1}{\alpha}\right)}{\Gamma\left(\gamma+\frac{1}{\alpha}\right)\Gamma(2\gamma)}-1$
	GB2②	$a>0$，$b>0$ $p>0$，$q>0$ $x>0$	$\frac{ax^{ap-1}}{b^{ap}B(p,q)\left(1+\left(\frac{x}{b}\right)^{a}\right)^{p+q}}$	$G=\frac{2B\left(2p+\frac{1}{a},2q-\frac{1}{a}\right)}{pB(p,q)B\left(p+\frac{1}{a},q-\frac{1}{a}\right)}$ $\left\{\frac{1}{p^3}F_2\left[1,p+q,2p+\frac{1}{a};p+1,\right.\right.$ $2(p+q);1]-\frac{1}{p+1/a^3}F[1,p+q,$ $\left.\left.2p+\frac{1}{a};p+\frac{1}{a}+1,2(p+q);1\right]\right\}$

资料来源：作者整理得到，参考张金宝，廖理. 基于区间型数据的城市家庭收入分布与基尼系数测算方法研究 [J]. 数量经济技术经济研究，2013 (7)：115 – 130.

---

① Lognormal 分布中 μ 和 σ 分别是变量自然对数的均值和标准差，Φ（·）为标准正态分布的累计分布函数。

② GB2 分布中，$B(p, q) = (\Gamma(x)\Gamma(y))/\Gamma(x+y)$。

非参数估计方法不需要事先设定函数形式，只需要假定收入分布满足平滑性、可微性等常规的条件。非参数估计方法需要较多的数据信息才能达到与正确设定的参数分布函数相同的精确度，比较适用于大样本数据，但同时非参数方法需要估计的参数会随样本量的增大而变多，从而降低收敛速度。常用的非参数估计方法有核估计、指数序列估计和对数样条估计等。

参数估计方法不仅有理论基础（张金宝和廖理，2013），而且非常适合于估计零散和少量信息群体的统计量（Cowell，2000），尤其是对于单峰偏右又比较光滑的收入分布，参数分布方法的估计效果更好（张萌旭等，2013）。考虑到本书采用的是国家统计局公布的有限的城镇居民家庭收入分组数据，因此，本书采用参数方法进行估计。

对于收入分布服从的分布函数类型，国外学者进行了较多的研究。Steyn（1959）通过对南非的收入进行拟合发现对数正态分布适合拟合有相近特征的群体，能较好拟合当地农村居民的收入状况，但麦克唐纳和兰森（McDonald and Ransom，1979）的研究表明对数正态分布的拟合效果不如达古姆分布；同样达格姆（Dagum，1983）在研究1978年美国家庭收入分布时也指出对数正态分布的拟合效果不如达古姆分布、Singh - Maddala分布；卡莱茨基（Kalecki，1945）指出对数正态分布会低估高收入阶层的收入；艾奇森和布朗（Aitchison and Brown，1957）也发现对数正态分布对高收入的拟合效果不好。

菲斯克（Fisk，1961）对英格兰和威尔士农业收入和美国居民收入拟合发现对数逻辑斯蒂的效果较好。海格尔和施密茨（Henninger and Schmitz，1989）采用伽马分布、广义伽马分布、Singh - Maddala分布、对数正态分布和对数逻辑斯蒂分布拟合英国家庭支出调查数据，发现对数逻辑斯蒂分布的拟合效果相对是最好的。塞勒姆和默盾（Salem and Mount，1974）对1960年和1969年居民收入分布拟合时发现伽马分布优于对数正态分布；麦克唐纳（McDonald，1984）比较1970年、1975年和1980年美国家庭收入的11种收入分布函数拟合效果后，发现GB2

的拟合效果最好，三参数和四参数的分布函数拟合效果一般好于两参数，1970年和1975年的两参数分布函数中伽马分布的拟合效果是最好的，其次是威布尔分布；1980年的两参数分布函数中威布尔分布的拟合效果是最好的，其次为伽马分布。帕累托分布能较好拟合高收入阶层，但对其他部分的拟合效果较差（Pareto，1895；Harrison，1981）。

辛格和马达拉（Singh and Maddala，1976）提出的Singh－Maddala分布函数在拟合美国家庭收入时的效果好于对数正态分布和伽马分布。乔提卡潘等（Chotikapanich，et. al.，2007）采用GB2分布和Weibull分布研究中国地区和省份的收入分布，发现GB2分布对城市数据拟合较好，而对农村拟合较差，相反，威布尔分布对农村数据拟合较好。麦克唐纳和徐（McDonald and Xu，1995）利用11种分布函数对1985年美国家庭收入进行拟合发现GB2分布的效果最好。

限于数据的可得性，国内学者对收入分布函数的研究较少，程永宏（2006）在对比帕累托分布、伽马分布、正态分布拟合中国城乡收入分配状况后，发现稍加变形的逻辑斯蒂分布比较适合拟合城乡收入分布。段景辉和陈建宝（2010）发现2004年我国和各地区城乡家庭人均收入的对数服从由指数分布、正态分布和帕累托分布构成的混合分布。张萌旭等（2013）利用9类参数分布函数和3种非参数分布函数拟合2005—2010年安徽省城镇居民年度收入分布，发现非参数方法不如参数方法拟合的效果好，因为非参数方法中过多的参数反而变成冗余信息形成噪音，从而影响拟合效果。GB2分布是参数分布中拟合效果最好的，对数逻辑斯蒂分布、伽玛分布、SM分布和达古姆分布的拟合效果都较好。张金宝和廖理（2013）对我国地级以上城市居民收入的参数分布拟合也发现GB2分布效果最好，Weibull分布和对数正态分布的效果稍差，但标准差都不超过0.003，并指出包括GB2在内的分布函数在描述城镇居民收入分布的不同区间各有优劣，采用复合分布能显著提高拟合精度。

综上所述，不同国家或地区的收入分配状况不同会使得各种分布函数拟合的效果出现较大差别，实证研究中需考虑实际数据和分析的简便性，选取拟合效果较好的分布函数。结合以上分析，参考张萌旭等（2013）的研究，本书选取对数逻辑斯蒂分布函数对城镇居民家庭收入进行拟合。

三、城镇居民收入分布和税收分布拟合

假设随机变量 X 为城镇居民人均总收入，其服从对数逻辑斯蒂分布，则概率密度函数 $f_X(x)$、累计分布函数 $F_X(x)$ 分别为：

$$f_X(x)=\frac{\beta}{\alpha}\frac{(x/\alpha)^{\beta-1}}{[1+(x/\alpha)^{\beta}]^2} \tag{4-1}$$

$$F_X(x)=\frac{1}{1+(x/\alpha)^{-\beta}}=\frac{x^{\beta}}{\alpha^{\beta}+x^{\beta}} \tag{4-2}$$

其中，参数 α、β 分别是规模参数、形态参数，$\alpha>0$，$\beta>0$。$\mu=\frac{\alpha\pi}{\beta\sin(\pi/\beta)}$，根据形态参数 β 可以直接求出基尼系数：$G=\frac{1}{\beta}$。

本书采用区间搜寻（Grid Search）方法选取参数，将误差平方和最小原则作为选取参数的判断准则。区间搜寻方法通过设定参数 α、β 的范围，在该范围内以一定的间隔逐个选取 α、β 的数值，最终选取使误差平方和最小的 α、β。区间搜寻方法的操作步骤如下：

首先，通过确定一组参数 α、β，求出七等份组人均总收入相对应的理论人口份额 $f_X(x_i)$（$i=1,2,\cdots,7$）；其次，将 $f_X(x_i)$ 与实际人口份额 p_i 进行比较，计算得到误差平方和 $SSE=\sum_{i=1}^{n}(f_X(x_i)-p_i)^2$；最后，在众多组参数中选取使误差平方最小的参数 α、β。

为了说明采用区间搜寻方法选出的参数 α、β 能较好拟合城镇居民收入分布，本书将其结果与线性拟合方法进行对比。线性拟合方法的具体步骤如下：

首先，将对数逻辑斯蒂累计分布函数进行对数线性化，转化为以下

形式：

$$\ln\left(\frac{1}{F_X(x)}-1\right)=\beta\ln\alpha-\beta\ln x \tag{4-3}$$

其次，令：

$$y=\ln\left(\frac{1}{F_X(x)}-1\right),\ a=\beta\ln\alpha,\ z=\ln x \tag{4-4}$$

则式（4－3）变为：$y=a-\beta z$。

最后，利用 Stata 12.0 软件对 y、z 进行最小二乘估计，得到 a、β 的估计值，再根据式（4－4），可以得到参数 α 的估计值。在估计过程可以发现，由于第七等份的累计人口份额等于1，也就是 $F_X(x)=1$，从而无法对 $\left(\frac{1}{F_X(x)}-1\right)$ 求对数。因此，实际估计时只对最低收入户、低收入户、中等偏下户、中等收入户、中等偏上户和高收入户共6组就业人口的人均总收入进行估计，这样得到的参数在拟合7组收入可能并不是最优的。以2002年数据为例（其他几年的数据情况类似），本书将两种方法的拟合结果整理成表4－6。

表4－6　　2002年两种方法估计结果比较

方法	α	β	SSE
区间搜寻	11889.49	3.7019	0.004212
线性拟合	11992.55	3.7227	0.004258

资料来源：Stata 12.0 统计输出。

第一，区间搜寻计算得到的参数 α、β 分别为11889.49、3.7019，线性拟合计算得到的参数 α、β 分别为11992.55、3.7227，两种方法计算得到的参数差别很小，前者的 α 比后者的 α 低0.859%，前者的 β 比后者的 β 低0.559%。第二，区间搜寻方法的误差平方和为0.004212，线性拟合方法的误差平方和为0.004258，前者比后者的误差平方和低1.09%。另外，线性拟合方法的拟合优度 R^2 为0.9968，调整后的拟合优度 $Adj-R^2$ 为0.9959。可见，即使选用误差平方和较大的线性拟合方法，其拟合效果也已经非常好。因此，本书采用区间搜寻方法估计的参数能很好拟合城镇居民收入分布①。第三，本书整理了 2002—2012 年由区间搜寻方法估计的对数逻辑斯蒂分布函数的参数、误差平方和 SSE 以及基尼系数 G，具体见表 4 – 7。

表 4 – 7　2002—2012 年对数逻辑斯蒂分布函数的参数和拟合误差

年份	α	β	SSE	G
2002	11889.49	3.7019	0.004212	0.2701
2003	12861.28	3.7762	0.003125	0.2648
2004	14552.12	3.5941	0.002190	0.2782
2005	16868.63	3.5363	0.004982	0.2828
2006	18686.10	3.4833	0.002499	0.2871
2007	21346.63	3.4893	0.002150	0.2866
2008	26257.44	3.4001	0.005503	0.2941
2009	29076.57	3.4041	0.005303	0.2938
2010	32407.56	3.4366	0.002710	0.2910
2011	36451.24	3.6075	0.003854	0.2772
2012	41932.08	3.6212	0.004038	0.2762

资料来源：R 软件统计输出整理得到。

从表 4 – 7 可以发现，2002—2012 年的误差平方和都很小，最大也仅为 0.005503，说明区间搜寻方法拟合的对数逻辑斯蒂分布能很好反映我国城镇居民收入情况。规模参数 α 呈不断上升趋势，从 2002 年的 11889.49 增加到 2012 年的 41932.08，增加了 2.53 倍，说明城镇居民就业人口的收入在不断提高。形态参数 β 与基尼系数互为倒数，β 越大，说明收入分布越平坦，基尼系数越小。2002—2012 年，基尼系数的变化趋势为先上升后下降，从 2002 年、2003 年的 0.2701、0.2648 上升到 2008 年的 0.2941 再下降到 2012 年的 0.2762。

① 其他几年的情况类似，区间搜寻方法估计得到的误差平方和 SSE 都比线性拟合得到的 SSE 小，且线性拟合方法的拟合优度 R^2 都大于 99.5%，拟合效果都很好。

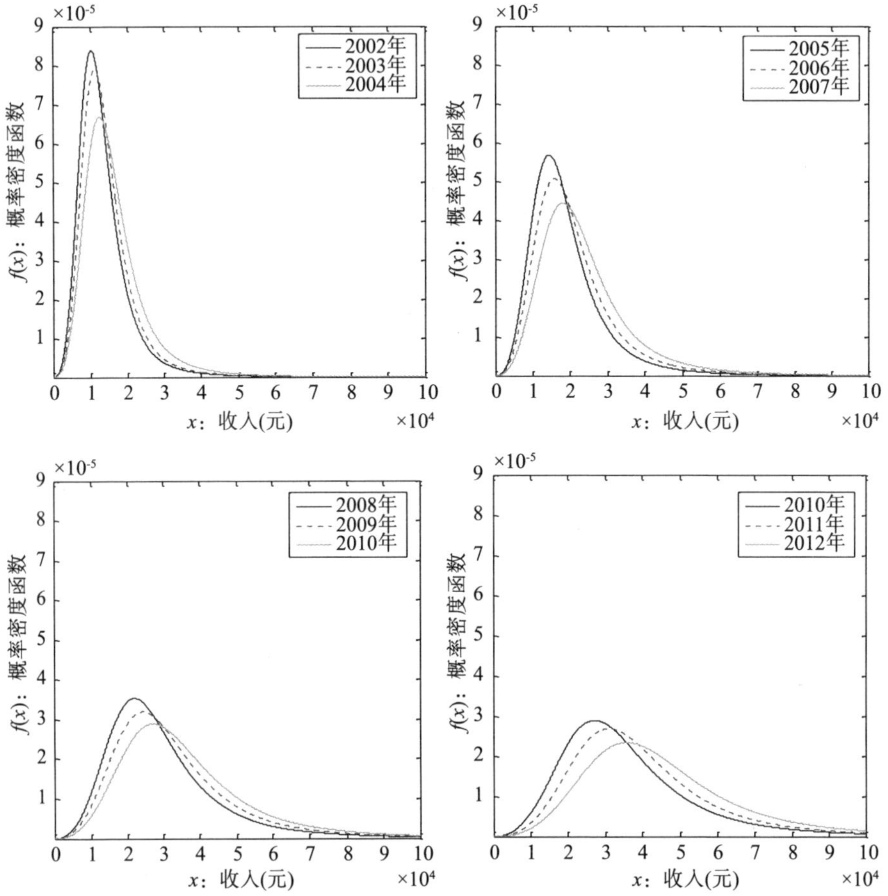

图 4－2　2002—2012 年我国城镇居民就业人口分布

资料来源：Stata 12.0 软件统计输出。

图 4－2 反映出我国城镇居民就业人口收入分布的右偏厚尾特征。首先，2002—2014 年城镇居民收入分布都是单峰的，未出现收入两极分化的现象。其次，随着时间的推移，收入分布不断向右移动，收入分布的众数在提高，从 2002 年的 10000 元左右提高到 2012 年的 35000 元左右，且相应的概率密度在不断减小，这说明我国城镇居民收入水平在不断提高。最后，收入分布的右尾随着时间的推移变厚，说明高收入者的人口规模呈增加趋势，其占总人口的比重在上升，这是我国经济发展的表现，也与个人所得税费用扣除标准提高使得高收入者的收入相对增

加有关。

比较城镇居民就业人口的基尼系数与采用分组数据计算的城镇居民基尼系数[①]（图4－3），不难发现两者变化趋势一致，但城镇居民人均收入的基尼系数较高，城镇居民就业人口人均收入的基尼系数较低。2002年两者的基尼系数分别为0.3090、0.2701，相差0.0389，2011年两者的基尼系数分别为0.3175、0.2762，相差0.0413。这主要是因为低收入家庭相比高收入家庭的平均每一就业者负担人数较高，拉低了家庭平均收入，从而与加大了与高收入者的差距。

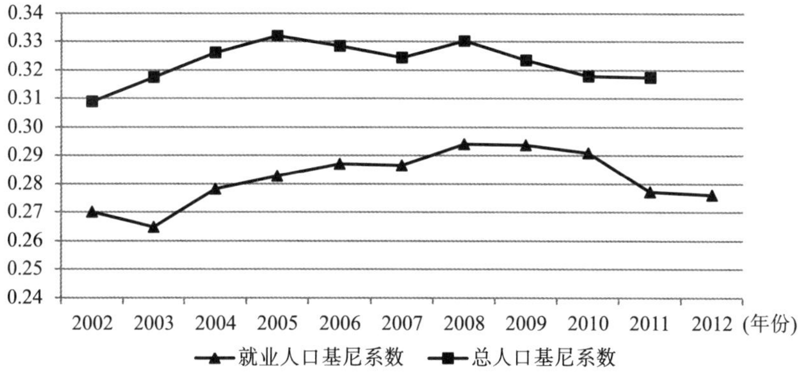

图4－3　基尼系数比较

资料来源：由作者计算绘制而成。

四、分项收入概率密度函数及其税收函数

（一）分项收入概率密度函数构造

城镇居民人均总收入按来源分为工薪收入、经营净收入、财产性收入和转移性收入，分别用X_1、X_2、X_3、X_4表示。若各项收入来源占总收入的比重为k_j，$j=1$，2，3，4，则$X_j=k_jX$。令分项收入的分布函数、

① 城镇居民基尼系数来源于第五章表5－13，采用城镇居民人均收入七等份分组数据计算得到。

概率密度函数分别为 $F_{X_j}(x_j)$、$f_{X_j}(x_j)$，则得到 $F_{X_j}(x_j)=P(X_j\leqslant x_j)$ $=P(k_jX\leqslant x_j)=P\left(X\leqslant\frac{x_j}{k_j}\right)=F_X\left(\frac{x_j}{k_j}\right)$，即

$$F_{X_j}(x_j)=F_X\left(\frac{x_j}{k_j}\right) \tag{4-5}$$

对式（4－5）两边对 x_j 求导得到：$\frac{\partial F_{X_j}(x_j)}{\partial x_j}=\frac{F_X\left(\frac{x_j}{k_j}\right)}{\partial x_j}$ $=\frac{1}{k_j}f_X\left(\frac{x_j}{k_j}\right)$，即

$$f_{X_j}(x_j)=\frac{1}{k_j}f_X\left(\frac{x_j}{k_j}\right) \tag{4-6}$$

（二）分项收入占总收入的比重

表4－8、图4－4显示我国城镇居民各项收入占总收入的比重及变动趋势。工薪收入占比最高，下降趋势较明显，从2002年的70.19%下降到2012年的64.30%，下降幅度为5.89%；经营净收入占比呈上升趋势，从2002年的4.06%上升到2012年的9.45%，上升幅度为5.39%；财产性收入占比很低，波动不明显，从2002年的1.25%上升到2012年的2.62%，上升幅度为1.37%；转移性收入占比仅次于工薪收入，波动也不显著，从2002年的24.50%下降到2012年的23.62%，上升幅度为0.88%。

表4－8　城镇居民各项收入占比　单位：%

年份	工薪收入	经营净收入	财产性收入	转移性收入
2002	70.19	4.06	1.25	24.50
2003	70.74	4.46	1.49	23.31
2004	70.62	4.88	1.59	22.91
2005	68.88	6.00	1.70	23.41
2006	68.93	6.37	1.92	22.79
2007	68.65	6.31	2.34	22.70
2008	66.20	8.52	2.27	23.02

续表

年份	工薪收入	经营净收入	财产性收入	转移性收入
2009	65.66	8.11	2.29	23.94
2010	65.17	8.15	2.47	24.21
2011	64.27	9.22	2.71	23.81
2012	64.30	9.45	2.62	23.62

资料来源：2015 年《中国住户调查年鉴》。

对比个人所得税分项收入占比（见表 4－4 和图 4－1），城镇居民各项收入占比（见表 4－8 和图 4－4），发现工薪收入占比微弱下降，但工薪所得税占比的上升趋势明显；经营净收入呈上升趋势，但经营净收入个人所得税占比不断下降；财产性收入占比也在上升，但财产性收入个人所得税占比却在下降。出现这种情况的原因可能是工薪所得税一般由单位代扣代缴，征管质量和效率高，而经营净收入、财产性收入的来源多样化，且具有隐蔽性，使其个人所得税的征收缺乏有效监管，容易出现偷税、漏税、逃税现象，导致这两项的个人所得税没有随收入的增加而提高。

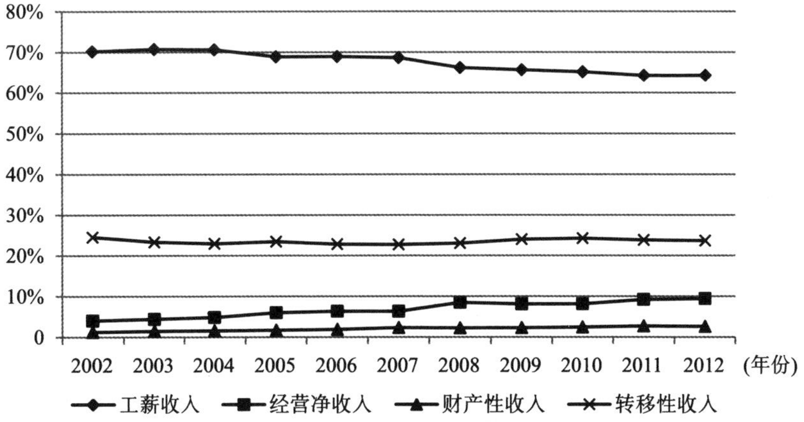

图 4－4　城镇居民各项收入占比趋势

资料来源：2015 年《中国住户调查年鉴》。

（三）分项税收和分项税后收入概率密度函数构造

首先，根据表 4－1、表 4－2 显示的工资、薪金所得的税率和费用扣除标准，可以得到工薪所得税概率密度函数和税后收入概率密度函数。2002—2007年，在九级累进税率、工资薪金所得适用费用扣除标准分别为9600元/年、19200元/年的情形下，工薪收入纳税额$T_1(x_1)$的函数形式见表4-9。

表4-9　2002—2007年工薪收入纳税额$T_1(x_1)$函数

2002—2005年800元费用扣除标准九级税率		2006—2007年1600元费用扣除标准九级税率	
0,	$0 < x_1 \leqslant 9600$	0,	$0 < x_1 \leqslant 19200$
$0.05x_1 - 480$,	$9600 < x_1 \leqslant 15600$	$0.05x_1 - 960$,	$19200 < x_1 \leqslant 25200$
$0.1x_1 - 1260$,	$15600 < x_1 \leqslant 33600$	$0.1x_1 - 2220$,	$25200 < x_1 \leqslant 43200$
$0.15x_1 - 2940$,	$33600 < x_1 \leqslant 69600$	$0.15x_1 - 4380$,	$43200 < x_1 \leqslant 79200$
$0.2x_1 - 6420$,	$69600 < x_1 \leqslant 249600$	$0.2x_1 - 8340$,	$79200 < x_1 \leqslant 259200$
$0.25x_1 - 18900$,	$249600 < x_1 \leqslant 489600$	$0.25x_1 - 21300$,	$259200 < x_1 \leqslant 499200$
$0.3x_1 - 43380$,	$489600 < x_1 \leqslant 729600$	$0.3x_1 - 46260$,	$499200 < x_1 \leqslant 739200$
$0.35x_1 - 79860$,	$729600 < x_1 \leqslant 969600$	$0.35x_1 - 83220$,	$739200 < x_1 \leqslant 979200$
$0.4x_1 - 128340$,	$969600 < x_1 \leqslant 1209600$	$0.4x_1 - 132180$,	$979200 < x_1 \leqslant 1219200$
$0.45x_1 - 188820$,	$1209600 < x_1$	$0.45x_1 - 193140$,	$1219200 < x_1$

资料来源：由作者计算整理得到。

2008—2012年，在九级累进税率、工资薪金所得适用费用扣除标准为24000元/年以及七级累进税率、工资薪金所得适用费用扣除标准为42000元/年的情形下，工薪收入纳税额$T_1(x_1)$的函数形式见表4-10。

令工薪收入纳税额$T_1(x_1)$的分布函数为$F_{T_1}(t_1)$，概率密度函数为$f_{T_1}(t_1)$，根据表4-9、表4-10中$T_1(x_1)$的函数形式，得到$T_1(x_1) = a_1X_1 - b_1$，由于$X_1 = k_1X$，则$T_1(x_1) = a_1k_1X - b_1$，$F_{T_1}(t_1)$

$$= P(a_1k_1X - b_1 \leqslant t_1) = P\left(X \leqslant \frac{t_1 + b_1}{a_1k_1}\right) = F_X\left(\frac{t_1 + b_1}{a_1k_1}\right)$$，即

$$F_{T_1}(t_1) = F_X\left(\frac{t_1 + b_1}{a_1k_1}\right) \tag{4-7}$$

表 4-10　　2008—2012 年工薪收入纳税额 $T_1(x_1)$ 函数

2008—2010 年 2000 元费用扣除标准九级税率		2011—2012 年 3500 元费用扣除标准七级税率	
0,	$0<x_1\leqslant 24000$		
$0.05x_1-1200$,	$24000<x_1\leqslant 30000$	0,	$0<x_1\leqslant 42000$
$0.1x_1-2700$,	$30000<x_1\leqslant 48000$	$0.03x_1-1260$,	$42000<x_1\leqslant 60000$
$0.15x_1-5100$,	$48000<x_1\leqslant 84000$	$0.1x_1-5460$,	$60000<x_1\leqslant 96000$
$0.2x_1-9300$,	$84000<x_1\leqslant 264000$	$0.2x_1-15060$,	$96000<x_1\leqslant 150000$
$0.25x_1-22500$,	$264000<x_1\leqslant 504000$	$0.25x_1-22560$,	$150000<x_1\leqslant 462000$
$0.3x_1-47700$,	$504000<x_1\leqslant 744000$	$0.3x_1-45660$,	$462000<x_1\leqslant 702000$
$0.35x_1-84900$,	$744000<x_1\leqslant 984000$	$0.35x_1-80760$,	$702000<x_1\leqslant 1002000$
$0.4x_1-134100$,	$984000<x_1\leqslant 1224000$	$0.45x_1-180960$,	$1002000<x_1$
$0.45x_1-195300$,	$1224000<x_1$		

资料来源：由作者计算整理得到。

式（4-7）两边对 t_1 求导得到 $f_{T_1}(t_1)=\dfrac{\partial F_{T_1}(t_1)}{\partial t_1}=\dfrac{\partial F_X\left(\dfrac{t_1+b_1}{a_1k_1}\right)}{\partial t_1}=\dfrac{1}{a_1k_1}f_X\left(\dfrac{t_1+b_1}{a_1k_1}\right)$，即

$$f_{T_1}(t_1)=\frac{1}{a_1k_1}f_X\left(\frac{t_1+b_1}{a_1k_1}\right)\tag{4-8}$$

令 Y_1 为工薪收入的税后收入，则 $Y_1=X_1-T_1=k_1X-(a_1k_1X-b_1)=k_1(1-a_1)X+b_1$，得到 $F_{Y_1}(y_1)$

$=P(k_1(1-a_1)X+b_1\leqslant y_1)=P\left(X\leqslant\dfrac{y_1-b_1}{k_1(1-a_1)}\right)=F_X\left(\dfrac{y_1-b_1}{k_1(1-a_1)}\right)$，即

$$F_{Y_1}(y_1)=F_X\left(\frac{y_1-b_1}{k_1(1-a_1)}\right)\tag{4-9}$$

式（4-9）对 y_1 求导得到 $f_{Y_1}(y_1)=\dfrac{\partial F_X\left(\dfrac{y_1-b}{k_1(1-a)}\right)}{\partial y_1}=\dfrac{1}{k_1(1-a)}f_X\left(\dfrac{y_1-b}{k_1(1-a)}\right)$，即

$$f_{Y_1}(y_1)=\frac{1}{k_1(1-a)}f_X\left(\frac{y_1-b}{k_1(1-a)}\right) \qquad (4-10)$$

由2002—2012年工薪收入占比 k_1（见表4－8）和 $T_1(x_1)$ 系数 a_1、b_1（见表4－9、表4－10），可以得到 $F_{T_1}(t_1)$、$f_{T_1}(t_1)$、$F_{Y_1}(y_1)$ 和 $f_{Y_1}(y_1)$ 的具体表达式，此处省略。

其次，根据表4－1、表4－2显示的个体工商户生产、经营所得和企事业单位承包、承租经营所得的税率和费用扣除标准，得到经营净收入纳税额和税后收入的概率密度函数。2002—2007年，在五级累进税率、费用扣除标准分别为9600元/年、19200元/年的情形下，经营净收入的纳税额 $T_2(x_2)$ 的函数形式见表4－11。

表4－11　2002—2007年经营净收入纳税额 $T_2(x_2)$ 函数

2002—2005年9600元费用扣除标准五级税率		2006—2007年19200元费用扣除标准五级税率	
0,	$0<x_2\leqslant 9600$	0,	$0<x_2\leqslant 19200$
$0.05x_2-480$,	$9600<x_2\leqslant 14600$	$0.05x_2-960$,	$19200<x_2\leqslant 24200$
$0.1x_2-1210$,	$14600<x_2\leqslant 19600$	$0.1x_2-2170$,	$24200<x_2\leqslant 29200$
$0.2x_2-3170$,	$19600<x_2\leqslant 39600$	$0.2x_2-5090$,	$29200<x_2\leqslant 49200$
$0.3x_2-7130$,	$39600<x_2\leqslant 59600$	$0.3x_2-10010$,	$49200<x_2\leqslant 69200$
$0.35x_2-10110$,	$59600<x_2$	$0.35x_2-13470$,	$69200<x_2$

资料来源：由作者计算整理得到。

2008—2012年，在五级累进税率、费用扣除标准分别为24000元/年、42000元/年的情形下，经营净收入纳税额 $T_2(x_2)$ 的函数形式见表4－12。

表4－12　2008—2012年经营净收入纳税额 $T_2(x_2)$ 函数

2008—2010年24000元费用扣除标准五级税率		2011—2012年42000元费用扣除标准五级税率	
0,	$0<x_2\leqslant 24000$	0,	$0<x_2\leqslant 42000$
$0.05x_2-1200$,	$24000<x_2\leqslant 29000$	$0.05x_2-2100$,	$42000<x_2\leqslant 57000$
$0.1x_2-2650$,	$29000<x_2\leqslant 34000$	$0.1x_2-4950$,	$57000<x_2\leqslant 72000$
$0.2x_2-6050$,	$34000<x_2\leqslant 54000$	$0.2x_2-12150$,	$72000<x_2\leqslant 102000$
$0.3x_2-11450$,	$54000<x_2\leqslant 74000$	$0.3x_2-22350$,	$102000<x_2\leqslant 142000$
$0.35x_2-15150$,	$74000<x_2$	$0.35x_2-29450$,	$142000<x_2$

资料来源：由作者计算整理得到。

令经营净收入税纳税额 $T_2(x_2)$ 的分布函数为 $F_{T_2}(t_2)$，概率密度函数为 $f_{T_2}(t_2)$，据表 4－11、表 4－12 中 $T_1(x_1)$ 的函数形式，得到 $T_2(x_2) = a_2X_2 - b_2$。类似于工薪收入纳税额的概率分布函数 $F_{T_1}(t_1)$ 与概率密度函数 $f_{T_1}(t_1)$ 的推导，可以得到经营净收入纳税额的概率分布函数 $F_{T_2}(t_2)$ 与概率密度函数 $f_{T_2}(t_2)$，具体公式如下：

$$F_{T_2}(t_2) = F_X\left(\frac{t_2 + b_2}{a_2k_2}\right) \tag{4-11}$$

$$f_{T_2}(t_2) = \frac{1}{a_2k_2}f_X\left(\frac{t_2 + b_2}{a_2k_2}\right) \tag{4-12}$$

令 Y_2 为经营净收入的税后收入，则 $Y_2 = X_2 - T_2 = k_2(1 - a_2)X + b_2$。类似的，可以推导得到分布函数 $F_{Y_2}(y_2)$ 和概率密度函数 $f_{Y_2}(y_2)$ 的表达式：

$$F_{Y_2}(y_2) = F_X\left(\frac{y_2 - b_2}{k_2(1 - a_2)}\right) \tag{4-13}$$

$$f_{Y_2}(y_2) = \frac{1}{k_2(1 - a_2)}f_X\left(\frac{y_2 - b_2}{k_2(1 - a_2)}\right) \tag{4-14}$$

由 2002—2012 年工薪收入占比 k_2（见表 4－8）以及 $T_2(x_2)$ 系数 a_2、b_2（见表 4－11、表 4－12），得到 $F_{T_2}(t_2)$、$f_{T_2}(t_2)$、$F_{Y_2}(y_2)$ 和 $f_{Y_2}(y_2)$ 的具体表达式，此处省略。

最后，根据表 4－1、表 4－2 显示的财产转让所得和利息股息红利所得的税率和费用扣除标准，可以得到 2002—2012 年财产性收入的纳税额 $T_3(x_3)$ 的函数表达式：$T_3(x_3) = a_3X_3 = a_3k_3X$，此处 $a_3 = 0.2$。类似的，也可以推导出分布函数 $F_{T_3}(t_3)$ 与概率密度函数 $f_{T_3}(t_3)$ 的公式：

$$F_{T_3}(t_3) = F_X\left(\frac{t_3}{a_3k_3}\right) \tag{4-15}$$

$$f_{T_3}(t_3) = \frac{1}{a_3k_3}f_X\left(\frac{t_3}{a_3k_3}\right) \tag{4-16}$$

令 Y_3 为财产性收入的税后收入，则 $Y_3 = X_3 - T_3 = k_3X - a_3k_3X = k_3(1 - a_3)X$。推导得到分布函数 $F_{Y_3}(y_3)$ 和概率密度函数 $f_{Y_3}(y_3)$ 的表达式：

$$F_{Y_3}(y_3) = F_X\left(\frac{y_3}{k_3(1-a_3)}\right) \tag{4-17}$$

$$f_{Y_3}(y_3) = \frac{1}{k_3(1-a_3)}f_X\left(\frac{y_3}{k_3(1-a_3)}\right) \tag{4-18}$$

由 2002—2012 年财产性收入占比 k_3（见表 4-8），可以得到 $F_{T_3}(t_3)$、$f_{T_3}(t_3)$、$F_{Y_3}(y_3)$和$f_{Y_3}(y_3)$的具体表达式，此处省略。

由于转移性收入不缴纳个人所得税，税前收入 X_4 与税后收入 Y_4 相等。在得到上述分项收入和税收的概率密度函数和分布函数基础上，根据基尼系数公式①：

$$G = \frac{1}{\mu}\left[\int_0^{+\infty} F(x)(1-F(x))dx\right] \tag{4-19}$$

可以得到分项收入税前、税后的基尼系数以及分项税收的基尼系数。

五、分项收入个人所得税再分配效应的分解方法

本书采用马斯格雷夫和西姆（Musgrave and Thin，1948）提出的税收的收入再分配效应测度方法：

$RE^{MT} = G_X - G_Y$（公式 3-35）来衡量个人所得税的收入再分配效应。其中，G_X 为税前基尼系数，G_Y 为税后基尼系数，当 $RE^{MT} > 0$ 时，说明税收降低了收入不平等；当 $RE^{MT} < 0$ 时，说明税收加剧了收入不平等。

公式（3-35）仅测量整体税收的收入再分配效应，无法分析我国现行的分类所得税征收制度下各分项收入课税的再分配效应以及具体的影响方式。本书根据列尔曼和伊扎基（Lerman and Yitzhaki，1985）给出的基尼系数分解法：$G = \sum \theta_k R_k G_k$，将税前收入、税后收入分别进

① 具体推导过程见洪兴建．基尼系数理论研究［M］．北京．经济科学出版社，2008：27-30.

行分解：

$$G_X = \theta_{X_1} R_{X_1} G_{X_1} + \theta_{X_2} R_{X_2} G_{X_2} + \theta_{X_3} R_{X_3} G_{X_3} + \theta_{X_4} R_{X_4} G_{X_4} \tag{4-20}$$

$$G_Y = \theta_{Y_1} R_{Y_1} G_{Y_1} + \theta_{Y_2} R_{Y_2} G_{Y_2} + \theta_{Y_3} R_{Y_3} G_{Y_3} + \theta_{Y_4} R_{Y_4} G_{Y_4} \tag{4-21}$$

其中，$R_{X_1} = C_{X_1} / G_{X_1}$ 为人均工薪收入与人均总收入的基尼相关系数，C_{X_1} 为按照人均总收入排序的人均工薪收入集中系数（又称伪基尼系数，Pseudo - Gini Coefficient），反映了人均工薪收入与人均总收入的一种序数相关性；G_{X_1} 表示人均工薪收入的基尼系数；θ_{X_1} 表示人均工薪收入占人均总收入的比值。其他指标的含义与人均工薪收入 X_1 类似。由于本书使用按七分组的城镇住户调查数据，数据过于简约使得各来源的收入排序在税前税后没有发生变化，从而基尼相关系数均为 1。因此 RE^{MT} 可以表示为：

$$\begin{aligned} RE^{MT} &= G_X - G_Y \\ &= (\theta_{X_1} G_{X_1} - \theta_{Y_1} G_{Y_1}) + (\theta_{X_2} G_{X_2} - \theta_{Y_2} G_{Y_2}) + (\theta_{X_3} G_{X_3} - \theta_{Y_3} G_{Y_3}) \\ &\quad + (\theta_{X_4} G_{X_4} - \theta_{Y_4} G_{Y_4}) \\ &= \Delta\theta_{X_1} G_{Y_1} + \theta_{X_1} \Delta G_{X_1} + \Delta\theta_{X_2} G_{Y_2} + \theta_{X_2} \Delta G_{X_2} + \Delta\theta_{X_3} G_{Y_3} + \theta_{X_3} \Delta G_{X_3} \\ &\quad + \Delta\theta_{X_4} G_{Y_4} \\ &= \Delta\theta_{X_1} G_{Y_1} + \Delta\theta_{X_2} G_{Y_2} + \Delta\theta_{X_3} G_{Y_3} + \Delta\theta_{X_4} G_{Y_4} + \theta_{X_1} \Delta G_{X_1} + \theta_{X_2} \Delta G_{X_2} \\ &\quad + \theta_{X_3} \Delta G_{X_3} \end{aligned} \tag{4-22}$$

其中，$\Delta\theta_{X_1} = \theta_{X_1} - \theta_{Y_1}$ 表示税前人均工薪收入占比与税后人均工薪收入占比的差额，$\Delta G_{X_1} = G_{X_1} - G_{Y_1}$ 表示税前人均工薪收入基尼系数与税后人均工薪收入基尼系数的差额，其他指标的含义与人均工薪收入 X_1 类似。这样，式（4 - 22）等式右边前四项反映了分项收入份额变化效应，后三项反映了分项基尼系数变化效应。另外，根据公式（3 - 14），可以得到分项收入 X_1、X_2 和 X_3 的 K 累进性指数。

六、分项收入个人所得税再分配效应分析

表 4 - 13 显示了各分项收入份额税前税后变化情况，可以看到各收

入份额的变化都很小。2002—2012 年，工薪收入税后份额在多数年份都比税前份额低，经营净收入税后份额高于税前份额，财产性收入的税前份额都大于税后份额，转移性收入的税后份额高于税前份额。出现这种情况的原因一方面在于，总体的税后收入低于税前收入使得各收入份额的分母变小；另一方面在于经营净收入和转移性收入几乎不用纳税，使得工薪收入和财产性收入的税后收入下降幅度大于总税后收入下降幅度。这两者综合使得工薪收入和财产性收入的税前税后收入份额变化为正，经营净收入和转移性收入的税前税后收入份额变化为负。

表 4－13　　　　各分项收入份额税前税后变化

年份	工薪收入	经营净收入	财产性收入	转移性收入
2002	0.0009	－0.0004	0.0024	－0.0028
2003	0.0009	－0.0006	0.0028	－0.0031
2004	0.0020	－0.0009	0.0030	－0.0040
2005	0.0031	－0.0013	0.0031	－0.0050
2006	－0.0005	－0.0007	0.0037	－0.0024
2007	－0.0004	－0.0009	0.0044	－0.0031
2008	0.0000	－0.0012	0.0043	－0.0031
2009	0.0006	－0.0013	0.0043	－0.0035
2010	0.0012	－0.0016	0.0046	－0.0042
2011	－0.0024	－0.0009	0.0052	－0.0019
2012	－0.0020	－0.0010	0.0050	－0.0021

资料来源：表 4－13 至表 4－15 数据来自 2003—2013 年《中国城市生活与价格统计年鉴》。

表 4－14 给出了分项收入的累进性数值，可以看到 2002—2012 年，经营净收入的累进性最高，在 0.7 以上，这是由于经营净收入的费用扣除标准很高，根据《中国城市生活与价格统计年鉴》的数据显示仅极少部分居民纳税，也就是说税收负担落在少数几个人身上，这使得计算得到的经营净收入个人所得税的集中指数几乎都等于 1，从而使得累进性较高。其次为工薪收入，其累进性呈先下降后上升的趋势，2002 年累进性为 0.5972，2005 年降到 0.4701，2012 年增加到 0.6873。由于财产性收入实行比例税率，其累进性为 0。

表 4－14　　分项收入累进性比较

年份	工薪收入 K1	经营净收入 K2	财产性收入 K3
2002	0.5972	0.7299	0
2003	0.5713	0.7352	0
2004	0.5174	0.7217	0
2005	0.4701	0.7171	0
2006	0.6511	0.7129	0
2007	0.6247	0.7134	0
2008	0.6291	0.7058	0
2009	0.6079	0.7061	0
2010	0.5829	0.7089	0
2011	0.7004	0.7228	0
2012	0.6873	0.7238	0

表 4－15 反映了个人所得税分项收入的分解结果。首先，个人所得税的 MT 再分配效应指数都为正数，说明个人所得税有利于缩小居民收入差距，但 MT 指数的数值都比较小，可见个人所得税的调节作用非常弱。其次，分项收入份额变化效应都等于 0，这主要是由于各分项收入税前税后的份额变化不明显引起的。最后，由于经营净收入的税负低，且落在极少数人身上，导致该项所得在税前税后的变化很小，从而经营净收入的基尼系数变化效应几乎也都等于 0。财产性收入采用比例税，从而其基尼系数变化效应都等于 0。这样，分项基尼系数变化效应就是工薪所得基尼系数变化效应，个人所得税的再分配效应几乎就是工薪所得税的再分配效应。

表 4－15　　个人所得税分项收入分解

年份	税前基尼系数	税后基尼系数	MT 指数	分项收入份额变化效应	分项基尼系数变化效应
2002	0.2701	0.2648	0.0053	0.0000	0.0053
2003	0.2648	0.2589	0.0059	0.0000	0.0059
2004	0.2782	0.2707	0.0075	0.0000	0.0075
2005	0.2828	0.2743	0.0085	0.0000	0.0085
2006	0.2871	0.2825	0.0046	0.0000	0.0046

续表

年份	税前基尼系数	税后基尼系数	MT 指数	分项收入份额变化效应	分项基尼系数变化效应
2007	0.2866	0.2807	0.0059	0.0000	0.0059
2008	0.2941	0.2882	0.0059	0.0000	0.0059
2009	0.2938	0.2869	0.0069	0.0000	0.0069
2010	0.2910	0.2831	0.0079	0.0000	0.0079
2011	0.2772	0.2749	0.0023	0.0000	0.0023
2012	0.2762	0.2730	0.0032	0.0000	0.0032

第三节　工薪所得税改革效果评价

一、问题的提出

改革开放以来中国经济快速发展，在市场经济的带动下，中国实现了“一部分人先富”，但也面临着收入差距逐渐扩大的问题，“先富带动后富”的压力较大。个人所得税作为国家宏观调控的重要工具，在调节居民收入分配方面理应起到重要作用。中国于 1980 年开始实施《个人所得税法》，之后根据经济发展和调节收入分配的需要，对个人所得税进行了 11 次大小不同的调整，涉及城乡个体工商户、储蓄存款利息、费用扣除、税率、企业年金和职业年金等诸多方面。其中，调整最频繁、对居民影响较大的是工资薪金所得的调整（见表 4－1、表 4－2）。那么，工资、薪金所得税的历次调整是否达到了预期目标？如何评价和比较历次调整的再分配效果和累进性情况？免征额和税率级次的变动是否缩小了城镇居民收入差距？这些是本节试图探讨的问题，也对未来税制改革政策的制定具有重要的意义。

现有文献对个人所得税改革的各个方面进行了较为深入的分析，有助于我们了解个人所得税对收入分配的影响，但可以发现还存在以下几个问题。一是，上述文献并未直接研究中国历次个人所得税改革对收入分配的调节作用，如马骁等（2011）、岳希明等（2012）都是基于当时的税收政策分析个人所得税的收入分配效应。二是，鲜有文献考虑收入增长对个人所得税再分配效应的影响，徐建炜等（2013）虽采用反事实方法模拟出收入相对分布形态不变而平均工资提高对个税累进性程度的影响，但并未对个税的变动进行因素分解，且没有分析税改过程中收入增长与税制各自对收入再分配效应的贡献。三是，多数文献采用分组数据进行分析，缺乏个人收入信息的实证结果可能有失偏颇，而部分微观调查采用家庭人均总收入数据衡量居民收入分配状况，由于家庭人口一般包含未就业者，从而会大大低估人均收入水平。因此，有必要以城镇就业人员的收入为研究对象，评估历次个人所得税改革对城镇居民的收入分配效应，以全面反映个人所得税改革的成效。

本节利用中国健康与营养调查（CHNS）微观数据分析历次工薪所得税税制改革对城镇居民收入分配的影响，从静态和动态两方面评价工薪所得税的改革，其中静态方面将税收的收入分配效应分解为税收比率效应、实际税率效应和费用扣除效应，动态方面分离出收入增长对工薪所得税再分配效应的影响。

二、模型方法与数据处理

（一）税收收入再分配效应的静态分解

税收的再分配效应有多种测量方法，比较常用的是马斯格雷夫和西姆（Musgrave and Thin，1948）提出的方法，用于分析税收影响收入不平等的绝对程度，计算公式为：

$$MT_t = G_{X,t} - G_{Y,t} \tag{4-23}$$

其中，$G_{X,t}$、$G_{Y,t}$分别表示第 t 期税前收入 X 和税后收入 Y 的基尼系数。当 $MT_t>0$ 时，说明税收具有均等化的效应，MT 再分配效应指数越大，表明税收的均等化效应越强；当 $MT_t<0$ 时，说明税收不具有均等化的效应，MT 再分配效应指数越小，表明税收的不均等化效应越强。

如果随着收入的上升，对应的税率也随之增加，那么该税收一定具有均等化效应。因此，在税收收入再分配效应的影响因素中，累进性无疑是重要因素之一。累进性程度的测度方法比较多，其中 Kakwani（1977）提出的方法为

$$K_t = C_{T,t} - G_{X,t} \tag{4-24}$$

其中，$C_{T,t}$为第 t 期的纳税额按税前收入排序计算的集中指数。根据 APK 式分解，得到：

$$MT_t = (C_{Y,t} - G_{Y,t}) + \frac{s_t}{1-s_t}K_t \tag{4-25}$$

其中 $C_{Y,t}$、s_t 分别为 t 时期的按税前收入排序的税后收入集中指数、平均税率（即纳税总额与总收入之比），$\frac{s_t}{1-s_t}$为税收比率，其与平均税率成正比。式（4-25）右边第一项为横向公平效应，第二项为纵向公平效应。由于税收对收入排序的改变非常不显著，水平公平效应的影响可以忽略不计，因此，在不考虑再排序的情况下，MT 再分配效应指数等于垂直公平效应。根据 Loizides（1988）和 Pfahler（1990），K 指数可以进一步分解：

$$K_t = C_{T,t} - G_{X,t} = (C_{T,t} - C_{XT,t}) + (C_{XT,t} - G_{X,t}) \tag{4-26}$$

其中，$C_{XT,t}$为 t 时期的按税前收入排序的应纳税所得额（即应税收入减去费用扣除）集中指数。式（4-26）右边第一项为各级次的实际税率结构对税收累进性的贡献，定义为实际税率效应，右边第二项为费用扣除额对税收累进性的贡献，定义为费用扣除效应。综上，本书将 MT 再分配效应指数分解为：

$$MT_t = \frac{s_t}{1-s_t}K_t = \frac{s_t}{1-s_t}[(C_{T,t} - C_{XT,t}) + (C_{XT,t} - G_{X,t})] \tag{4-27}$$

（二）税收收入再分配效应的动态分解

以往文献在比较不同年份税收的收入分配效应时，都是直接对比不

同年份的 MT 再分配效应指数，如徐建炜等（2013）发现 1999 年到 2005 年间，MT 再分配效应指数逐渐扩大，认为这一时期个税的收入再分配效应在逐渐加强，但实际上 MT 再分配效应指数的变动包含了收入增长带来的影响，在税制不发生改变的年份，MT 再分配效应指数也会出现上升或下降的情况。因此，有必要对 MT 再分配效应指数的动态变动进行分解，以分离出收入增长、税制改革等因素对收入再分配效应的影响。

现定义税收的收入再分配动态效应如下，

$$MT_{t_1,t_0} = MT_{t_1} - MT_{t_0} \tag{4-28}$$

其中，t_0、t_1 表示两个不同的年份，MT_{t_1,t_0} 衡量的是从第 t_0 期到第 t_1 期税收的收入再分配静态效应的变动情况，MT_{t_1} 表示 t_1 期税收的收入再分配静态效应，MT_{t_0} 表示第 t_0 期税收的收入再分配静态效应。公式（4－28）的含义是，如果第 t_1 期税收的收入再分配静态效应高于第 t_0 期税收的收入再分配静态效应，即 $MT_{t_1,t_0}>0$；当 $MT_{t_0}>0$ 时，表明税收的收入再分配均等化效应增强了；当 $MT_{t_0}<0$ 时，表明税收的收入再分配非均等化效应减弱了。如果第 t_1 期税收的收入再分配静态效应低于第 t_0 期税收的收入再分配静态效应，即 $MT_{t_1,t_0}<0$；当 $MT_{t_0}>0$ 时，表明税收的收入再分配均等化效应减弱了；当 $MT_{t_0}<0$ 时，表明税收的收入再分配非均等化效应增强了。综上，MT_{t_1,t_0} 的大小衡量了税收的收入再分配（非）均等化效应增强（减弱）的程度。

对公式（4－28）进行分解，可以得到：

$$\begin{aligned} MT_{t_1,t_0} &= MT_{t_1} - MT_{t_0} = (G_{X_1,t_1} - G_{Y_1,t_1}) - (G_{X_0,t_0} - G_{Y_0,t_0}) \\ &= (G_{X_1,t_1} - G_{X_0,t_0}) - (G_{Y_1,t_1} - G_{Y_0,t_0}) \end{aligned} \tag{4-29}$$

其中，$G_{X_1,t_1} - G_{X_0,t_0}$ 表示税前收入不平等效应，$G_{Y_1,t_1} - G_{Y_0,t_0}$ 表示税后收入不平等效应。为了进一步分解税后收入不平等效应，定义 Y_1' 为 t_0 期的税后收入分布乘以从 t_0 到 t_1 期税后收入的增长幅度。因此，公式（4－29）可以进一步分解为：

$$MT_{t_1,t_0} = (G_{X_1,t_1} - G_{X_0,t_0}) - (G_{Y_1,t_1} - G_{Y_0,t_0})$$

$$= \underbrace{(G_{X_1,t_1} - G_{X_0,t_0})}_{\text{税前收入不平等效应}} + \underbrace{(G_{Y_0,t_0} - G_{Y'_1,t_0}}_{\text{收入增长效应}} + \underbrace{G_{Y_1',t_0} - G_{Y_1,t_0}}_{\text{收入分配效应}} + \underbrace{G_{Y_1,t_0} - G_{Y_1,t_1})}_{\text{税收效应}} \quad (4-30)$$

（三）数据来源与处理

鉴于国务院 1994 年发布《中华人民共和国个人所得税法实施条例》，实行工资、薪金所得 800 元的费用扣除，本书使用 1997 年、2000 年、2004 年、2006 年、2009 年和 2011 年的中国健康与营养抽样调查数据（CHNS），该数据根据我国各地区经济发展程度、城乡分布特征、公共资源状况和健康状况覆盖了中国东、中、西部三个区域的省份。根据分析要求，本书剔除了未满 18 周岁的未成年人以及 60 岁以上男性、55 岁以上女性的老年人，还剔除了收入数据缺失或无效的样本。

表 4-16 给出历次调查城镇居民的样本数和年收入以及年收入中位数等信息。从 1996 年到 2010 年，城镇居民的年平均收入从 5765.2 元增长到 34024.6 元①，增长了 4 倍多，年收入中位数比同期的收入均值低，表明中低收入群体占大多数。

表 4-16　样本描述

年份	样本数	人均年收入（元）	年收入中位数（元）
1996	1536	5765.2	4806.0
1999	1478	8572.9	6557.0
2003	982	12849.6	10863.1
2005	1050	16883.5	12126.3
2008	1137	24439.9	18600.0
2010	1663	34024.6	25052.6

资料来源：表 4-16 至表 4-18 数据来自 1997 年、2000 年、2004 年、2006 年、2009 年和 2011 年的中国健康与营养抽样调查数据（CHNS）。

---

① 1996 年、1999 年、2003 年、2005 年、2008 年和 2010 年，国家统计局公布的我国城镇单位就业人员平均工资分别为 5980 元、8319 元、13969 元、18200 元、28898 元和 36539 元，两者对收入的定义不同，从而造成数值的一些微小差异，但它们反映的趋势是一致的。

三、MT 指数静态效应和动态效应分析

（一）MT 再分配效应指数静态效应分析

根据我国工薪所得税的调整政策，1996 年、1999 年、2003 年、2005 年适用于免征额为 800 元、税率级数为 7 级的税制，2008 年、2010 年适用于免征额为 2000 元、税率级数为 9 级的税制。限于微观数据的可得性，本书使用 CHNS2009 年的数据模拟免征额为 1600 元和 2000 元的情形，在表 4－17 中分别表示为 2008′、2008 相应的数据，使用 CHNS2011 年的数据模拟免征额为 2000 元、级数为 9 级和免征额为 3500 元、级数为 7 级以及免征额为 2000 元、级数为 7 级的情形，在表 4－17 中分别表示为 2010、2010′、2010″相应的数据。

首先，收入分布变动对工薪所得税的再分配调节功能具有促进作用。在免征额为 800 元的税制阶段，MT 再分配效应指数随着收入的增加从 1996 年的 0.0059 上升到 2005 年的 0.0253，增加了 3 倍多；在免征额为 2000 元的税制阶段，MT 再分配效应指数随着收入的增加从 2008 年的 0.0242 上升到 2010 年的 0.0264，增加了 8.93%。收入水平的提高使处于高税率级次的人增加，导致纳税总额的增长幅度超过收入的增长，平均税率（税收比率）提高，从而对收入分配的调节力度加大。可见，2011 年工薪所得税税制改革政策在今后几年对收入分配的调节作用将逐渐加强。

表 4－17　　个人所得税的收入分配效应及分解

年份	G_X	G_Y	MT	税收比率	K 指数	实际税率效应	费用扣除效应
1996	0.3276	0.3217	0.0059	0.0090	0.6552	0.7630	－0.1078
1999	0.3786	0.3644	0.0142	0.0245	0.5800	0.7142	－0.1343
2003	0.3627	0.3460	0.0167	0.0345	0.4850	0.5433	－0.0583
2005	0.4480	0.4228	0.0253	0.0613	0.4123	0.3632	0.0491
2008′	0.4356	0.4093	0.0263	0.0546	0.4821	0.5327	－0.0506
2008	0.4356	0.4114	0.0242	0.0466	0.5200	0.6304	－0.1104

续表

年份	G_X	G_Y	MT	税收比率	K 指数	实际税率效应	费用扣除效应
2010	0.4253	0.3990	0.0264	0.0590	0.4475	0.4794	-0.0319
2010′	0.4253	0.4068	0.0185	0.0341	0.5437	0.6634	-0.1197
2010″	0.4253	0.4016	0.0237	0.0483	0.4910	0.5229	-0.0319

其次，免征额的提高和税率结构的改变都弱化了工薪所得税的收入分配效应，增加了累进性。比较免征额 1600 元与 2000 元的情形，MT 再分配效应指数从 0.0263 下降到 0.0242，下降了 0.0021；税收比率从 0.0546 下降到 0.0466，下降了 0.0080；累进性 K 指数则从 0.4821 上升到 0.5200，上升了 0.0379；实际税率效应上升了 0.0977，费用扣除效应下降了 0.0598；可见，免征额提高使得工薪所得税累进性增加的原因在于实际税率效应上升，也即税率结构的变化。比较免征额为 2000 元税率级次为 7 级和 9 级的情形，MT 再分配效应指数从 0.0264 下降到 0.0237，下降了 0.0027；税收比率从 0.0590 下降到 0.0483，下降了 0.0107；K 累进性指数则从 0.4475 上升到 0.4910，上升了 0.0435；实际税率效应上升了 0.0435；可见，现行 7 级税率的设置弱化了工薪所得税的再分配效应，提高了工薪所得税整体的累进性，这与部分学者的研究结论一致①。其原因在于我国城镇居民收入分布右偏，中低收入群体较多，很多高收入群体的工资薪金达不到较高级次的税率②，而 7 级税率的前三级累进性相比 9 级较小，故收入再分配效应减弱。

最后，需要说明的是，由于 2008 年 3 月 1 我国工资、薪金所得费用扣除标准从每月 1600 元提高到 2000 元，可以说 2008 年是 1600 元费

---

① 洪兴建（2007）借助基准收入和免税额的各种位置关系，从理论上分析提高免征额不一定能降低不平等，其实证分析表明免征额提高后职工的收入不平等进一步扩大；徐建炜等（2013）研究发现三次免征额提高和 2011 年的税率层级改变都提高了税制累进性，降低了平均有效税率和 MT 指数。

② 陈建东等（2014）根据《中国城市（镇）生活与价格年鉴（2012）》的数据拟合分布函数也得到类似的结论，指出现有七级累进税率第三级次以上的税率几乎是无效的。

用扣除标准的最后一年，也是2000元费用扣除标准的第一年。免征额的提高会降低MT再分配效应指数，而收入增长又会提高MT再分配效应指数，两者共同作用使得以1600元免征额计算的2008年的MT再分配效应指数相较前几年没有下降，反而比2005年上升了0.0010，而以2000元免征额计算的2008年的MT再分配效应指数则下降了0.0011。

（二）MT再分配效应指数动态效应分析

MT再分配效应指数静态效应分析表明税制改变会使MT再分配效应指数降低，但无法分离出税制对不同年度MT再分配效应指数变动程度的贡献，为了解决这一问题，本书根据公式（4－30）对MT再分配效应指数进行动态分解，将四次税改的变动分解为税前收入不平等效应、收入增长效应、收入分配效应、税收效应，结果见表4－18。根据基尼系数的收入规模不变性公理，所有人的收入同比发生变化，不平等程度不变，因此，收入增长效应 $G_{Y_0,t_0} - G_{Y'_1,t_0}$ 为0，未在表4－18中说明。

表4－18　　　　MT指数动态效应分解

时间	MT_{t_0,t_1}	税前收入不平等效应	收入分配效应	税收效应
$t_0=2006$，$t_1=2008'$	0.00102	－0.01246	0.01508	－0.00161
$t_0=2006$，$t_1=2008$	－0.00107	－0.01246	0.01508	－0.00369
$t_0=2006$，$t_1=2010$	0.00109	－0.02272	0.02403	－0.00022
$t_0=2006$，$t_1=2010'$	－0.00676	－0.02272	0.02403	－0.00808

第一，税前收入不平等效应都为负，说明其对MT再分配效应指数动态效应具有显著的逆向作用，即税前收入不平等减弱了税收的均等化效应。这与James Alm等（2005）的结论一致，其研究发现税前收入分布能显著影响美国个人所得税的均等化效应。

第二，收入分配效应都为正，说明其对MT再分配效应指数动态效应具有显著的正向作用，即收入分配效应增强了税收的均等化效应。

第三，税收效应都为负，说明其对MT再分配效应指数动态效应具有显著的逆向作用，即税制效应减弱了个人所得税的均等化效应。比较

2006年和2008年，免征额从800元提高到1600元使MT再分配效应指数的变化减少了0.00161，从800元提高到2000元使MT再分配效应指数的变化减少了0.00369。比较2006年和2010年，免征额从800元提高到2000元使MT再分配效应指数的变化减少了0.00022，从800元、9级税率到2000元、7级税率使MT再分配效应指数的变化减少了0.00808，减少幅度较大，再一次证实税率级次的改变降低了工薪所得税的均等化效应。

四、工薪所得改革效果评价

综上，本节利用CHNS微观调查数据首次从静态和动态两方面评估我国历次工薪所得税改革政策对城镇居民收入分配效应的影响。首先，通过对MT再分配效应指数静态效应分解发现收入分布变动对工薪所得税的再分配调节功能具有促进作用。在费用扣除标准为800元的税制阶段，MT再分配效应指数随着收入的增加从1996年的0.0059上升到2005年的0.0253；在免征额为2000元的税制阶段，MT再分配效应指数随着收入的增加从2008年的0.0242上升到2010年的0.0264；费用扣除标准的提高和2011年税率结构的改变都弱化了工薪所得税的收入再分配效应，增加了工薪所得税的累进性。其次，MT再分配效应指数动态效应分解结果表明税前收入不平等和税制效应都减弱了工薪所得税的均等化效应，收入分配效应增强了工薪所得税的均等化效应。因此，我国历次的工薪所得税改革从总体上弱化了工薪所得税的再分配调节作用。

第四节　行业个人所得税的收入再分配效应

就业人员的收入受很多因素影响，如就业行业、性别、职位、工龄、技能、学历等，但就业人员所处的行业几乎决定了其所在单位的性质，也在很大程度上决定了其收入水平。一般地，垄断性行业、新兴行业的收入水平会比较高，不同行业性质拉开了就业个体之间的收入差距。个人所得税作为调节收入差距的一种重要措施，其对行业收入的再分配效应如何，这是本节的研究重点。

在税收的收入再分配效应研究文献中，比较普遍的做法是采用基尼系数测量收入不平等状况，但基尼系数也存在一些不足之处，如不满足转移敏感性公理①，它是一个对众数区域变化敏感的不平等指数，即对中等收入群体的变化比较敏感，对低收入群体和高收入群体的变化相对不敏感。一般的，人们更加关注低收入群体的收入问题，低收入群体收入的提高能有效缩小收入差距，有助于缓解社会矛盾。因此，一个良好的不平等指数因赋予低收入群体较大的权重。S 基尼系数是对基尼系数的一种改进，当参数值大于 2 时就赋予低收入群体较大的权重，是一个比较适合研究税收再分配效应的优良指标。本节就采用 S 基尼系数研究个人所得税对行业收入差距的调节作用。

一、研究方法

（一）S 基尼系数介绍

唐纳森和韦马克（Donaldson and Weymark，1980）提出单参数基尼系数（Single Parameter Gini Index），也称 S 基尼系数，计算公式为：

$$G(v) = \int_0^1 [\pi - L(\pi)] K(\pi, v) d\pi \tag{4-31}$$

其中，π 为收入从低到高排序后的人口累计份额，$L(\pi)$ 表示人口累计比重不大于 π 的人取得的收入占总收入的比重，权重 $K(\pi, v) =$

① 转移敏感性公理指个体之间发生相同水平的收入转移时，转移者和接受者的收入越低，对总体的不平等程度影响越大。基尼系数的变化只与转移者和接受者的相对位置有关，与绝对位置无关，不满足转移敏感性公理。

$v(v-1)(1-\pi)^{v-2}$，v 表示人们对不平等的厌恶程度，$v>1$。对$K(\pi, v)$求导得到：

$$dK(\pi, v)/d\pi = -v(v-1)(v-2)(1-\pi)^{v-3} \tag{4-32}$$

可见，当 $1<v<2$ 时，$dK(\pi, v)/d\pi>0$，说明高收入群体在不平等测量中所占的比重较大，因此不满足转移敏感性公理；当 $v=2$ 时，$K(\pi, v)=1$，每个个体在不平等测量中的权数相同，此时的 S 基尼系数就是普通的基尼系数；当 $v>2$ 时，$dK(\pi, v)/d\pi<0$，说明低收入群体在不平等测量中所占的比重较大，因此满足转移敏感性公理。v 值越大，表明测量时对低收入群体的权数越大，人们对不平等的厌恶程度越高。

在实际计算时，由于原始个体数据较难获得，因此，在计算 S 基尼系数时可以采用分组数据形式的计算公式：

$$G(v) = 1 + \sum_{i=1}^{k} \frac{\theta_i}{p_i}[(1-\pi_i)^v - (1-\pi_{i-1})^v] \tag{4-33}$$

该公式由乔提卡潘和格利菲斯（Chotikapanich and Griffiths，2001）提出，p_i、θ_i 分别表示第 i 组收入的人口份额和收入份额，π_i 是收入从低到高排序后第 i 组的累计人口份额，假定各组平均收入 x_i 的排序为：$x_1 \leqslant x_2 \cdots \leqslant x_k$，则 $\pi_i = p_1 + p_2 + \cdots + p_i$。由于总人均收入 $\mu = \sum_{i=1}^{k} x_i p_i$，从而$\frac{\theta_i}{p_i} = \frac{p_i x_i}{p_i \mu} = \frac{x_i}{\mu}$，因此 S 基尼系数可以转化为：

$$G(v) = \sum_{i=1}^{k} \frac{x_i}{\mu}[p_i + (1-\pi_i)^v - (1-\pi_{i-1})^v] \tag{4-34}$$

（二）基于 S 基尼系数的再分配效应分解

夏洛克斯（Shorrocks，1982）指出当不平等指数可以表示为个体收入加权加总的形式时，即 $I(x) = \sum_{i=1} w_i(x) \cdot x_i$，其中 x_i 按从小到大排序，则第 j 种收入来源的不平等对总收入不平等的贡献为：

$$s_j = \frac{\sum_{i=1}^{k} w_i(x) \cdot x_{ij}}{I(x)} \tag{4-35}$$

可见，S基尼系数符合该公式，可以写成个体收入加权加总的形式，从而第j种收入来源的不平等对总收入不平等的贡献为：

$$s_j = \frac{\sum_{i=1}^{k} \frac{x_{ij}}{\mu}[p_i + (1-\pi_i)^v - (1-\pi_{i-1})^v]}{G(v)}$$

$$= \frac{\mu_j}{\mu} \frac{\sum_{i=1}^{k} \frac{x_{ij}}{\mu_j}[p_i + (1-\pi_i)^v - (1-\pi_{i-1})^v]}{G(v)}$$

$$= \frac{\mu_j}{\mu} \frac{C_j(v)}{G(v)} \tag{4-36}$$

其中，$C_j(v)$是第j种收入来源按照总收入的排序计算的S基尼系数，也称S伪基尼系数，$\frac{\mu_j}{\mu}$表示第j种收入来源的平均收入占总平均收入的比重，也是第j种收入来源占总收入的份额θ_j，即$\theta_j = \frac{\mu_j}{\mu}$。若$C_j(v) > G(v)$，则表明第$j$种收入来源对总收入不平等起促增作用，若$C_j(v) < G(v)$，则表明第$j$种收入来源对总收入不平等起缩减作用。由于$\sum s_j = \sum \frac{\mu_j}{\mu} \frac{C_j(v)}{G(v)} = \sum \frac{\theta_j C_j(v)}{G(v)} = 1$，因此可以得到$G(v) = \sum \theta_j C_j(v)$。可见，S基尼系数与基尼系数有相同的收入来源分解形式。

其实，对于基尼系数的税收再分配效应分解，S基尼系数也同样适用。由于税前收入X等于税收T加上税后收入Y，即$X = T + Y$，可以得到$G_X(v) = \frac{T}{X}C_T(v) + \frac{Y}{X}C_Y(v)$。据此将$RE^{MT}$分解为：

$$\begin{aligned} RE^{MT} &= G_X(v) - G_Y(v) \\ &= (C_Y(v) - G_Y(v)) + (G_X(v) - C_Y(v)) \\ &= (C_Y(v) - G_Y(v)) + \left(G_X(v) - \frac{X}{Y}\left(G_X(v) - \frac{T}{X}C_T(v)\right)\right) \\ &= (C_Y(v) - G_Y(v)) + \frac{T}{Y}(C_T(v) - G_X(v)) \end{aligned}$$

$$= (C_Y(v) - G_Y(v)) + \frac{t}{1-t}(C_T(v) - G_X(v)) \quad (4-37)$$

其中，$G_X(v)$、$G_Y(v)$分别表示税前收入X、税后收入Y的S伪基尼系数，$C_Y(v)$表示税后收入的S伪基尼系数，$t=\frac{T}{X}$表示平均税率，$C_T(v)$表示税收T的S伪基尼系数。式（4－37）右边第一项$(C_Y(v) - G_Y(v))$为横向公平效应，等式右边第二项$\frac{t}{1-t}(C_T(v) - G_X(v))$为纵向公平效应，纵向公平效应又可以分解为平均税率效应（$\frac{t}{1-t}$）和K累进性效应（$C_T(v) - G_X(v)$）。

二、数据说明和描述

本节研究个人所得税对行业收入差距的再分配效应，涉及对不同行业类别的划分，《中国统计年鉴》《中国劳动统计年鉴》和《中国税务年鉴》都给出了不同的行业类别层次。由于《中国统计年鉴》只给出了19个行业门类的相关数据，对于分析行业间的税收再分配效应来说，细分行业越多越能准确反映个人所得税对行业间收入差距的调节作用。因此，本书选用《中国劳动统计年鉴》，其给出了19个行业门类下94个行业大类的相关数据。

表4－19　国民经济行业细分行业类别

序号	行业分类	序号	行业分类
1	农、林、牧、渔业	33	计算机、通信和其他电子设备制造业
2	煤炭开采和洗选业	34	仪器仪表制造业
3	石油和天然气开采业	35	其他制造业
4	黑色金属矿采选业	36	电力、热力生产和供应业
5	有色金属矿采选业	37	燃气生产和供应业
6	非金属矿采选业	38	水的生产和供应业
7	其他采矿业	39	房屋和土木工程建筑业

续表

序号	行业分类	序号	行业分类
8	农副食品加工业	40	建筑安装业
9	食品制造业	41	建筑装饰和其他建筑业
10	酒、饮料和精制茶制造业	42	批发业
11	烟草制品业	43	零售业
12	纺织业	44	交通运输业
13	纺织服装、服饰业	45	仓储业
14	皮革、毛皮、羽毛及其制品和制鞋业	46	邮政业
15	木材加工和木、竹、藤、棕、草制品业	47	住宿业
16	家具制造业	48	餐饮业
17	造纸及纸制品业	49	信息传输、软件和信息技术服务业
18	印刷和记录媒介复制业	50	银行业
19	文教、工美、体育和娱乐用品制造业	51	证券业
20	石油加工、炼焦和核燃料加工业	52	保险业
21	化学原料和化学制品制造业	53	其他金融业
22	医药制造业	54	房地产业
23	化学纤维制造业	55	租赁业
24	橡胶和塑料制品业	56	商务服务业
25	非金属矿物制品业	57	居民服务、修理和其他服务业
26	黑色金属冶炼和压延加工业	58	教育
27	有色金属冶炼和压延加工业	59	卫生
28	金属制品业	60	社会工作
29	通用设备制造业	61	文化、体育和娱乐业
30	专用设备制造业	62	公共管理、社会保障和社会组织
31	交通运输设备制造业	63	其他行业
32	电气机械和器材制造业		

资料来源：数据来自2014年《中国劳动统计年鉴》。

由于行业类别的变化和年鉴编制工作的改进，《中国劳动统计年鉴》和《中国税务年鉴》的细分行业类别不是完全一致的，2006年的《中国税务年鉴》细分行业类别约30类，而2006年之前的《中国税务年鉴》细分行业类别仅为15类，且个别细分行业不存在个人所得税。

因此，为了保证计算结果的可比性，本书整理得到2007—2013年63个行业的个人所得税、税前收入以及税后收入数据，具体细分行业名称见表4－19。

需要说明的是，本节所指的税前收入、就业人员是指《中国劳动统计年鉴》的“城镇单位就业人员平均工资①”“城镇单位就业人员数(年底数)”，个人所得税是指《中国税务年鉴》中分产业个人所得税除以城镇单位就业人员数，税后收入为税前收入减去个人所得税。

三、行业税前收入和税收状况分析

本书首先对我国行业收入和税收的总体概括进行描述，以便为分析税收对行业收入的调节作用做铺垫。为了使数据结构不显得过于冗长，本书采用18个行业门类而不是63个细分行业来分析行业收入和税收状况。为了统一《中国劳动统计年鉴》和《中国税务年鉴》的行业门类分类，本书所指的“其他行业”包括科学研究和技术服务业与水利、环境和公共设施管理业两类。

（一）行业工资水平和增长情况

近几年来，我国居民收入水平虽稳步提高，但不同行业收入水平呈现较大差异，如表4－20所示。

从全国层面上看，我国居民平均工资从2007年的24721元增长到2014年的56360元，增长了31639元，增长率达到1.28倍，年平均增长12.49%。从分行业层面看，农、林、牧、渔业的平均工资一直是最低的。2007年全国农、林、牧、渔业平均工资仅为10847元，为全国平均收入水平的43.88%，2014年全国农、林、牧、渔业平均工资为28356元，刚过全国平均收入水平的一半。

---

① 我国个人所得税仅适用于城镇居民，适用于农村居民的农业税于2006年已取消。虽然农村住户（包括外出务工人员）中的工资性收入和非个体经营收入属于个人所得税的征税对象，但限于数据的可得性，本书不予考虑。

2007年和2008年信息传输、软件和信息技术服务业的平均工资最高，分别为47700元、54906元，2009—2014年，金融业的平均工资最高。虽然平均工资最高行业与平均工资最低行业的工资差距（简称"行业极值差"）在不断扩大，从2007年的36853元增加到2014年的79917元，但两者的工资比值（简称"行业极值比"）却从2007年的4.40下降到2014年的3.82。可见，行业间平均工资的绝对数存在较大差异，相对数则存在缩小的趋势。另外，电力、热力、燃气及水生产和供应业，采矿业，租赁和商务服务业，文化、体育和娱乐业等行业的平均工资也一直都很高，而住宿和餐饮业，居民服务、修理和其他服务业，建筑业等行业的平均工资一直都较低。这表明具有垄断性质的行业和具有高新技术特征的行业的平均工资较高，而一些基础性行业的平均工资较低。

表4-20　2007—2014年18个行业门类平均工资　单位：元

行业	2007年	2008年	2009年	2010年	2011年	2012年	2013年	2014年
农、林、牧、渔业	10847	12560	14356	16717	19469	22687	25820	28356
采矿业	28185	34233	38038	44196	52230	56946	60138	61677
制造业	21144	24404	26810	30916	36665	41650	46431	51369
电力、热力、燃气及水生产和供应业	33470	38515	41869	47309	52723	58202	67085	73339
建筑业	18482	21223	24161	27529	32103	36483	42072	45804
批发和零售业	21074	25818	29139	33635	40654	46340	50308	55838
交通运输、仓储和邮政业	27903	32041	35315	40466	47078	53391	57993	63416
住宿和餐饮业	17046	19321	20860	23382	27486	31267	34044	37264
信息传输、软件和信息技术服务业	47700	54906	58154	64436	70918	80510	90915	100845
金融业	44011	53897	60398	70146	81109	89743	99653	108273
房地产业	26085	30118	32242	35870	42837	46764	51048	55568
租赁和商务服务业	27807	32915	35494	39566	46976	53162	62538	67131
居民服务、修理和其他服务业	20370	22858	25172	28206	33169	35135	38429	41882
教育	25908	29831	34543	38968	43194	47734	51950	56580
卫生和社会工作	27892	32185	35662	40232	46206	52564	57979	63267

续表

行业	2007 年	2008 年	2009 年	2010 年	2011 年	2012 年	2013 年	2014 年
文化、体育和娱乐业	30430	34158	37755	41428	47878	53558	59336	64375
公共管理、社会保障和社会组织	27731	32296	35326	38242	42062	46074	49259	53110
其他行业	29553	34913	38539	43173	48839	53590	60385	65146
全国	24721	28898	32244	36539	41799	46769	51483	56360

资料来源：表 4－20 至表 4－25 数据来自 2008—2015 年《中国劳动统计年鉴》和《中国税务年鉴》。

表 4－21 给出了 18 个行业的平均工资增长率，可以看到各个行业的平均工资增长率差别较大。首先，总体上看，全国平均工资增长率超过 GDP 增长率，两者变化呈现同步性，都表现出下降的趋势，2014 年全国平均工资增长率和 GDP 增长率分别是 9.47%、7.27%，相比 2008 年的 16.90%、9.63%，分别下降了 7.42%、2.36%。平均工资增长率和 GDP 增长率的差距在不断缩小，从 2008 年的 7.27% 下降到 2014 年的 2.21%，表现出趋同性。

其次，从横向看，大部分行业每年的平均工资增长率都表现出先下降后上升再下降的趋势，采矿业，批发和零售业，交通运输和仓储邮政业，住宿和餐饮业，房地产业，居民服务、修理和其他服务业等行业在 2012 年、2013 年的增长率与前几年相比下降幅度较大。从纵向看，2008—2014 年的全国平均工资增长率为 12.52%，其中，农、林、牧、渔业，制造业，建筑业，批发和零售业，金融业，租赁和商务服务业等行业的平均工资增长率超过全国平均工资增长率。另外，同一年份不同行业工资增长率的差别较大。2008 年批发和零售业的平均工资最高，为 22.51%，居民服务、维修和其他服务业的平均工资仅为 12.21%，相差 10.30%；2009 年教育的平均工资增长率最高，达到 15.80%，信息传输、软件和信息技术服务业的平均工资增长率最低，为 5.92%，两者相差 9.88%；2013 年租赁和商务服务业的平均工资增长率最高 17.64%，采矿业的平均工资增长率最低，仅为 5.61%；2014 年批发和零售业的平均工资增长率最高，为 10.99%，其次为信息传输、软件和信息技术服务业，平均工资增长率为 10.92%，采矿业的平均工资增长率最低，为 2.56%。

表 4-21　　2007—2014 年 18 个行业门类平均工资增长率　　单位：%

行业	2008 年	2009 年	2010 年	2011 年	2012 年	2013 年	2014 年
农、林、牧、渔业	15.79	14.30	16.45	16.46	16.53	13.81	9.82
采矿业	21.46	11.12	16.19	18.18	9.03	5.61	2.56
制造业	15.42	9.86	15.32	18.60	13.60	11.48	10.64
电力、热力、燃气及水生产和供应业	15.07	8.71	12.99	11.44	10.39	15.26	9.32
建筑业	14.83	13.84	13.94	16.62	13.64	15.32	8.87
批发和零售业	22.51	12.86	15.43	20.87	13.99	8.56	10.99
交通运输、仓储和邮政业	14.83	10.22	14.59	16.34	13.41	8.62	9.35
住宿和餐饮业	13.35	7.97	12.09	17.55	13.76	8.88	9.46
信息传输、软件和信息技术服务业	15.11	5.92	10.80	10.06	13.53	12.92	10.92
金融业	22.46	12.06	16.14	15.63	10.64	11.04	8.65
房地产业	15.46	7.05	11.25	19.42	9.17	9.16	8.85
租赁和商务服务业	18.37	7.84	11.47	18.73	13.17	17.64	7.34
居民服务、修理和其他服务业	12.21	10.12	12.05	17.60	5.93	9.38	8.99
教育	15.14	15.80	12.81	10.84	10.51	8.83	8.91
卫生和社会工作	15.39	10.80	12.81	14.85	13.76	10.30	9.12
文化、体育和娱乐业	12.25	10.53	9.73	15.57	11.86	10.79	8.49
公共管理、社会保障和社会组织	16.46	9.38	8.25	9.99	9.54	6.91	7.82
其他行业	18.14	10.39	12.02	13.12	9.73	12.68	7.88
全国	16.90	11.58	13.32	14.40	11.89	10.08	9.47
GDP	9.63	9.21	10.45	9.30	7.65	7.67	7.27

最后，结合表 4-20 各行业的平均工资水平，可以发现，高收入行业的平均工资增长率普遍较低，低收入行业的平均工资增长率一般都较高，但也有个别例外行业，如金融业、租赁和商务服务业等高收入行业的平均工资增长率也较高，住宿和餐饮业，居民服务修理，教育，公共管理、社会保障和社会组织等低收入行业的平均工资增长率也较低。

（二）行业个人所得税情况

2007—2014 年全国 18 个行业门类个人所得税的情况如表 4－22 所示。从全国层面看，2014 年全国税收收入为 7376.60 亿元，相比 2007 年的 3184.94 亿元，增加了 4191.66 亿元。从各行业看，不难发现，各行业的个人所得税差别显著。农、林、牧渔业的个人所得税最低，2007 年的个人所得税仅为 4.97 亿元，2014 年的个人所得税虽增加了 3 倍多，但也仅为 17.72 亿元，占全国个人所得税收入的 0.24%。文化、体育和娱乐业，住宿和餐饮业，卫生和社会工作，教育等行业的个人所得税也较少，2014 年的个人所得税分别为 95.79 亿元、76.55 亿元、159.91 亿元、143.06 亿元。相反，制造业、金融业的个人所得税较多，2014 年这两个行业的个人所得税分别达到 1265.54 亿元、1286.40 亿元，共占全国个人所得税的 34.60%。租赁和商务服务业、批发和零售业、建筑业等行业的个人所得税也较多，2014 年的个人所得税分别为 827.98 亿元、619.22 亿元、563.05 亿元。结合表 4－20 的分行业平均工资，可以发现平均工资高的行业个人所得税不一定也高，说明该行业的工资收入不平等程度可能较大。

表 4－22　　2007—2014 年 18 个行业门类个人所得税　　单位：亿元

行业	2007 年	2008 年	2009 年	2010 年	2011 年	2012 年	2013 年	2014 年
农、林、牧、渔业	4.97	6.19	6.37	9.57	11.28	14.21	16.13	17.72
采矿业	91.95	147.66	171.90	231.44	295.79	268.04	240.95	201.48
制造业	601.48	720.63	748.40	977.22	1193.39	1036.53	1092.83	1265.54
电力、热力、燃气及水生产和供应业	94.67	121.65	136.64	157.49	178.25	154.19	162.40	174.56
建筑业	181.43	234.58	286.82	359.15	456.35	464.10	520.39	563.05
批发和零售业	237.07	309.22	340.07	424.81	512.96	503.12	552.46	619.22
交通运输、仓储和邮政业	132.47	170.10	161.91	193.75	235.03	195.07	193.39	195.34
住宿和餐饮业	55.10	63.86	68.32	81.96	94.58	85.26	82.65	76.55
信息传输、软件和信息技术服务业	107.66	134.50	141.45	170.33	207.55	221.92	266.71	369.95
金融业	326.21	462.87	487.39	625.71	873.92	925.21	1103.69	1286.40
房地产业	106.62	137.94	192.72	255.16	319.45	301.90	421.51	435.83
租赁和商务服务业	237.90	308.61	342.76	429.73	593.58	680.00	714.05	827.98

续表

行业	2007 年	2008 年	2009 年	2010 年	2011 年	2012 年	2013 年	2014 年
居民服务、修理和其他服务业	165.92	196.38	227.74	283.79	364.58	320.14	374.90	389.30
教育	63.70	68.99	86.25	113.93	121.06	89.25	110.38	143.06
卫生和社会工作	41.56	49.15	63.37	84.21	101.10	89.45	115.40	159.91
文化、体育和娱乐业	35.88	42.09	47.86	56.50	69.62	70.32	82.46	95.79
公共管理、社会保障和社会组织	86.00	98.83	111.66	138.51	154.88	126.95	161.41	162.89
其他行业	614.34	449.04	321.97	244.02	270.72	274.69	319.81	392.02
全国	3184.94	3722.31	3943.59	4837.27	6054.08	5820.32	6531.53	7376.60

（三）行业个人所得税增长情况

为了进一步刻画各行业个人所得税变动的情况，本书将对 2008—2014 年中国 18 个行业的个人所得税增长情况进行分析，具体见表 4-23。从 2008—2014 年 18 个行业的个人所得税增长率看，由于 2008 年 3 月开始个人所得税费用扣除标准从 1600 元上升 2000 元，2011 年 9 月在提高费用扣除标准的同时降低税率级次，导致大部分行业的个人所得税在这几个年份会发生较大波动。

表 4-23　2008—2014 年 18 个行业门类个人所得税增长率　单位：%

行业	2008 年	2009 年	2010 年	2011 年	2012 年	2013 年	2014 年
农、林、牧、渔业	24.52	2.93	50.33	17.80	26.03	13.48	9.86
采矿业	60.59	16.42	34.64	27.81	-9.38	-10.11	-16.38
制造业	19.81	3.85	30.57	22.12	-13.14	5.43	15.80
电力、热力、燃气及水生产和供应业	28.51	12.32	15.26	13.19	-13.50	5.33	7.49
建筑业	29.30	22.27	25.22	27.06	1.70	12.13	8.20
批发和零售业	30.43	9.98	24.92	20.75	-1.92	9.81	12.08
交通运输、仓储和邮政业	28.41	-4.81	19.66	21.31	-17.00	-0.86	1.01
住宿和餐饮业	15.89	6.99	19.96	15.39	-9.85	-3.06	-7.39
信息传输、软件和信息技术服务业	24.93	5.16	20.42	21.85	6.92	20.18	38.71
金融业	41.89	5.30	28.38	39.67	5.87	19.29	16.56
房地产业	29.38	39.71	32.40	25.20	-5.49	39.62	3.40
租赁和商务服务业	29.72	11.07	25.37	38.13	14.56	5.01	15.96
居民服务、修理和其他服务业	18.36	15.97	24.61	28.47	-12.19	17.11	3.84
教育	8.31	25.01	32.10	6.26	-26.28	23.68	29.60

续表

行业	2008 年	2009 年	2010 年	2011 年	2012 年	2013 年	2014 年
卫生和社会工作	18.26	28.91	32.89	20.06	-11.52	29.01	38.57
文化、体育和娱乐业	17.31	13.73	18.03	23.22	1.01	17.26	16.18
公共管理、社会保障和社会组织	14.92	12.98	24.05	11.82	-18.04	27.15	0.92
其他行业	-26.91	-28.30	-24.21	10.94	1.47	16.43	22.58
全国	16.87	5.94	22.66	25.15	-3.86	12.22	12.94

从横向看，2008 年全国个人所得税增长率为 16.87%，2009 年大幅下降，仅为 5.94%，2010 年、2011 年又大幅上升到 20% 多，2012 年全国个人所得税增长率降为 -3.86%，2013 年、2014 年又分别上升到 12.22%、12.94%。各行业每年的增长率变化趋势也基本上和全国的一样，其中，个人所得税增长率波动最小的是文化、体育和娱乐业，极值差为 22.21%，个人所得税增长率波动最大的行业是采矿业，极值差为 76.97%。大部分行业的个人所得税增长率的极值差在 30% 和 50% 之间。

从纵向看，同一年份各行业的增长率差别很大，2008 年、2009 年、2010 年个人所得税增长率最高的行业分别是采矿业、房地产业、农林牧渔业，分别为 60.59%、39.71%、50.33%，最低的行业都是其他行业（科学研究和技术服务业与水利环境、公共设施管理业），分别为 -26.91%、-28.30%、-24.21%。2011 年个人所得税增长率最高的行业是金融业，为 39.67%，最低的行业是教育，为 6.26%。2012 年个人所得税增长率最高的行业是农林牧渔业，为 26.03%，最低的行业是教育，为 -26.28%。2013 年个人所得税增长率最高的行业是房地产业，为 39.62%，最低的行业是采矿业，为 -10.11%。2014 年个人所得税增长率最高的行业是信息传输、软件和信息技术服务业，为 38.71%，最低的行业仍是采矿业，增长率为 -16.38%。

四、行业个人所得税的再分配效应及分解

根据公式（4-37），本书计算得到三种参数的分行业个人所得税的再分配效应结果，见表 4-24。

表 4－24　个人所得税对行业间收入差距的调节效应

年份	v = 2			v = 4			v = 6		
	税前基尼	税后基尼	MT	税前基尼	税后基尼	MT	税前基尼	税后基尼	MT
2007	0.155750	0.155650	0.000099	0.280668	0.280611	0.000057	0.344470	0.344418	0.000052
2008	0.159225	0.159135	0.000090	0.283021	0.282980	0.000041	0.345778	0.345733	0.000046
2009	0.155436	0.155396	0.000040	0.276922	0.276934	-0.000012	0.338644	0.338646	-0.000002
2010	0.153604	0.153589	0.000014	0.268376	0.268417	-0.000041	0.326192	0.326217	-0.000025
2011	0.146551	0.146463	0.000089	0.247998	0.247929	0.000069	0.298137	0.298056	0.000081
2012	0.139337	0.139231	0.000106	0.232446	0.232370	0.000076	0.277920	0.277862	0.000058
2013	0.134314	0.134187	0.000127	0.217429	0.217324	0.000104	0.257099	0.257015	0.000084
2014	0.133453	0.133313	0.000140	0.215197	0.215086	0.000111	0.253960	0.253878	0.000082

（一）行业税前、税后收入不平等

首先，2007—2014 年间，当 $v=2$ 时，税前基尼系数呈先上升后下降趋势，从 2007 年的 0.155750 先上升到 2008 年的 0.159225，再下降到 2014 年的 0.133453。税后基尼系数也呈先上升后下降趋势，从 2007 年的 0.155650 上升到 2008 年的 0.159135，然后下降到 2014 年的 0.133313。2014 年的税前基尼系数、税后基尼系数比 2007 年的税前基尼系数、税后基尼系数分别下降了 0.022297、0.022338。

其次，当 $v=4$、$v=6$ 时，税前 S 基尼系数、税后 S 基尼系数也都呈先上升后下降趋势。$v=4$ 与 $v=6$ 的税前 S 基尼系数分别从 2007 年的 0.280668、0.344470 上升到 2008 年的 0.283021、0.345778，再下降到 2014 年的 0.215197、0.253960。$v=4$ 与 $v=6$ 的税后 S 基尼系数分别从 2007 年的 0.280611、0.344418 上升到 2008 年的 0.282980、0.345733，再下降到 2014 年的 0.215086、0.253878。2014 年 $v=4$ 与 $v=6$ 的税前 S 基尼系数比 2007 年的税前 S 基尼系数分别下降了 0.065471、0.090510。2014 年 $v=4$ 与 $v=6$ 的税后 S 基尼系数比 2007 年的税后 S 基尼系数分别下降了 0.065525、0.090540。可见，2007—2014 年，$v=6$ 的税前 S 基尼系数和税后 S 基尼系数下降更多。

最后，比较不同参数取值的 S 基尼系数大小，可以看到不论是税前收入还是税后收入，2014 年的 S 基尼系数都比 2007 年的 S 基尼系数小，表明税前收入不平等和税后收入不平等都呈缩小态势。另外，可以发现 $v=4$ 和 $v=6$ 计算得到的 S 基尼系数比 $v=2$ 时的 S 基尼系数大，且随着 v 的增大，S 基尼系数的增量也在增大。由于参数 v 值越大，S 基尼系数对低收入者赋予的权重越多。因此，这说明平均工资较低的行业的收入状况在恶化。

（二）行业个人所得税的再分配效应分析

当 $v=2$ 时，MT 再分配效应指数都为正数，但数值很小，说明个人所得税对行业收入起着微弱的正向调节作用。MT 再分配效应指数从 2007 年的 0.000099 先下降到 2010 年的 0.000014，减少了 85.61%，再快速增加到 2014 年的 0.000140，2010—2014 年间，MT 再分配效应指数增加了 9.82 倍，增长速度非常快，这表明 2010—2014 年间个人所得税对行业收入分配的调节作用不断加强。当 $v=4$ 时，MT 再分配效应指数从 2007 年的 0.000057 下降到 2010 年的 -0.000041，减少了 1.73 倍，再增加到 2014 年的 0.000111，2010—2014 年间，MT 再分配效应指数增加了 3.67 倍。当 $v=6$ 时，MT 再分配效应指数从 2007 年的 0.00052 下降到 2010 年的 -0.000025，减少了 1.47 倍，再上升到 2014 年的 0.000082，2010—2013 年间，MT 再分配效应指数增加了 4.32 倍。

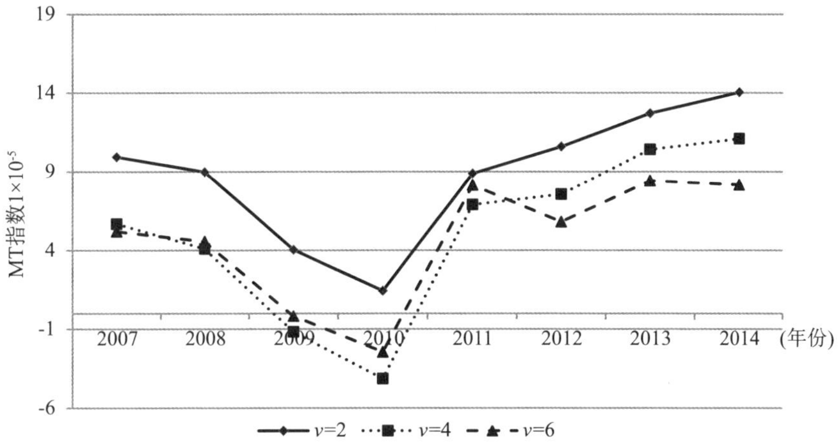

图 4-5 分行业个人所得税的收入再分配效应

资料来源：数据来自 2008—2015 年《中国劳动统计年鉴》和《中国税务年鉴》。

从图 4-5 可以看到不同参数取值计算得到的 MT 再分配效应指数的变动趋势基本都一致，呈现先下降后上升的趋势。其中，$v=2$ 时的 MT 再分配效应指数一直都高于 $v=4$ 和 $v=6$ 计算得到的 MT 再分配效应指数。2007 年 $v=4$ 的 MT 再分配效应指数略小于 $v=6$ 的 MT 再分配效应指数，之后 4 年都高于 $v=6$ 的 MT 再分配效应指数，但在 2012 年、2013 年，$v=6$ 的 MT 再分配效应指数都大于 $v=4$ 的 MT 再分配效应指数。2009 年和 2010 年 $v=4$ 和 $v=6$ 的 MT 再分配效应指数都为负，表明这两年个人所得税对行业收入起着负向调节作用。这可能与部分行业的就业人员发生改变从而导致税后收入发生较大波动引起的，如 2009 年其他采矿业的就业人员年末人数为 17000 人，但 2010 年仅为 5000 人，减少了 70.59%，导致人均个人所得税从 2009 年的 359 元上升到 2010 年的 1018 元，而 2011 年其他采矿业就业人员年末数达到 40000 人，人均个人所得税为 312 元，可见分行业的就业人员数发生较大变动是影响个人所得税调节功能的一大因素之一。

（三）行业个人所得税的再分配效应分解分析

根据公式（4－37），本书计算得到分行业个人所得税的再分配效应分解结果，见表 4－25。

表 4－25 给出了分行业个人所得税再分配效应分解情况来看。首先，当 $v=2$ 时，横向公平效应只在 2009—2012 年以及 2014 年出现，其值分别为 －0.000003、－0.000001、－0.000001、－0.000001、－0.000001，其他几年的横向公平效应都为 0，也就是没有发生横向公平变化。相比于横向公平效应，纵向公平效应先下降后上升，从 2007 年的 0.000100 下降到 2010 年的 0.000015，再上升到 2014 年的 0.000141。纵向公平效应可以分解为 K 累进性指数和平均税率，其中 K 累进性指数的变动趋势和纵向公平效应的变动趋势同步，从 2007 年的 0.092628 下降到 2010 年的 0.014804，再上升到 2014 年的 0.196904，而平均税率则呈下降趋势，且值明显偏低，从 2007 年的 0.107% 下降到 2014 年的 0.072%。

其次，当 $v=4$ 时，横向公平效应仅在 2007 年和 2013 年为 0，其他年份都为负值，其中 2009 年最小为 －0.000007。纵向公平效应从 2007 年的 0.000057 下降到 2010 年的 －0.000040，再上升到 2014 年的 0.000113。K 累进性指数也是从 2007 年的 0.052877 下降到 2010 年的 －0.039279，再上升到 2014 年的 0.157970。

最后，当 $v=6$ 时，横向公平效应仅在 2007 年为 0，其他几年都为负数，最小值为 2009 年的 －0.000010。纵向公平效应从 2007 年的 0.000052 下降到 2010 年的 －0.000022，再上升到 2014 年的 0.000085。K 累进性指数从 2007 年的 0.048502 先下降到 2010 年的 －0.021811，再

表 4-25　分行业个人所得税再分配效应分解

年份	v = 2			v = 4			v = 6			平均税率（%）
	R	V	K	R	V	K	R	V	K	
2007	0.000000	0.000100	0.092628	0.000000	0.000057	0.052877	0.000000	0.000052	0.048502	0.107
2008	0.000000	0.000090	0.085407	-0.000001	0.000042	0.040002	-0.000002	0.000048	0.045215	0.105
2009	-0.000003	0.000043	0.044180	-0.000007	-0.000005	-0.004623	-0.000010	0.000008	0.008117	0.097
2010	-0.000001	0.000015	0.014804	-0.000002	-0.000040	-0.039279	-0.000002	-0.000022	-0.021811	0.101
2011	-0.000001	0.000090	0.089383	-0.000002	0.000071	0.070749	-0.000002	0.000083	0.083006	0.100
2012	-0.000001	0.000107	0.131298	-0.000002	0.000078	0.095712	-0.000004	0.000062	0.076447	0.081
2013	0.000000	0.000127	0.182022	0.000000	0.000105	0.149304	-0.000001	0.000085	0.121443	0.070
2014	-0.000001	0.000141	0.196904	-0.000002	0.000113	0.157970	-0.000003	0.000085	0.118477	0.072

上升到 2014 年的 0.118477。

比较 $v=2$、$v=4$ 和 $v=6$ 三种参数取值下的 MT 指数分解项效应。首先，可以发现横向公平效应都很小，可见个人所得税使分行业税后收入按税前收入的排序发生改变的很少，也即个人所得税很少破坏横向公平效应。随着参数 v 值的增大，横向公平效应为负值的年份变多，这可能是由于按实际税后收入排序的税后收入序列与按税前收入排序的税后收入序列波动趋势较一致，但当参数 v 值增大时横向公平效应就更明显。其次，纵向公平效应都呈先变小后上升的趋势，其值都相对较大，是 MT 再分配效应指数的主要来源。$v=2$ 时纵向公平效应都是大于 0，但 $v=4$ 时，2009 年和 2010 年的纵向公平效应是负值，$v=6$ 时 2010 年的纵向公平效应也是负值，这是由于这两年受到金融危机的影响，分行业收入和税收结构出现恶化，使得当参数 v 值增大时出现计算得到的累进性为负值的情形。

第五节　本章小结

个人所得税实行分类征收模式，对十一项收入类型适用不同税率，各项收入对居民收入分配有着怎样的调节作用？多次改革的工薪所得税效果如何？行业不同在很大程度上决定了收入的差异，我国行业的收入不平等状况如何，个人所得税对行业收入分配又有怎样的调节作用？为了解决这些问题，本章从分项个人所得税、工薪所得税以及分行业个人所得税三个方面研究个人所得税的分配效应。

第一，分项个人所得税的研究表明，2002—2012 年个人所得税对城镇居民的收入再分配调节作用几乎都是依赖于工薪所得税。从收入份额看，我国城镇居民收入中工薪收入占比最高，其次是转移性收入，经营净收入占比不足 10%，财产性收入占比不足 5%。从分项个人所得税制度看，经营净收入个人所得税虽是累进税，但费用扣除标准过高，极少部分居民纳税；财产性收入是比例税，不能对高收入者和低收入者区别对待。这些使得分项收入税前税后收入份额变化效应几乎不对再分配效应有贡献，而分项基尼系数变化效应则主要来自工薪收入。

第二，对工薪所得税改革效果评价的研究表明，我国历次的工薪所得税改革从总体上弱化了工薪所得税的再分配调节作用。通过对 MT 再分配效应指数静态效应分解发现收入分布变动对工薪所得税的再分配调节功能具有促进作用；免征额的提高和 2011 年税率结构的改变都弱化了工薪所得税的收入再分配效应，增加了工薪所得税的累进性。MT 再分配效应指数动态效应分解结果表明税前收入不平等和税制效应都减弱了工薪所得税的均等化效应，收入分配效应增强了工薪所得税的均等化效应。

第三，基于 S 基尼系数的分行业个人所得税再分配效应研究表明，2007—2014 年个人所得税对行业收入起着微弱的正向调节作用，调节力度呈先上升后下降趋势，工资较低行业的收入状况在恶化。分行业个人所得税的再分配效应分解研究表明，横向公平效应都很小，即个人所得税使分行业税后收入按税前收入的排序发生改变的很少。随着参数 v 值的增大，横向公平效应为负值的年份变多，这可能是由于按实际税后收入排序的税后收入序列与按税前收入排序的税后收入序列波动趋势较一致，但当参数 v 值增大时横向公平效应就更明显。纵向公平效应都呈先变小后上升的趋势，其值都相对较大，是 MT 再分配效应指数的主要来源。

第五章

我国城镇居民间接税的收入再分配效应

间接税是指纳税人表面上负有纳税义务，但不是税收的实际负担人，通过提高价格或提高收费标准等方法可以把税收负担转嫁给别人的税种。目前，中国的间接税主要包括增值税、营业税、消费税、关税、资源税和城镇土地使用税等，本书所指的间接税仅包括增值税、营业税、消费税。理论上间接税的税收归宿由市场供求和消费品价格弹性共同决定，但这样处理非常麻烦，本书参考绝大多数学者的假定，认为间接税全部转嫁给消费者，由消费者负担。

根据现有文献，间接税对于居民收入分配具有重要的影响。就间接税调节居民收入分配的方向而言，通常研究表明，间接税税制并不利于调节居民收入分配，间接税对居民收入差距有促增的作用。本章的目的在于，在借鉴前人研究的基础上，探讨间接税对于居民收入分配的影响及作用机制。本章结构安排如下：首先，分析中国城镇居民的间接税税收分担，主要包括增值税税收负担、消费税税收负担、营业税税收负担，以及间接税整体税收负担；其次，分析中国城镇居民间接税的累进性，并对累进性进行比较与分解；最后，采用MT再分配指数，测算间接税对我国城镇居民收入的再分配效应。

第一节　我国间接税总量和结构分析

首先，分析2000—2014年间接税主要税种税收收入的变化情况（见表5－1），增值税从2000年的5346.90亿元增加到2014年的44581.49亿元，增长了7倍多，年均增长率为16.36%，其中国内增值税从4667.53亿元增加到30983.20亿元，年均增长率为14.48%，国内增值税占增值税的比重很高，2000年达到87.29%，2014年下降为69.50%，但仍占绝对优势。消费税从2000年的869.69亿元增加到2014年的9816.24亿元，增长了10倍多，年均增长率为18.90%，其中国内消费税从863.90亿元增加到8968.75亿元，增加了9.38倍，年均增长率为18.19%。营业税从2000年的1885.70亿元增加到2014年的17778.92亿元，增加了8.43倍，年均增长率为17.38%。间接税整体税收收入从2000年的8102.29亿元增加到2014年的72176.66亿元，增加了7.91倍，年均增长率为16.91%。我国税收总收入从2000年的11855.78亿元增加到2014年的129541.12亿元，增长了近10倍，年均增长率达到18.63%。

表5-1　2000—2014年间接税主要税种税收收入　单位：亿元

年份	增值税	国内增值税	消费税	国内消费税	营业税	间接税	总税收
2000	5346.90	4667.53	869.69	863.90	1885.70	8102.29	11855.78
2001	7090.77	5452.53	946.19	931.24	2084.65	10121.61	15165.47
2002	8141.18	6275.40	1072.47	1046.56	2467.63	11681.28	16996.56
2003	10096.25	7341.36	1221.67	1183.21	2868.87	14186.79	20466.14
2004	12593.65	8930.20	1550.48	1503.13	3583.58	17727.71	25723.48
2005	14867.06	10698.45	1686.10	1634.32	4231.52	20784.68	30867.03
2006	17755.94	12894.79	1991.68	1885.69	5129.75	24877.37	37637.05
2007	21595.43	15610.03	2376.93	2206.83	6582.80	30555.16	49451.80
2008	25266.41	18139.34	2846.09	2568.26	7628.40	35740.90	57861.80
2009	26109.83	18819.77	5218.89	4761.21	9015.19	40343.91	63103.60
2010	31451.58	21608.58	6761.95	6071.54	11159.24	49372.77	77394.44
2011	37210.03	24551.43	7936.94	6988.73	13679.87	58826.84	95729.46
2012	40448.22	26532.92	8876.18	7916.58	15751.22	65075.62	110764.04
2013	42174.86	28933.35	9095.31	8293.94	17238.54	68508.71	119959.91
2014	44581.49	30983.20	9816.24	8968.75	17778.92	72176.66	129541.12

资料来源：数据来自2001—2015年《中国税务年鉴》。

其次，从间接税占总税收比重的变动趋势看（见图5-1），增值税占总税收的比重最大，但存在下降的趋势，从2000年的45.10%上升到2003年的49.33%，再下降到2014年的34.42%，14年间下降了23.69个百分点。营业税占总税收的比重排第二，波动幅度不大，2000年营业税占比15.91%，2014年营业税占比13.72%。消费税占总税收的比重很低，不到8%，其占比从2000年的7.34%下降到2008年的4.92%，2009年由于提高成品油消费税税额、卷烟消费税政策调整以及白酒消费税最低计税价格核定办法等措施的实行，消费税收入大幅提高，从2846.09亿元提高到5218.89亿元，增加了83.37%，从而使得消费税占比从2008年的4.92%上升到8.27%，而最近三年由于消费需求不足，消费税占比下降至2014年的7.58%。间接税整体占总税收的比重不断下降，从2000年的68.34%下降到2014年的55.72%，说明我国税制结构在向着有利于调节收入分配的方向发展。但从绝对数看，我国税制结构仍以间接税为主体，间接税占总税收的比重一直都超过50%，说明间接税在发挥筹集财政收入作用的同时，弱化了整体税制调节收入再分配的作用，这不利于缩小收入差距。

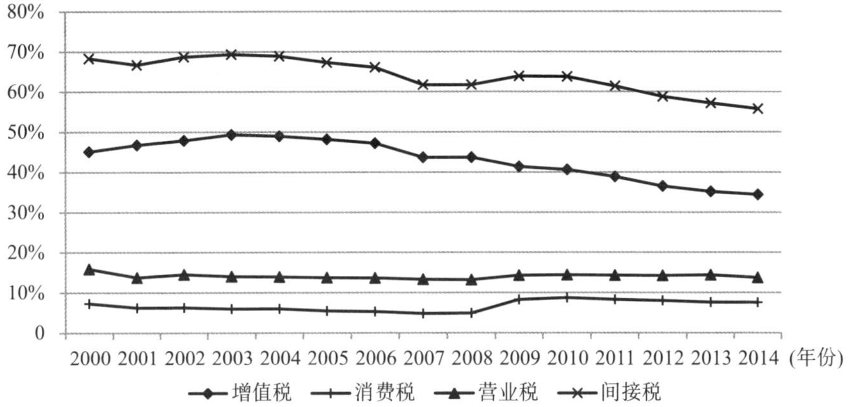

图5－1　间接税占总税收比重的变动趋势

资料来源：数据来自2001—2015年《中国税务年鉴》。

第二节　间接税与我国城镇居民税收负担

一、研究数据与研究方法

（一）研究数据

由于农村的消费支出数据不完整，本节的研究对象为我国城镇居民，研究数据来源于《中国价格及城镇居民家庭收支调查统计年鉴》

(2003—2005年)以及《中国城市(镇)生活与价格年鉴》(2006—2012年)中的“按收入等级分城镇居民家庭消费支出”。根据统计年鉴数据，我国城镇居民按人均可支配收入分为7组：最低收入户10%(包含单独列出的困难户5%)、低收入户(10%)、中等偏下户(20%)、中等收入户(20%)、中等偏上收入户(20%)、高收入户(10%)、最高收入户(10%)，我国城镇居民的消费支出分为食品、衣着、居住、家庭设备用品及服务、医疗保健、交通和通信、教育文化娱乐服务、其他商品和服务共8大类36个子类。本书根据最新的相关税法法规文件[①]，可以方便确定各个消费支出项目的增值税税率、消费税税率、营业税税率，中国城镇居民8大类36小类的参考税率见表5-2。

表5-2　我国各类消费支出项目对应的间接税税率　单位:%

项目	增值税税率前[①] (%)	消费税税率 (%)	营业税税率 (%)
一、食品			
(一) 粮油类			
1. 粮食	13		
2. 淀粉及薯类[②]	17		
3. 干豆类及豆制品[②]	17		
4. 油脂类	13		
(二) 肉禽蛋水产品类	13		
(三) 蔬菜类	13		

① 本书参考的相关税法法规、文件主要有:《中华人民共和国增值税暂行条例》《中华人民共和国增值税暂行条例实施细则》《中华人民共和国营业税暂行条例》《中华人民共和国营业税暂行条例实施细则》、关于修改《中华人民共和国增值税暂行条例实施细则》和《中华人民共和国营业税暂行条例实施细则》的决定、《财政部　国家税务总局关于部分货物适用增值税低税率和简易办法征收增值税政策的通知》《财政部　国家税务总局关于廉租住房经济适用住房和住房租赁有关税收政策的通知》《财政部　国家税务总局关于将铁路运输和邮政业纳入营业税改增值税试点的通知》《财政部　国家税务总局关于将电信业纳入营业税改增值税试点的通知》《中华人民共和国消费税暂行条例》《中华人民共和国消费税暂行条例实施细则》《中华人民共和国营业税暂行条例》《中华人民共和国营业税暂行条例实施细则》。

续表

项目	增值税税率前[①]（%）	消费税税率（%）	营业税税率（%）
1. 鲜菜			
2. 干菜			
3. 菜制品[③]			
（四）调味品	17		
（五）糖烟酒饮料类	17		
1. 糖类			
2. 烟草类[④]		30、45；36、56	
3. 酒类[⑤]		15	
4. 饮料			
（六）干鲜瓜果类	13		
1. 鲜果			
2. 鲜瓜			
3. 其他干鲜瓜果类及制品[③]			
（七）糕点、奶及奶制品	17		
1. 糕点			
2. 奶及奶制品[②]			
（八）其他食品	17		
（九）饮食服务			
1. 食品加工服务费	17		
2. 在外饮食			5
二、衣着	17		
（一）服装			
（二）衣着材料			
（三）鞋类			
（四）其他衣着用品			
（五）衣着加工服务费			
三、居住			
（一）住房[⑥]			3，1.5
（二）水电燃料及其他[⑦]	13		
（三）居住服务费			5
四、家庭设备用品及服务			
（一）耐用消费品	17		

续表

项目	增值税税率前[1]（%）	消费税税率（%）	营业税税率（%）
（二）室内装饰品	17		
（三）床上用品	17		
（四）家庭日用杂品	17		
（五）家具材料	17		
（六）家庭服务			
1. 家政服务			5
2. 加工维修服务费	17		
五、医疗保健			
（一）医疗器具	17		
（二）保健器具	17		
（三）药品费	17		
（四）滋补保健品	17		
（五）医疗费			免税
（六）其他	17		
六、交通和通信			
（一）交通			
1. 家庭交通工具[8]	17	0，3，5	
2. 车辆用燃料及零配件[9]	17		
3. 交通工具服务支出	（11）		3（0）
4. 交通费	（11）		3（0）
（二）通信			
1. 通信工具	17		
2. 通信服务	（11）		3（0）
七、教育文化娱乐服务			
（一）文化娱乐用品	17		
（二）文化娱乐服务[10]			3%，10%。15%
（三）教育			

续表

项目	增值税税率前[①]（%）	消费税税率（%）	营业税税率（%）
1. 教材	13		
2. 教育费用			免税
八、其他商品和服务			
（一）其他商品	17		
（二）服务			5

说明：①括号内的数值为“营改增”后的税率。

②年鉴中“淀粉及薯类”未具体细分淀粉与薯类，“干豆类及豆制品”未具体细分干豆类与豆制品，“奶及奶制品”未具体细分奶与奶制品，本书按照17%的增值税税率计征。

③年鉴中“菜制品”未具体细分经晾晒、冷藏、冷冻、包装、脱水等工序加工的蔬菜（腌菜、榨菜、泡菜、酱菜、萝卜干等）与蔬菜罐头，“其他干鲜瓜果类及制品”未具体细分其他干鲜瓜果类与相应的制品，本书按13%的农业产品增值税税率计征。

④年鉴中“烟草类”未具体细分甲类卷烟、乙类卷烟、雪茄烟、烟丝，本书将“最低收入户”“低收入户”“中等偏下收入户”的“烟草类”按30%的消费税税率计征，“中等收入户”“中等偏上收入户”“高收入户”和“最高收入户”的“烟草类”按45%的消费税税率计征。根据《财政部、国家税务总局关于调整烟产品消费税政策的通知》（财税〔2009〕84号）规定，本书从2009年开始税率分别调整为36%、56%。

⑤年鉴中“酒类”未具体细分白酒、黄酒、甲类啤酒、乙类啤酒、其他酒等，本书按照15%的消费税税率计征。

⑥年鉴中“住房”，根据《财政部、国家税务总局关于廉租住房经济适用住房和住房租赁有关税收政策的通知》（财税〔2008〕24号）规定“对个人出租住房，不区分用途，在3%税率的基础上减半征收营业税”，本书从2008年开始税率调整为1.5%。

⑦年鉴中“水电燃料及其他”未具体细分水、电、燃料等支出，本书按照13%的增值税税率计征。

⑧年鉴中“家庭交通工具”未具体细分，本书设定“最低收入户”“低收入户”的家庭交通工具多为自行车、电瓶车，消费税税率为0%；设定“中等偏下收入户”“中等收入户”“中等偏上收入户”的家庭交通工具多为摩托车、小排量小汽车（1.0—1.5升），消费税税率为3%；设定“高收入户”“最高收入户”的家庭交通工具多为小汽车（1.5—2.0升），消费税税率为5%。

⑨年鉴中“车辆用燃料及零配件”未具体细分，车辆用燃料中的汽油、柴油等消费税税率不相同，且按体积确定单位税额，因此本书不考虑该项的消费税税率。

⑩年鉴中“文化娱乐服务”未具体细分，本书设定“最低收入户”“低收入户”“中等偏下收入户”的家庭多为文化方面支出，营业税率为3%；“中等收入户”“中等偏上收入户”的家庭营业税税率为10%；“高收入户”“最高收入户”的家庭营业税率为15%。

要说明的是，一些文献对增值税的税率确定往往不够详细或者有违法律法规，如樊勇和王蔚（2012）将医疗和保健、交通和通信、娱乐教育文化服务作为大类不纳入增值税征税范围，夏晶和李波（2012）将医疗器械税率定位13%，赵颖和和王亚丽（2013）将交通和通讯全部适用11%的增值税税率。

（二）研究方法

本书根据我国城镇居民按收入等级分的消费支出以及表5-2中的各项间接税税率，测算得出我国城镇居民按收入等级分的各项消费支出所对应的增值税、消费税、营业税的应纳税额。再按收入等级，求和得到各项间接税的应纳税额，并将各收入等级的间接税应纳税额除以按收入等级分的我国城镇居民人均总收入，得到最终的我国城镇居民按收入等级分的各项间接税税收负担。

二、我国城镇居民间接税税负分析

（一）增值税税负分析

为了照顾部分特殊行业或产品，我国增值税税率在17%基本税率的基础上增设了13%的低税率，适用于少数生活必需品和初级农产品等。为了分析不同税率对城镇居民的影响，本书根据表5-2的增值税税率，分三种情况计算2002—2011年我国城镇居民增值税税负（适用17%基本税率）、我国城镇居民增值税税负（适用13%低税率），以及我国城镇居民增值税综合税负。

1. 我国城镇居民增值税税负（适用17%基本税率）

本书根据2002—2011年我国城镇居民的消费支出数据（分七等份组），将适用17%基本税率的各项消费支出所缴纳的增值税累加，再除以居民人均总收入，测算出我国城镇居民的增值税税负（适用17%基本税率），具体如表5-3所示。

表 5－3　　我国城镇居民增值税税负（适用 17% 基本税率）　　单位:%

年份	最低收入户（10%）	低收入户（10%）	中等偏下户（20%）	中等收入户（20%）	中等偏上户（20%）	高收入户（10%）	最高收入户（10%）	平均	最大最小比值
2002	4.13	4.22	4.31	4.29	**4.33**	4.21	**3.82**	4.18	1.13
2003	4.04	4.18	**4.29**	4.29	4.25	4.17	**3.75**	4.12	1.14
2004	3.91	4.00	4.04	**4.09**	3.97	3.85	**3.77**	3.93	1.08
2005	3.96	3.99	4.04	**4.08**	3.99	**3.89**	3.93	3.98	1.05
2006	3.98	3.99	4.04	**4.08**	3.94	**3.82**	3.93	3.96	1.07
2007	4.12	**4.22**	4.06	4.03	3.86	3.94	**3.79**	3.94	1.11
2008	**4.03**	3.93	3.90	3.87	3.76	3.82	**3.62**	3.79	1.11
2009	**4.03**	3.94	3.96	3.93	3.98	3.97	3.77	3.92	1.07
2010	**4.01**	**3.79**	3.87	3.97	3.94	3.94	3.83	3.90	1.06
2011	**4.07**	3.90	3.89	3.93	3.91	3.93	**3.69**	3.87	1.10

资料来源：表 5－3 至表 5－14 数据来自《中国价格及城镇居民家庭收支调查统计年鉴》（2003—2005 年）以及《中国城市（镇）生活与价格年鉴》（2006—2012 年）。

根据表 5－3，从横向看，我国城镇居民中低收入群体的增值税税负一直保持在高位。其中，2002 年，我国城镇居民增值税税负最大的为中等偏上户，其增值税税负达到 4.33%；2003 年，我国城镇居民增值税税负最大的为中等偏下户，其增值税税负高达 4.29%。2004—2006 年期间，我国城镇居民增值税税负最大的为中等收入户，其增值税税负约为 4.08%。2007 年，我国城镇居民增值税税负最大的为低收入户，其增值税税负为 4.22%。2008—2011 年期间，我国城镇居民增值税税负最大的为最低收入户，其增值税税负也在 4% 以上。因此，我们可以发现，2002—2006 年期间，我国城镇居民增值税税负最大的群体为中等收入群体（中等偏上户、中等收入户、中等偏下户），而 2007—2011 年期间，我国城镇居民增值税税负最大的群体为低收入群体（低收入户、最低收入户）。

从另外一个角度出发，我国高收入群体的增值税税负一直保持在低位。其中，2002—2004 年期间，我国城镇居民增值税税负最小的为最高收入户，其增值税税负分别为 3.82%、3.75%、3.77%，分别为同期增值税税负最重群体的 88.2%、87.4%、92.1%。2005—2006 年期间，我国城镇居民增值税税负最小的为高收入户，其增值税税负分别为 3.82%、3.89%。2007—2009 年以及 2011 年，我国城镇居民增值税税负最小的为最高收入户，其增值税税负分别为 3.79%、3.62%、3.77%、3.69%。需要说明的是，2008 年，我国城镇居民增值税税负最小的群体出现了异常变化，增值税税负最小的为低收入户。因此，我们可以发现，除 2008 年之外，2002—2011 年期间，我国城镇居民增值税税负最大的群体为高收入群体（高收入户、最高收入户）。从横向角度出发，我国增值税并没有起到调节城镇居民收入分配的作用，反而会导致居民收入分配恶化。

从纵向看，我国城镇居民各收入等级的增值税税负在 4% 左右波动，且有下降趋势。2002—2011 年期间，我国城镇居民增值税平均税负从 4.18% 逐年下降为 3.87%，下降了 7.42%。分收入等级考察发现，2002—2011 年期间，我国城镇居民增值税税负降幅最大的为中等偏下户与中等偏上户，降幅均达到 0.42%。我国城镇居民增值税税负降幅最小的为最低收入户，其降幅仅 0.06%，但在近几年，最低收入户增值税税负有增加的趋势。高收入户、最高收入户的增值税税负下降幅度也并不是很大，分别为 0.28%、0.14%。

总之，各收入等级的城镇居民适用 17% 基本税率的增值税税负差别不大，呈现出不利于调节居民收入分配的结构变动。

2. 我国城镇居民增值税税负（适用 13% 低税率）

本书根据 2002—2011 年我国城镇居民的消费支出数据（分七等份组），将适用 13% 低税率的各项消费支出所缴纳的增值税累加，再除以居民人均总收入，测算出我国城镇居民的增值税税负（适用 13% 低税率），具体如表 5－4 所示。

表 5-4　　我国城镇居民增值税税负（适用 13%低税率）　　单位：%

年份	最低收入户（10%）	低收入户（10%）	中等偏下户（20%）	中等收入户（20%）	中等偏上户（20%）	高收入户（10%）	最高收入户（10%）	平均	最大最小比值
2002	**4.68**	3.78	3.19	2.72	2.34	2.04	**1.50**	2.45	3.12
2003	**4.73**	3.78	3.2	2.67	2.27	1.92	**1.35**	2.37	3.50
2004	**4.87**	3.85	3.22	2.65	2.24	1.84	**1.25**	2.32	3.90
2005	**4.69**	3.68	3.08	2.57	2.12	1.75	**1.18**	2.21	3.97
2006	**4.36**	3.44	2.88	2.4	1.98	1.64	**1.11**	2.07	3.93
2007	**4.29**	3.48	2.93	2.45	2.05	1.67	**1.14**	2.12	3.76
2008	**4.47**	3.63	3.01	2.53	2.08	1.73	**1.15**	2.17	3.89
2009	**3.97**	3.31	2.74	2.31	1.93	1.58	**1.07**	2	3.71
2010	**3.87**	3.11	2.64	2.24	1.88	1.54	**1.06**	1.95	3.65
2011	**3.84**	3.03	2.62	2.22	1.86	1.52	**1.02**	1.92	3.76

根据表 5-4，本书发现，我国城镇居民增值税税负（适用 13%低税率）逐年下降，不同收入等级间的增值税税负差别较大。从横向来看，2002—2011 年期间，我国城镇居民增值税税负最大的一直是最低收入户，而增值税税收负担最小的一直是最高收入户。其中，2002 年，最低收入户的增值税税负是 4.68%，最高收入户的增值税税负仅为 1.50%，是最低收入户增值税税负的 32.05%。2011 年，最低收入户的增值税税负为 3.84%，最高收入户的增值税税负为 1.02%，是最低收入户增值税税负的 26.56%。这表明我国城镇居民收入越高，其适用 13%低税率的增值税税负就越低。

从纵向看，我国城镇居民的低税率增值税税负基本呈下降趋势。从总体上看，2002—2011 年期间，我国城镇居民低税率增值税税负从 2.45%下降至 1.92%，降幅为 0.53%，增值税税负下降了 21.63%。分收入等级看，最高收入户的低税率增值税税负下降幅度最大，从 2002 年的 1.50%下降为 2011 年的 1.02%，增值税税负下降幅度为 0.48%，增值税税负下降了 32.18%。其次为高收入户，增值税税负下降幅度为 0.52%，下降了 25.49%，最低收入户、低收入户的增值税税负分别下降了 17.95% 和 19.85%，中等收入户与中等偏上户的低税率增值税税收负担分别下降了 18.35% 和 20.64%。可见，2002—2011 年期间，我国城镇居民收入越高，其低税率的增值税税负下降越快。但令人困惑的是，在各收入等级的增值税税负中，中等偏下户的增值税税负下降幅度是最小的，降幅仅为 17.93%。

综上，本书发现，按收入等级分，适用 13% 低税率的我国城镇居民增值税税收负担呈现出较大的区别，其显著特征为，城镇居民收入越高，其增值税税负就越低。这可能是由于适用 13% 低税率的商品如粮食、油脂类、肉禽蛋水产类、蔬菜类等消费品的支出占收入的比例随着收入的提高而下降，对这些商品的征税会导致高收入家庭税负明显偏低，且随着经济增长和收入提高，税负不断下降。总之，增值税税负（适用 13% 低税率）对居民收入分配有逆向调节的作用。

3. 我国城镇居民增值税综合税负

本书根据 2002—2011 年我国城镇居民的消费支出数据（分七等份组），将适用 17% 基本税率和 13% 低税率的各项消费支出所缴纳的增值税累加，再除以居民人均总收入，测算出我国城镇居民的增值税综合税收负担，具体如表 5-5 所示。

表 5-5　　我国城镇居民增值税综合税负　　单位：%

年份	最低收入户（10%）	低收入户（10%）	中等偏下户（20%）	中等收入户（20%）	中等偏上户（20%）	高收入户（10%）	最高收入户（10%）	平均	最大最小比值
2002	**8.81**	8.00	7.51	7.02	6.66	6.25	**5.33**	6.63	1.65
2003	**8.76**	7.95	7.49	6.96	6.52	6.09	**5.11**	6.50	1.71
2004	**8.78**	7.85	7.26	6.73	6.21	5.69	**5.02**	6.25	1.75
2005	**8.66**	7.68	7.12	6.65	6.11	5.64	**5.11**	6.19	1.69
2006	**8.34**	7.43	6.92	6.48	5.92	5.47	**5.03**	6.03	1.66
2007	**8.41**	7.70	6.99	6.48	5.91	5.62	**4.92**	6.06	1.71
2008	**8.49**	7.56	6.91	6.40	5.84	5.55	**4.77**	5.96	1.78
2009	**8.00**	7.24	6.70	6.25	5.91	5.55	**4.84**	5.92	1.65
2010	**7.88**	6.90	6.50	6.21	5.82	5.48	**4.89**	5.85	1.61
2011	**7.90**	6.94	6.51	6.16	5.76	5.44	**4.71**	5.79	1.68

根据表5-5，本书发现我国城镇居民增值税综合税收负担最大的为低收入群体，其次为中等收入群体，高收入群体的增值税综合税收负担最小。从横向来看，2002—2011年期间，我国城镇居民增值税综合税负最大的是最低收入户，其次为低收入户；增值税综合税负最小的为最高收入户、其次为高收入户；中等收入群体（中等偏下户、中等收入户、中等偏上户）的增值税综合税负居中。2002年，最低收入户的增值税综合税负为8.81%；最高收入户的增值税综合税负最小，为5.33%，仅为最低收入户的60.50%。到2011年，我国增值税综合税负最大的还是最低收入户，其增值税综合税负为7.90%；而增值税综合税收负担最小的还是最高收入户，其增值税综合税负为4.71%，仅为最低收入户的59.62%。从这个层面来看，我国按收入等级分的增值税综合税负的组间差距越来越大，居民收入分配呈恶化的变动趋势。

从纵向看，随着时间的推移，我国城镇居民不同收入组的增值税综合税负基本都呈现下降趋势，增值税税负平均值从2002年的6.63%降为2011年的5.79%，下降了0.84%。具体而言，我国城镇居民增值税综合税负下降幅度最大的为低收入，从2002年的8.00%下降到2011年的6.94%，下降了1.06%；下降幅度最小的为最高收入户，从2002年的5.33%下降到2011年的4.71%，下降了0.62%。此外，2002—2011年期间，中国城镇居民最低收入户、中等偏下户、中等收入户、中等偏上户、高收入户增值税综合税负分别下降了0.91%、1.00%、0.86%、0.90%、0.81%。总体而言，中国城镇居民增值税综合税负变动中，中低收入群体的下降幅度大于高收入群体的下降幅度。因此，尽管增值税综合税负不利于调节居民收入分配，但这种不利影响在逐渐减小。

综上，我国增值税对城镇居民的收入分配起逆向调节作用，且增值税的累退性主要来源于低税率的增值税税负。此外，近年来，增值税税负对城镇居民收入分配的逆向调节作用在减弱。

（二）消费税税负分析

消费税根据消费流转额对特定消费品和特定的消费行为征收，是一种价内税。因此，在计算消费税时需将包含增值税的消费支出换算成不包含增值税的消费支出，再根据表5－1中的消费税税率，计算得到应纳消费税税额以及相应的消费税税负，测算结果如表5－6所示。

表5－6　　　我国城镇居民消费税税负　　　单位：%

年份	最低收入户（10%）	低收入户（10%）	中等偏下户（20%）	中等收入户（20%）	中等偏上户（20%）	高收入户（10%）	最高收入户（10%）	平均	最大最小比值
2002	0.72	0.65	0.61	**0.74**	0.67	0.59	**0.47**	0.62	1.57
2003	0.66	0.63	0.59	**0.74**	0.65	0.60	**0.46**	0.61	1.61
2004	0.62	0.62	0.56	**0.73**	0.63	0.56	**0.52**	0.60	1.40
2005	0.59	0.57	**0.54**	**0.71**	0.62	0.60	0.57	0.60	1.31
2006	0.55	0.57	**0.53**	**0.73**	0.62	0.60	0.59	0.61	1.38
2007	0.62	0.60	**0.55**	**0.69**	0.62	0.64	0.57	0.61	1.25
2008	0.60	0.55	**0.51**	**0.65**	0.58	0.56	**0.51**	0.56	1.27
2009	0.70	0.63	**0.60**	**0.79**	0.73	0.72	0.64	0.7	1.32
2010	0.63	**0.55**	0.56	**0.74**	0.68	0.69	0.63	0.66	1.35
2011	0.58	**0.51**	**0.51**	**0.70**	0.64	0.64	0.58	0.61	1.37

根据表5－6，从整体上看，我国城镇居民各收入等级的消费税税负水平值都比较低，均不超过0.8%。从横向看，我国城镇居民中等收入群体的消费税税负最高，低收入群体的消费税税负次之，而高收入群体的消费税税负最小。具体而言，2002—2004年中等收入户的消费税税负最高，最高收入户的消费税税负最低。2005—2011年，中等收入户的消费税税负仍然最高，但中等偏下户的消费税税负几乎都是最低的。

从纵向看，我国城镇居民消费税税负呈现波动变化的趋势，不存在确定性的趋势变动。2002—2007年期间，我国城镇居民消费税税负平均值基本保持不变，维持在0.6%左右；2008年小幅下降，2009年大幅上升，2010—2011年消费税税负又回到0.6%的水平。分收入等级考察，2002—2011年期间，我国城镇居民最低收入户与低收入户的消费税税负的下降幅度都为0.14%，中等偏下户、中等收入户、中等偏上户的消费税税负的下降幅度分别为0.10%、0.04%与0.03%。而高收入户与最高收入户的消费税税负的增加幅度分别为0.05%与0.11%。

综上，我国城镇居民消费税不利于调节居民收入分配，即表现出居民收入水平越高，其消费税税收负担越小。但是，近年来，我国城镇居民消费税税负的逆向调节作用在减弱。

（三）营业税税负分析

营业税是以我国境内提供应税劳务、转让无形资产或销售不动产取得的营业额为征收对象的一种商品劳务税，也是价内税，按照行业、类别的不同设置不同的比例税率。根据表5－1中的营业税税率计算，可以计算得到我国城镇居民按收入等级分的营业税税负，测算结果如表5－7所示。

表5－7　　我国城镇居民营业税税负　　单位:%

年份	最低收入户（10%）	低收入户（10%）	中等偏下户（20%）	中等收入户（20%）	中等偏上户（20%）	高收入户（10%）	最高收入户（10%）	平均	最大最小比值
2002	**0.48**	0.48	0.52	0.67	0.70	0.90	**1.03**	0.75	2.15
2003	**0.46**	0.48	0.50	0.63	0.68	0.83	**0.97**	0.72	2.11
2004	**0.47**	0.5	0.54	0.68	0.74	0.94	**1.07**	0.79	2.28
2005	**0.49**	0.51	0.54	0.69	0.75	0.91	**1.06**	0.79	2.16
2006	**0.5**	0.52	0.54	0.70	0.76	0.95	**1.05**	0.79	2.10
2007	**0.49**	0.50	0.52	0.68	0.73	0.92	**1.03**	0.77	2.10
2008	**0.44**	0.46	0.47	0.63	0.69	0.9	**1.00**	0.73	2.27
2009	**0.45**	0.45	0.48	0.64	0.72	0.93	**0.98**	0.74	2.18
2010	0.46	0.45	0.49	0.67	0.72	0.95	**1.00**	0.75	2.22
2011	**0.46**	0.46	0.47	0.66	0.73	0.97	**0.98**	0.75	2.13

根据表5－7，本书发现我国城镇居民营业税税负呈现出“收入越高、税收负担越大”的特点，这直接说明营业税有利于调节居民收入分配，也表明了营业税在间接税调节收入分配中的主导地位。从横向来看，2002—2011年，我国城镇居民营业税税负最大的为高收入群体、其次为中等收入群体，低收入群体的营业税税负最小。具体而言，最低

收入户、低收入户、中等偏下户的营业税税负几乎都不到0.5%，高收入户的营业税税负在0.95%左右，最高收入户的营业税税负几乎都超过1%，几乎为最低收入户营业税税负的2倍。这说明我国营业税呈现出明显的累退性，有利于调节居民收入分配。

从纵向看，我国城镇居民营业税税负的平均值变动不大，在0.75%左右波动。具体而言，我国城镇居民营业税税负下降幅度最大的为中等偏下户，下降幅度为0.05%，最低收入户、低收入户、中等收入户与最高收入户的营业税税负的下降幅度分别为0.02%、0.02%、0.01%与0.05%。值得关注的是，中等偏上户与高收入户的营业税税负呈现上升的变动趋势，上升幅度分别为0.03%、0.07%。

总之，中国营业税有利于调节居民收入分配，呈现出一定的累进性。但是，营业税税负平均值都较小，其调节居民收入分配的作用有限。此外，近年来我国城镇中低收入群体的营业税税负呈下降的趋势，而高收入群体的营业税税负呈上升的趋势，总体表现出有利于调节收入分配的变动趋势。

（四）间接税税负分析

上文分别对中国城镇居民增值税、消费税、营业税的税收负担进行分析，接下来，本书对这三种税收进行综合分析，具体的测算结果如表5-8所示。

表5-8　我国城镇居民间接税税负　单位:%

年份	最低收入户（10%）	低收入户（10%）	中等偏下户（20%）	中等收入户（20%）	中等偏上户（20%）	高收入户（10%）	最高收入户（10%）	平均	最大最小比值
2002	**10.01**	9.13	8.64	8.44	8.04	7.73	**6.82**	8.00	1.47
2003	**9.89**	9.07	8.58	8.33	7.85	7.52	**6.54**	7.82	1.51
2004	**9.87**	8.97	8.36	8.14	7.58	7.19	**6.60**	7.64	1.50
2005	**9.74**	8.75	8.20	8.05	7.48	7.15	**6.73**	7.58	1.45
2006	**9.38**	8.52	7.99	7.91	7.30	7.02	**6.67**	7.43	1.41
2007	**9.52**	8.81	8.06	7.86	7.26	7.18	**6.52**	7.44	1.46

续表

年份	最低收入户（10%）	低收入户（10%）	中等偏下户（20%）	中等收入户（20%）	中等偏上户（20%）	高收入户（10%）	最高收入户（10%）	平均	最大最小比值
2008	**9.54**	8.56	7.89	7.68	7.11	7.01	**6.27**	7.26	1.52
2009	**9.15**	8.33	7.79	7.68	7.36	7.20	**6.46**	7.35	1.42
2010	**8.97**	7.90	7.56	7.62	7.22	7.13	**6.51**	7.26	1.38
2011	**8.94**	7.91	7.49	7.52	7.13	7.06	**6.26**	7.15	1.43

根据表5－8，本书发现我国间接税总体上呈现出“收入越高、税收负担越低”的特点，这表明间接税并不利于调节居民收入分配。从整体上看，低收入群体的间接税税收负担最大，其次为中等收入群体，而高收入群体的间接税税负最小。具体而言，2001年我国城镇居民最低收入户的间接税税负为10.01%，最高收入户的间接税税负为6.82%，后者是前者的68.13%，表明低收入群体所承担的营业税税负高于高收入群体所承担的营业税税负。即使到了2011年，我国城镇居民最低收入户的间接税税负仍然高达8.94%，最高收入户的间接税税负仅为6.26%，后者是前者的70.02%。这表明2002—2012年，间接税在调节居民收入分配过程中，基本呈现出比较一致的累退性。从横向看，我国城镇居民低收入群体（最低收入户、低收入户）的间接税税负要比中等收入群体（中等偏下户、中等收入户与中等偏上户）的间接税税负高，而后者高于高收入群体（高收入、最高收入户）的间接税税负。

从纵向看，2002—2011年，各收入等级的间接税税负基本都呈下降趋势，间接税税负平均值从2002年的8.00%下降到2011年的7.15%，下降幅度为0.85%。分收入等级考察，我国城镇居民间接税税负降幅最大的为最低收入户（1.07%），而最高收入户的间接税税负降幅最小（0.56%），低收入户、中等偏下户、中等收入户、中等偏上户、高收入户的间接税税负的下降幅度分别为1.22%、1.15%、0.92%、0.91%与0.67%。这表明低收入户、中等偏下户的间接税税负的降幅最大，而中等收入户、最低收入户、中等偏下户的间接税税负降幅一般，高收入户与最高收入户的间接税税收负担下降幅度最小。

总之，对我国城镇居民的间接税税负分析表明，我国间接税呈累退性，对我国城镇居民的收入分配起着逆向调节作用。但各收入等级的间接税税负的逆向调节作用在减弱。

三、简要的结论

本节综合考察了增值税、营业税、消费税的税收负担情况及其变动趋势。就增值税而言，本书分别考察了适用基本税率、适用低税率的城镇居民增值税税收负担以及增值税综合税收负担，结果基本表明，我国增值税对城镇居民的收入分配起逆向调节作用，且增值税的累退性主要来源于低税率的增值税税负；我国城镇居民低收入群体的增值税税负高于中等收入群体的增值税税负，而中等收入群体的增值税税负高于高收入群体的增值税税负；近年来，增值税税负的逆向调节作用在减弱。

对消费税的考察发现我国城镇居民的消费税不利于调节居民收入分配，即表现出居民收入水平越高，消费税税负越小。但近年来，我国城镇居民消费税税负的逆向调节作用也在减弱。

就营业税而言，我国营业税有利于调节居民收入分配，呈现出一定的累进性。但营业税税负平均值较小，其调节居民收入分配的程度有限。另外，近年来营业税税负表现出有利于调节收入分配的变动趋势。

对包括增值税、消费税与营业税在内的间接税的研究表明，我国间接税呈累退性，对我国城镇居民的收入分配起着逆向调节作用；我国城镇居民低收入群体的间接税税负最大，其次为中等收入群体，而高收入群体的间接税税负最小；近年来，间接税税负的逆向调节作用在减弱。

第三节　我国城镇居民间接税的累进性分析

为了准确量化间接税的累进性或累退性程度，本书根据第三章的累进性指数计算方法，首先测算出增值税、消费税和营业税的 K 累进性，采用 YNCP1 累进性、YNCP2 累进性、K 累进性、S 累进性、TBI 累进性和 KAPE 累进性等方法比较间接税的累进性情况，并对间接税的 K 累进性指数按税种和税目进行分解，以分析各税种和税目的累进性贡献。

一、间接税分税种累进性

根据公式（3－14），本书计算得到 2002—2011 年我国基本税率增值税、低税率增值税、增值税（综合）、消费税、营业税的 K 累进性指数，具体结果如表 5－9 所示，变动趋势如图 5－2 所示。

表 5－9　　我国间接税 K 累进性指数

年份	基本税率增值税	低税率增值税	增值税	消费税	营业税
2002	－0.0140	－0.1633	－0.0693	－0.0502	0.1256
2003	－0.0158	－0.1812	－0.0762	－0.0451	0.1208
2004	－0.0119	－0.1983	－0.0810	－0.0284	0.1290
2005	－0.0056	－0.1995	－0.0747	－0.0026	0.1213
2006	－0.0072	－0.1998	－0.0732	0.0051	0.1214
2007	－0.0153	－0.1956	－0.0783	－0.0006	0.1236
2008	－0.0140	－0.1973	－0.0807	－0.0117	0.1346
2009	－0.0064	－0.1934	－0.0696	0.0031	0.1331
2010	－0.0012	－0.1885	－0.0635	0.0169	0.1316
2011	－0.0089	－0.1924	－0.0697	0.0167	0.1335
平均	－0.0100	－0.1909	－0.0736	－0.0097	0.1275

接下来，本书根据测算结果，分税种讨论我国间接税的累进性及其变动趋势以及可能的原因。总体而言，增值税呈现出累退性，消费税的累进性方向不明确，营业税呈现出较强的累进性。

（一）我国增值税呈现出累退性

根据表5-9，本书发现我国基本税率增值税、低税率增值税和增值税的K累进性指数都为负数，说明我国增值税都呈现出累退性。从整体上来看，低税率增值税的累退性最强，2002—2011年期间，低税率增值税的K累积性指数平均值为-0.1909，远远高于增值税的K累积性指数平均值（-0.0736）与基本税率增值税的K累积性指数平均值（-0.0100）。

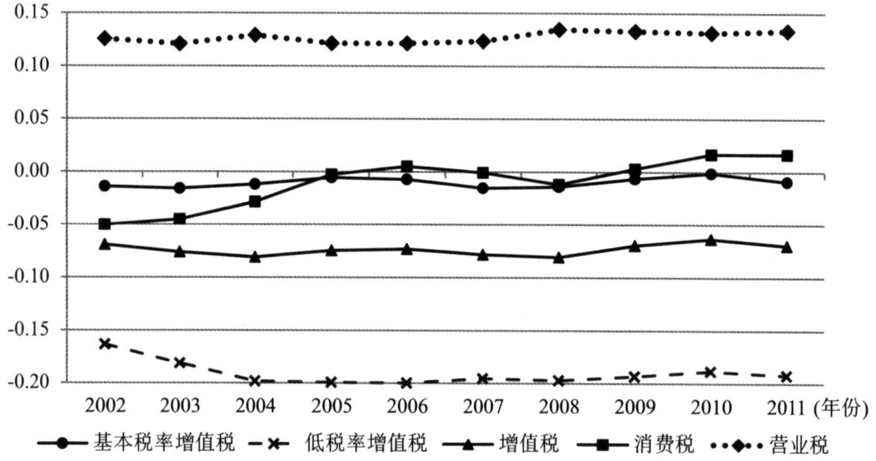

图5-2 我国间接税K累进性指数变化趋势

资料来源：图5-2和图5-3数据来自《中国价格及城镇居民家庭收支调查统计年鉴》（2003—2005年）以及《中国城市（镇）生活与价格年鉴》（2006—2012年）。

从纵向来看，本书发现2002—2011年我国基本税率增值税的K累进性指数呈现下降的趋势，从2002年的-0.0140下降为2011年的-0.0089，这表明基本税率增值税的累退性在减弱；与此相反，低税率增值税的K累进性指数呈现上升的趋势，从2002年的-0.1633上升为2011年的-0.1924，上升了17.82%，这表明基本税率增值税的累退性在增加，并且增加幅度较大。此外，由于低税率增值税的累退性一直在增强，使得我国增值税的 K 累进性指数从 2002 年的 -0.0693 上升为 2011 年的 -0.0697，提高了 0.58%。

（二）我国消费税累进性不确定

从平均值来看，我国消费税呈现累退性，2002—2011 年，消费税的 K 累进性指数平均值为 -0.0097。然而，具体到各年度，我国消费税呈现出“时而累进，时而累退”的特征，2002—2005 年，我国消费税的 K 累进性指数为负数，分别为 -0.0502、-0.0451、-0.0284 与 -0.0026，消费税呈现出累退性，但是累退的程度逐年减弱。2006 年，我国消费税的 K 累进性指数为 0.0051，呈现出累进性。2007—2008 年，我国消费税的 K 累进性指数为负数，分别为 -0.0006、-0.0117，消费税呈现累退性，但是累退的程度较弱。值得关注的是 2009—2011 年期间，我国消费税的 K 累进性指数为正数，分别为 0.0031、0.0169 与 0.0167，消费税呈现出累进性。图 5-2 反映出消费税的 K 累进性税指值基本呈上升趋势。

表 5-10　　2002—2011 年消费税 K 累进性

年份	烟草类	酒类	家庭交通工具	消费税
2002	-0.0572	-0.1525	0.3748	-0.0502
2003	-0.0567	-0.1451	0.3785	-0.0451
2004	-0.0568	-0.1507	0.4179	-0.0284
2005	-0.0491	-0.1343	0.4480	-0.0026
2006	-0.0434	-0.1263	0.4344	0.0051
2007	-0.0547	-0.1437	0.4176	-0.0006
2008	-0.0511	-0.1176	0.3849	-0.0117
2009	-0.0460	-0.1169	0.3734	0.0031
2010	-0.0348	-0.1127	0.3482	0.0169
2011	-0.0222	-0.0836	0.3206	0.0167

为了进一步分析消费税累进性变化的原因，本书按消费税税目分类计算得到表 5-10，结果表明烟草类、酒类的消费税都表现为累退性，K 累进性指数一直是负的，而家庭交通工具的消费税表现为累进性，数

值在0.3206和0.4480之间，说明通过增加烟酒类的税负来减少其对人类身体健康危害的结果是将更重的税负加在低收入者身上。另外，由于收入增长提高了城镇居民对家庭交通工具的购买，使得近几年消费税呈累进性。

总之，2002—2011年，我国消费税的K累进性指数呈现由负到正的波动性上升现象，我国消费税的累进性方向并不明确，但有累进的趋势。

（三）我国营业税呈现出累进性

从整体来看，我国城镇居民的营业税表现为累进性，2002—2011年我国城镇居民营业税的K累进性指数平均值为0.1275，呈现出较强的累进性。从纵向来看，我国城镇居民营业税的K累进性指数呈上升的趋势，从2002年的0.1256逐年上升至2011年的0.1335，累进程度不断加强。同期比较，营业税的累进性程度大于增值税的累退性程度，但由于增值税占间接税的比重较大，超过80%，使得我国间接税整体呈累退性。

总之，2002—2011年我国城镇居民的增值税呈现出累退性，其中，基本税率增值税的累退性在减弱，低税率增值税的累退程度比较大并逐年增强，增值税总体的累退程度一般；消费税的累进性不确定，但总体呈累进的趋势；营业税则呈现出累进性，累进程度逐年强化。

二、间接税累进性比较

为了探讨不同累进性测度方法对分析的影响，本书综合利用第三章式（3-12）、式（3-13）、式（3-14）、式（3-25）、式（3-29）和式（3-30）等六种整体累进性指数测量方法，计算得到我国城镇居民间接税的累进性，具体结果见表5-11，间接税累进性的变动趋势如图5-3所示。需要说明的是，当YNCP1累进性指数、YNCP2累进性指数、TBI累进性指数、KAPE累进性指数小于1时，表明间接税呈累退性；当 K 累进性指数、S 累进性指数小于 0 时，表明间接税呈累退性。

表 5－11　　基于不同测度方法的中国间接税累进性比较

年份	YNCP1	YNCP2	K	S	TBI	KAPE
2002	0.9332	0.9428	－0.0494	－0.0607	－0.0716	0.8111
2003	0.9246	0.9363	－0.0557	－0.0681	－0.0815	0.7917
2004	0.9243	0.9409	－0.0552	－0.0628	－0.0819	0.8103
2005	0.9323	0.9491	－0.0485	－0.0536	－0.0726	0.8400
2006	0.9359	0.9523	－0.0460	－0.0501	－0.0685	0.8488
2007	0.9298	0.9461	－0.0510	－0.0570	－0.0755	0.8278
2008	0.9258	0.9424	－0.0536	－0.0612	－0.0801	0.8182
2009	0.9412	0.9513	－0.0423	－0.0512	－0.0625	0.8457
2010	0.9499	0.9586	－0.0359	－0.0432	－0.0527	0.8673
2011	0.9433	0.9521	－0.0410	－0.0503	－0.0601	0.8456

根据表 5－11，本书发现，不同累进性测度方法的测算结果都表明，我国城镇居民间接税的累进性。就 YNCP1 累进性指数、YNCP2 累进性指数而言，2002—2011 年期间，我国间接税的 YNCP1 累进性指数、YNCP2 累进性指数大小相近，都接近于 1，两者都呈现出下降的趋势，分别从 2002 年的 0.9332 与 0.9428 下降到 2011 年的 0.9433 与 0.9521，表明间接税的累退性在减弱。

我国间接税的 K 累进性指数、S 累进性指数、TBI 累进性指数都小于 0，分别从 2002 年的 －0.0494、－0.0607 与 －0.0716 下降到 2011 年的 －0.0410、－0.0503 与 －0.0601。KAPE 累进性指数则从 2002 年的 0.8111 增加到 2011 年的 0.8456。研究表明，即使采用不同的测度方法，我国的间接税都呈累退性，并且间接税的累退性程度在逐年下降。

最后，由于测量方法的差异使得个别年份的间接税累进性变化趋势相反。在 2003—2004 年，YNCP1 累进性指数、TBI 累进性指数都微弱下降，其他四个指数都上升。这说明 YNCP1 累进性指数、TBI 累进性指数在测量累进性方面存在不稳定性，其他四个指标较适合。

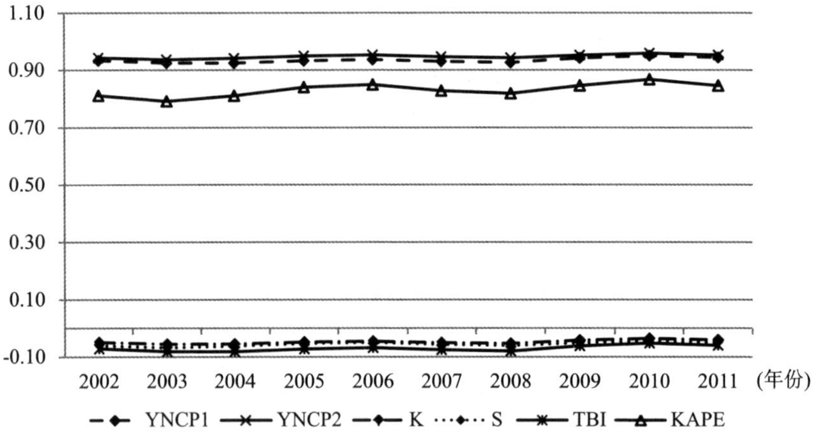

图 5-3 间接税累进性比较

三、间接税累进性分解

本书根据公式（3-17），计算得到我国城镇居民增值税、消费税和营业税对间接税累进性的贡献，计算结果如表 5-12 所示。

根据表 5-12 的测算结果，本书首先发现，增值税的平均税率占间接税平均税率的比重较高，2003 年达到 83.06%，2009 年最低也有 80.46%，但其比重存在下降趋势。较高的平均税率占比使得增值税对间接税累退性的贡献率最高，贡献值最低为 2003 年的 113.66%，最高为 2010 年的 142.30%。

其次，消费税的平均税率占间接税平均税率的比重最低，2002 年仅为 7.74%，2009 年上升到 9.46%，2011 年又降为 8.52%。其对间接税累退性的贡献率居中，有下降的趋势，2002 年为 7.86%，2006 年、2009 年、2010 年和 2011 年的贡献率变为负数，分别为 -0.92%、-0.70%、-4.24% 和 -3.46%，主要原因是这几年消费税表现为累进性，从而对累退性的间接税的贡献率为负。

最后，营业税的平均税率占间接税平均税率的比重也很低，2002 年为 9.42%，2011 年上升为 10.51%。其累进性贡献率一直为负数，且绝对值有变大的趋势，2002 年为 -23.93%，2011 年降为 -34.19%，由于营业税的平均税率占比高于消费税的平均税率占比，且营业税的累进性绝对值也大于消费税的累退性或累进性绝对值，高权重和高累进性的共同作用使得营业税的贡献率较高。

综上分析，通过合理选择课税对象，设置科学的税率，可以使占总税收比重较大的间接税表现为累进性，从而达到缩小居民收入差距的作用。

表 5-12　我国间接税 K 累进性指数分解

年份	项目	ti/t%	Ci	Ki	Si%
2002	增值税	82.84	0.2397	-0.0693	116.07
	消费税	7.74	0.2587	-0.0502	7.86
	营业税	9.42	0.4345	0.1256	-23.93
2003	增值税	83.06	0.2413	-0.0762	113.66
	消费税	7.76	0.2724	-0.0451	6.28
	营业税	9.18	0.4383	0.1208	-19.94
2004	增值税	81.84	0.2451	-0.0810	120.02
	消费税	7.86	0.2977	-0.0284	4.04
	营业税	10.30	0.4551	0.1290	-24.06
2005	增值税	81.59	0.2573	-0.0747	125.65
	消费税	7.97	0.3294	-0.0026	0.43
	营业税	10.43	0.4534	0.1213	-26.08
2006	增值税	81.08	0.2552	-0.0732	129.14
	消费税	8.23	0.3336	0.0051	-0.92
	营业税	10.69	0.4499	0.1214	-28.23
2007	增值税	81.38	0.2460	-0.0783	125.01
	消费税	8.26	0.3238	-0.0006	0.10
	营业税	10.36	0.4480	0.1236	-25.11
2008	增值税	82.18	0.2496	-0.0807	123.67
	消费税	7.72	0.3186	-0.0117	1.68
	营业税	10.10	0.4649	0.1346	-25.36
2009	增值税	80.46	0.2539	-0.0696	132.44
	消费税	9.46	0.3266	0.0031	-0.70
	营业税	10.08	0.4566	0.1331	-31.74

续表

年份	项目	ti/t%	Ci	Ki	Si%
2010	增值税	80.58	0.2544	-0.0635	142.30
	消费税	9.02	0.3348	0.0169	-4.24
	营业税	10.39	0.4495	0.1316	-38.06
2011	增值税	80.97	0.2477	-0.0697	137.66
	消费税	8.52	0.3341	0.0167	-3.46
	营业税	10.51	0.4509	0.1335	-34.19

第四节　我国城镇居民间接税的收入再分配效应分析

间接税累进性的分析表明间接税作为累退税，对收入分配起着逆向调节作用，本书通过计算我国城镇居民税前收入不平等指数和扣除间接税后的税后收入不平等指数，进一步分析间接税的收入再分配效应。

一、研究方法

基尼系数是衡量收入不平等最常用的指标，但对众数区域变动比较敏感，为了综合考察不同分布形态对收入不平等的影响，本书借鉴再分配效应指数 RE^{MT} 的计算公式（3-35），选用一般熵指数、S 基尼系数分析间接税的再分配效应，其中 S 基尼系数的计算公式及再分配效应公式见第四章式（4-34）、（4-37），一般熵指数的再分配效应指数具体公式为：

$$RE_{GE(\alpha)} = GE(\alpha)_X - GE(\alpha)_Y \tag{5-1}$$

其中，$GE(\alpha)_X$ 表示税前收入的一般熵指数，$GE(\alpha)_Y$ 表示税后收入的一般熵指数。与 RE^{MT} 指数的情况相同，当 $RE_{GE(\alpha)}>0$，说明间接税降低了收入不平等；当 $RE_{GE(\alpha)}<0$，说明间接税加剧了收入不平等。

一般熵指数 $GE(\alpha)$ 在 α 取不同值时可以对收入分布的不同部位敏感，α 值越大，对收入分布顶端的变动越敏感。当 $\alpha<2$ 时，一般熵指数对底端收入（低收入）越敏感；当 $\alpha>2$ 时，一般熵指数对顶端收入（高收入）越敏感，但这有悖常理。因此，本书选取对所有收入变动都同等敏感的一般熵指数 $GE(2)$，以及对低收入变动敏感的泰尔 L 指数 $GE(0)$ 和泰尔 T 指数 $GE(1)$，具体公式分别为：

$$GE(0) = \sum_{i=1}^{m} \frac{n_i}{n} \ln \frac{\mu}{x_i} \tag{5-2}$$

$$GE(1) = \sum_{i=1}^{m} \frac{n_i x_i}{n\mu} \ln \frac{x_i}{\mu} \tag{5-3}$$

$$GE(2) = \frac{1}{2} \sum_{i=1}^{m} \frac{n_i}{n} \left[\left(\frac{x_i}{\mu} \right)^2 - 1 \right] \tag{5-4}$$

其中，$m=7$ 表示城镇居民收入等级的 7 个分组，n_i、x_i 分别表示第 i 组的城镇居民人数、平均收入，n 为城镇居民的总人数，μ 表示城镇居民的人均收入。另外，泰尔 L 指数 $GE(0)$ 比泰尔 T 指数 $GE(1)$ 对低收入变动更敏感，在低收入收入群体较多的情况下，$GE(0)$ 测得的不平等数值要比 $GE(1)$ 测得的不平等数值大。

二、实证分析

（一）税前收入状况

根据我国城镇居民收入的统计数据，以及式（4－34）、式（5－2）、(5－3）和式（5－4），本书测算得到我国城镇居民税前收入不平等情况，如表 5－13 所示。

表 5－13　　我国城镇居民税前收入不平等

年份	v=2	v=4	v=6	GE0	GE（1）	GE（2）
2002	0.3090	0.4842	0.5528	0.1605	0.1589	0.1789
2003	0.3175	0.4923	0.5602	0.1693	0.1694	0.1943
2004	0.3261	0.5023	0.5699	0.1787	0.1795	0.2079

续表

年份	v = 2	v = 4	v = 6	GE0	GE（1）	GE（2）
2005	0.3321	0.5115	0.5797	0.1858	0.1851	0.2133
2006	0.3285	0.5058	0.5733	0.1812	0.1813	0.2093
2007	0.3244	0.5007	0.5681	0.1765	0.1765	0.2030
2008	0.3303	0.5091	0.5769	0.1834	0.1830	0.2109
2009	0.3235	0.5008	0.5683	0.1755	0.1749	0.2002
2010	0.3179	0.4939	0.5620	0.1698	0.1691	0.1929
2011	0.3175	0.4911	0.5577	0.1683	0.1688	0.1934
均值	0.3227	0.4992	0.5669	0.1749	0.1747	0.2004

根据表5－13，本书首先发现，2002—2011年，不管是用基尼系数、S基尼系数还是一般熵指数测量，我国城镇居民税前收入不平等的变化趋势一致，表现出先上升后下降的趋势。其中，基尼系数从2002年的0.3090上升到2005年的0.3321再下降到2011年的0.3175；参数等于4的S基尼系数从2002年的0.4842上升到2005年的0.5115再下降到2011年的0.4911；参数等于6的S基尼系数从2002年的0.5528上升到2005年的0.5797再下降到2011年的0.5577；一般熵指数$GE(0)$从2002年的0.1605上升到2005年的0.1858再下降到2011年的0.1683，$GE(1)$从2002年的0.1589上升到2005年的0.1851再下降到2011年的0.1688，$GE(2)$从2002年的0.1789上升到2005年的0.2133再下降到2011年的0.1934。但2010—2011年$GE(2)$的变化趋势与其他指数不同。

其次，由于不同指数测量方法不同，使得相同的收入分布得到的结果差别较大。S基尼系数与泰尔指数都对低收入比较敏感，我国城镇居民收入分布左偏，低收入人群较多，所以参数越大的S基尼系数计算得到的税前收入越不平等，2002—2011年参数$v=6$的S基尼系数的均值为0.5669，参数$v=4$的S基尼系数的均值为0.4992，前者比后者大了13.56%，而对众数较敏感的基尼系数数值则相对较小，其均值为0.3227。同样，2002—2011年$GE(0)$计算得到的税前收入不平等一般比

$GE(1)$计算得到的税前收入不平等程度高，前者均值为0.1749，后者均值为0.1747，但差别不是很大。一般熵指数$GE(2)$由于对所有收入都同等敏感，所以其数值比泰尔L指数$GE(0)$、泰尔T指数$GE(1)$都稍大，均值都约高0.0255。

（二）间接税再分配效应分析

根据第三章公式（3－35）、公式（3－36）、公式（3－37），本书计算了基尼系数的三种再分配效应指数，以便比较不同再分配效应指数的差异。根据公式（4－37），本书计算参数$v=4$和$v=6$的S基尼系数的再分配效应指数，同时，根据公式（5－1），本书计算参数$\alpha=0$、$\alpha=1$和$\alpha=2$的一般熵指数的再分配效应指数，比较采用不同不平等指数计算的再分配效应差异，计算结果见表5－14所示。

表5－14　我国城镇居民间接税再分配效应

年份	RE^{EP}	RE^{PO}	MT指数	S=4	S=6	GE0	GE1	GE2
2002	0.9938	－0.0139	－0.0043	－0.0057	－0.0061	－0.0049	－0.0048	－0.0060
2003	0.9931	－0.0149	－0.0047	－0.0061	－0.0065	－0.0054	－0.0054	－0.0071
2004	0.9932	－0.0140	－0.0046	－0.0062	－0.0066	－0.0055	－0.0052	－0.0067
2005	0.9940	－0.0120	－0.0040	－0.0055	－0.0060	－0.0050	－0.0046	－0.0057
2006	0.9945	－0.0112	－0.0037	－0.0051	－0.0055	－0.0046	－0.0042	－0.0051
2007	0.9939	－0.0126	－0.0041	－0.0058	－0.0063	－0.0050	－0.0047	－0.0057
2008	0.9937	－0.0127	－0.0042	－0.0059	－0.0064	－0.0053	－0.0049	－0.0061
2009	0.9950	－0.0104	－0.0034	－0.0046	－0.0050	－0.0041	－0.0040	－0.0050
2010	0.9959	－0.0088	－0.0028	－0.0039	－0.0044	－0.0034	－0.0033	－0.0041
2011	0.9954	－0.0099	－0.0032	－0.0043	－0.0048	－0.0038	－0.0036	－0.0047

首先，根据表5－14，本书发现，RE^{EP}指数小于1，RE^{PO}指数和RE^{MT}指数都小于0，这三类指数都说明间接税加剧了收入不平等，对收入分配起逆向调节作用。RE^{EP}指数和RE^{PO}指数是相对指标，RE^{MT}是绝对指标，三者变化趋势完全一致。2002年到2011年间，RE^{EP}从0.9938上升到0.9954，RE^{PO}从－0.0139上升到－0.0099，RE^{MT}则从－0.0043上升到－0.0032，这表明间接税的逆向调节作用在减弱。

其次，S基尼系数测得的再分配效应值相比RE^{MT}小，且参数值越大，值就就越小。2002 年 $v=4$ 的 S 基尼系数再分配效应值为 -0.0057，$v=6$ 的 S 基尼系数再分配效应值为 -0.0061，分别比 RE^{MT} 小 -0.0014、-0.0018；2011 年 $v=4$ 的 S 基尼系数再分配效应值为 -0.0043，$v=6$ 的 S 基尼系数再分配效应值为 -0.0048，分别比 RE^{MT} 小 -0.0012、-0.0017，相差值都呈现先变小后变大的趋势。

最后，一般熵指数测得的再分配效应值也比 RE^{MT} 小，其中泰尔指数测得的再分配效应值比 S 基尼系数测得的再分配效应值稍大。2002 年，$GE(0)$、$GE(1)$、$GE(2)$ 测得的再分配效应值分别为 -0.0049、-0.0048、-0.0060，2011 年分别为 -0.0038、-0.0036、-0.0047。

可见，不论是对低收入敏感的 S 基尼系数和泰尔指数，还是对所有收入同等敏感的一般熵指数 $GE(2)$，它们测得的再分配效应值都比基尼系数测得的再分配效应值要小，说明这些指标反映出间接税的逆向调节作用更大，也表明我国城镇居民低收入者较多。因此，在实际分析可以运用多个指标来反映间接税的收入再分配调节作用，有助于了解我国居民收入不平等状况以及税收的再分配状况。

第五节　本章小结

本章主要实证分析了间接税的收入再分配效应。通过对我国间接税总量和结构的分析表明，我国税制以间接税为主体，间接税中的增值税占很大比重。采用 2002—2011 年我国城镇居民的收入和消费支出数据，从城镇居民间接税税收负担、累进性、再分配效应三个维度，结合前文的理论方法，实证分析间接税调节居民收入分配的作用。

第一，间接税与我国城镇居民税收负担。2002—2011 年，我国增值税对城镇居民的收入再分配起逆向调节作用，增值税累退性主要来源于低税率的增值税税负；我国城镇居民低收入群体的增值税税负高于中等收入群体的增值税税负，而中等收入群体的增值税税负高于高收入群体的增值税税负；近年来，增值税的逆向调节作用在减弱。我国城镇居民消费税不利于调节居民收入分配，即表现出居民收入水平越高，其消费税税收负担越小。但是，近年来，我国城镇居民消费税的逆向调节作用也在减弱。我国营业税有利于调节居民收入分配，呈现出一定的累进性。但是，营业税税收负担平均值较小，其调节居民收入分配的程度有限。此外，近年来，营业税表现出有利于调节收入分配的变动趋势。总之，我国间接税表现为累退性，对我国城镇居民的收入分配起着逆向调节作用；我国城镇居民低收入群体的间接税税收负担最大，其次为中等收入群体，而高收入群体的间接税税收负担最小；近年来，间接税的逆向调节作用在减弱。

第二，我国间接税的累退性。本书首先测算了增值税、消费税和营业税的 K 累进性指数，然后与 YNCP1 累进性指数、YNCP2 累进性指数、S 累进性指数、TBI 累进性指数和 KAPE 累进性指数进行对比分析，最后将间接税的 K 累进性按税种进行分解。结果表明我国增值税呈现出累退性，消费税的累进性方向不明确，营业税呈现出较强的累进性。采用不同累进性测度方法的结果都表明我国城镇居民的间接税呈累退性，但间接税的累退性在减弱；较高的平均税率占比使得增值税对间接税累退性的贡献率最高，贡献值最低为 2003 年的 113.66%，最高为 2010 年的 142.30%；消费税对间接税累退性的贡献率居中，并有下降的趋势；营业税较高的平均税率和累进性绝对值使得营业税的贡献率较高。

第三，间接税的收入再分配效应。本书分别采用 S 基尼系数、一般熵指数，测度了间接税对我国城镇居民收入再分配效应。结果表明，2002—2011 年，我国城镇居民税前收入不平等呈现“先上升、后下降”的变动趋势，间接税的再分配效应为负数，表明间接税加剧了收入不平等，对收入分配起逆向调节作用，但我国间接税的逆向调节作用在减弱。另外，不论是 S 基尼系数和一般熵指数，它们测得的再分配效应值都比基尼系数测得的再分配效应值要小，表明我国城镇居民低收入者较多。

第六章

增值税“扩围”的收入再分配效应

第一节　增值税“扩围”对城镇居民收入分配效应的影响

一、问题的提出

1994年税制改革确立了增值税和营业税并存的税制格局，为当时的经济发展和财政收入增长发挥了重要作用。随着我国经济市场化程度的不断提高，两税并存逐渐暴露出不合理性，混合销售、重复征税、征收困难等问题突出。增值税“扩围”是解决上述问题的一种有效方式，不仅能减少重复征税，还能促进要素资源的高效利用和产业分工的专业化，有利于提高市场效率，优化投资、消费和出口结构。2012年1月1日，上海率先启动“营改增”试点改革，之后陆续有12个省市加入到试点范围，截至2013年8月1日，“营改增”范围已推广到全国试行。2014年1月1日起交通运输业已全部纳入“营改增”范围，6月1日起电信业纳入“营改增”试点。

虽然增值税是向纳税人征收的，但纳税人在销售商品或提供应税劳务和应税服务的过程中会通过价格杠杆将税收负担转嫁给其他人，因此增值税的税收负担由最终消费者承担。消费习惯、消费模式和消费层次的异质性使得居民承担的增值税额不尽相同，从而使得增值税可能具有调节居民收入分配的作用。“营改增”的逐步推进，达到了结构性减税的预期目的，但对其收入分配效应并没有取得一致认识，定量分析增值税收入分配效应的文献比较少。

本节将给出一个新的增值税收入分配效应的分解方法，根据2008—2012年《中国城市（镇）生活与价格年鉴》（数据对应时间为2007—2011年）和表5-1的增值税“扩围”前后的税率，应用该方法分析增值税“扩围”对城镇居民收入分配的影响，这在一定程度上弥补了以往研究的不足。

二、研究方法

关于增值税对城镇居民的收入分配效应，单纯计算 MT 再分配效应指数（见公式（3－35））只能分析税收实施的最终结果，具体的影响路径和影响方式还有待深入挖掘。下面依据我国城镇居民分组收入数据，将人均总收入根据最终用途分解为人均消费性支出 X_1 和人均积累 X_2，人均消费性支出按支出类别分为食品 $X_{1,1}$、衣着 $X_{1,2}$、居住 $X_{1,3}$、家庭设备用品及服务 $X_{1,4}$、医疗保健 $X_{1,5}$、交通和通信 $X_{1,6}$、教育文化娱乐服务 $X_{1,7}$、其他商品和服务 $X_{1,8}$，变量之间的关系为：

$$X = X_1 + X_2 = \sum_{k=1}^{n} X_{1,k} + X_2 \tag{6-1}$$

设 T 为增值税税额，有 $X_1 = X'_1 + T$。由于增值税的征收范围为销售或进口的货物、提供的应税劳务和应税服务，因此人均积累 X_2 的税前税后值相同（本书仅考虑增值税），即 $X_2 = X'_2$，因此有：

$$X' = X'_1 + X'_2 = \sum_{k=1}^{n} X'_{1,k} + X_2 \tag{6-2}$$

根据列尔曼和伊扎基（Lerman and Yitzhaki，1985）给出的基尼系数收入来源的分解方法，有：

$$G_X = \theta_{X_1} R_{X_1} G_{X_1} + \theta_{X_2} R_{X_2} G_{X_2} \tag{6-3}$$

$$G_{X'} = \theta_{X'_1} R_{X'_1} G_{X'_1} + \theta_{X'_2} R_{X'_2} G_{X'_2} \tag{6-4}$$

其中，$R_{X_1} = C_{X_1}/G_{X_1}$，$G_{X_1}$ 为人均消费支出的基尼系数，C_{X_1} 表示按照人均总收入排序的人均消费支出集中指数，又称伪基尼系数，因而 R_{X_1} 表示人均消费支出与人均家庭总收入的基尼相关系数（Gini Correlation Coefficient），反映了人均消费支出与人均总收入的一种序数相关性；θ_{X_1} 为人均消费支出占人均总收入的比重。其他指标的含义与消费支出 X_1 类似。因而有：

$$MT = G_X - G_X{}' = (\theta_{X_1} R_{X_1} G_{X_1} - \theta_{X'_1} R_{X'_1} G_{X'_1}) + (\theta_{X_2} R_{X_2} G_{X_2} - \theta_{X'_2} R_{X'_2} G_{X'_2})$$
$$= \Delta\theta_{X_1} R_{X_1} G_{X_1} + \theta_{X'_1} \Delta R_{X_1} G_{X_1} + R_{X'_1} \theta_{X'_1} \Delta G_{X_1} + \Delta\theta_{X_2} R_{X_2} G_{X_2} + \theta_{X'_2} \Delta R_{X_2} G_{X_2} + R_{X'_2} \theta_{X'_2} \Delta G_{X_2} \quad (6-5)$$

其中，$\Delta\theta_{X_1} = \theta_{X_1} - \theta_{X'_1}$ 表示税前收入份额 θ_{X_1} 与税后收入份额 $\theta_{X'_1}$ 的变化，其他指标的增量符号与之意义相同。鉴于增值税不涉及收入积累部分 X_2，从而得到 $\Delta G_{X_2} = G_{X_2} - G_{X'_2} = 0$。由于人均消费支出 $X_1 = \sum_{k=1}^{n} X_{1,k}$，有 $G_{X_1} = \sum_{k=1}^{n} \theta_{X_{1,k}} R_{X_{1,k}} G_{X_{1,k}}, G_{X'_1} = \sum_{k=1}^{n} \theta_{X'_{1,k}} R_{X'_{1,k}} G_{X'_{1,k}}$，因而可得：

$$\Delta G_{X_1} = G_{X_1} - G_{X'_1} = \sum_{k=1}^{n} \theta_{X_{1,k}} R_{X_{1,k}} G_{X_{1,k}} - \sum_{k=1}^{n} \theta_{X'_{1,k}} R_{X'_{1,k}} G_{X'_{1,k}}$$
$$= \sum_{k=1}^{n} \Delta\theta_{X_{1,k}} R_{X_{1,k}} G_{X_{1,k}} + \sum_{k=1}^{n} \theta_{X'_{1,k}} \Delta R_{X_{1,k}} G_{X_{1,k}} + \sum_{k=1}^{n} \theta_{X'_{1,k}} R_{X'_{1,k}} \Delta G_{X_{1,k}} \quad (6-6)$$

将式（6－6）代入式（6－5），化简可得：

$$MT = \underbrace{\Delta\theta_{X_1} R_{X_1} G_{X_1} + \Delta\theta_{X_2} R_{X_2} G_{X_2}}_{\text{平均税率的分配效应}} + \underbrace{R_{X'_1} \theta_{X'_1} \sum_{k=1}^{n} \Delta\theta_{X_{1,k}} R_{X_{1,k}} G_{X_{1,k}}}_{\text{税率差异的分配效应}}$$
$$+ \underbrace{\theta_{X'_1} \Delta R_{X_1} G_{X_1} + \theta_{X'_2} \Delta R_{X_2} G_{X_2} + R_{X'_1} \theta_{X'_1} \sum_{k=1}^{n} \theta_{X'_{1,k}} \Delta R_{X_{1,k}} G_{X_{1,k}}}_{\text{基尼相关的分配效应}}$$
$$+ \underbrace{R_{X'_1} \theta_{X'_1} \sum_{k=1}^{n} \theta_{X'_{1,k}} R_{X'_{1,k}} \Delta G_{X_{1,k}}}_{\text{消费支出差异的分配效应}} \quad (6-7)$$

设 t 为平均税率，α 为消费支出占总收入的比重，$\Delta\theta_{X_1} = (1-\alpha) t/(1-t) > 0$，$\Delta\theta_{X_2} = -\Delta\theta_{X_1}$，因此式（6－7）右边的第一部分可以称为平均税率的分配效应。$\Delta\theta_{X_{1,k}}$ 反映了每项消费支出税率差异引起的变化，因而式（6－7）右边第二部分可称为税率差异的分配效应。由于 ΔR_{X_1}、ΔR_{X_2} 分别表示消费性支出和积累与总收入基尼相关系数的变化，$\Delta R_{X_{1,k}}$ 为每项消费支出与总消费支出基尼相关系数的变化，所以式（6－7）右边第三部分可以称之为基尼相关的分配效应，它包括两大类（消费与积累）——基尼相关的分配效应和消费项目基尼相关的分配效应。

$\Delta G_{X_{1,k}}$为每项消费支出差异造成的收入差距变化，因而式（6－7）右边最后部分可以解释为消费支出差异的分配效应。可以看出，式（6－7）将税收的再分配效应分解成四个部分，我们可以据此分析每个部分的数值及其贡献。

三、增值税“扩围”对城镇居民收入分配影响的比较分析

（一）不同收入组“扩围”前后增值税的税负

通过对城镇居民分等级的消费支出数据进行整理，本书得到2011年我国城镇居民不同收入组在8大类消费支出上的比例，具体如表6－1所示。

表6－1　2011年按收入等级分城镇居民家庭适用增值税的消费支出构成

单位：%

收入组	食品	衣着	居住	家庭设备用品及服务	医疗保健	交通和通信	教育文化娱乐服务	其他
总平均	18.02	6.94	3.51	3.96	2.62	8.97	2.13	1.59
困难户（5%）	36.58	7.54	8.23	3.90	4.24	6.17	2.27	1.30
最低收入户（10%）	33.35	7.73	7.17	4.15	3.91	6.41	2.19	1.24
低收入户（10%）	27.05	7.73	5.48	4.03	3.17	7.16	2.02	1.16
中等偏下户（20%）	23.81	7.83	4.70	4.03	2.95	7.24	2.06	1.28
中等收入户（20%）	20.51	7.55	4.02	4.10	2.76	8.22	2.18	1.38
中等偏上户（20%）	17.43	7.00	3.35	4.11	2.53	9.11	2.15	1.54
高收入户（10%）	14.61	6.59	2.70	4.05	2.53	10.11	2.14	1.80
最高收入户（10%）	10.04	5.71	1.87	3.56	2.08	10.72	2.14	2.05

资料来源：2012年《中国城市（镇）生活与价格年鉴》。

总体上看食品、衣着、交通和通信三类消费占城镇居民年收入的比例较高，这三项支出是人们维持生活和保持社会联系的必需保障，其应税项目支出占总收入的比例较高。医疗保健、教育文化娱乐服务所占的比例较低，一方面是由于医疗保健类中的医疗费适用于营业税（享受免征营业税的优惠），另一方面是由于医疗保健支出对于一般居民来说属于“偶发性”消费，而教育文化娱乐服务是居民的“发展休闲性”消费，因此这两类支出的占比较低。从不同收入组看，食品、衣着、居住、医疗保健等四类支出占比随着居民收入的增加而降低，交通和通信的占比随收入上升而提高，这与现实情况较为符合；家庭设备用品及服务、教育文化娱乐服务的支出占比与收入水平的相关性不大，说明这两类消费可能与消费习惯、财富规模、人口学甚至社会学特征等有着更大的关联，收入水平不是一个主要因素。

根据中国城镇居民分项消费支出，以及中国最新的增值税制度，本书得出城镇居民各分组家庭在增值税“扩围”后的税负情况，具体如表 6－2 所示。

表 6－2　“扩围”后增值税税负　单位：%

年份	困难户（5%）	最低收入户（10%）	低收入户（10%）	中等偏下户（20%）	中等收入户（20%）	中等偏上户（20%）	高收入户（10%）	最高收入户（10%）
2007	10.00	9.36	8.53	7.75	7.22	6.57	6.24	5.49
2008	9.47	9.00	8.06	7.40	6.88	6.31	6.03	5.23
2009	8.89	8.50	7.74	7.17	6.70	6.35	6.00	5.24
2010	8.87	8.40	7.39	6.98	6.67	6.27	5.94	5.30
2011	8.85	8.38	7.38	6.93	6.58	6.17	5.86	5.09

资料来源：表 6－2 至表 6－4 的数据由 2008—2012 年《中国城市（镇）生活与价格年鉴》计算得到。

就不同收入组而言，收入较低的群体，其增值税税负反而较高。2007—2011 年期间，困难户的平均增值税税负高达 9.33%，而最高收入户的平均增值税税负为 5.27%，出现这种状况的原因在于食品、衣着、居住等消费类别在收入较低的家庭中支出比例大大高于收入较高的家庭，对这些商品的征税导致低收入家庭税负明显偏高，可见增值税对城镇居民的收入分配可能起逆向调节作用。从纵向看，本书发现增值税“扩围”后不同收入组的税负随时间推移都有不同程度的下降，收入等级越低，增值税税负下降幅度越大，收入等级越高，下降幅度越小。出现这种情况可能的原因在于：一是经济持续发展，城镇居民收入水平不断提高，但是低收入家庭增长幅度较大，使税收占总收入比重的降低较快；二是从2007年起国家开展城镇居民基本医疗保险试点，参保居民按规定缴纳基本医疗保险费后将享受相应的医疗保险待遇，同时政府对参保居民给予补助，这大大降低了城镇居民尤其是低收入家庭的医疗保健支出，使其总体增值税税负下降快于高收入家庭。

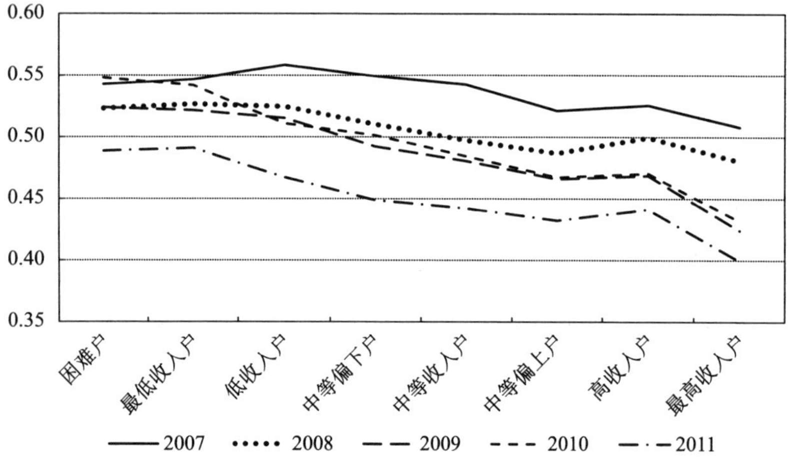

图6－1　交通和通信“扩围”后与“扩围”前税负差（%）

资料来源：数据由2008—2012年《中国城市（镇）生活与价格年鉴》计算得到。

2012年执行“营改增”试点方案后，交通运输业、部分现代服务业、邮政业以及电信业由原来征收营业税改为征收增值税，对城镇居民家庭消费支出的影响表现为对交通和通信类支出征收增值税，因而有必要对“扩围”前后交通和通信的增值税税负进行分析。图6－1为各年交通和通信类支出在“扩围”前后的税负差（以“扩围”前的税负为基准）。首先，“扩围”后的增值税税负高于“扩围”前的增值税税负，这是由于原来部分交通和通信业不征收增值税而征收营业税的原因；其次，“扩围”前后交通和通信类的税负差随着收入等级的提高基本呈下降趋势，其中2010年困难户组与最高收入户组的税负差的差异最大；最后，不同收入组的税负差随时间推移并未表现出一致的变化，特别是困难户组以及最低收入户组与其他组差异较为明显，这可能是多方面因素的影响，比如金融危机、国家对交通和电信业的扶持与优惠政策、互联网和高科技通信工具的发展等。

（二）“扩围”后增值税对消费不平等的影响

表6-3为八类消费性支出税前、税后的实际基尼系数变化额，可以发现增值税对城镇居民消费不平等的影响出现显著的分化现象。首先，就各个消费类别而言，食品、居住、家庭设备用品及服务等消费支出，对应的MT再分配效应指数为负数，表明税前基尼系数要小于税后基尼系数，从而增值税的征收不利于公平分配。衣着、医疗保健、交通和通信、教育文化与娱乐服务等消费支出的MT再分配效应指数为正数，说明增值税的征收有利于公平分配。

其次，从各个年度来看，在MT再分配效应指数为负数的消费支出中，食品、居住的MT再分配效应指数的绝对值呈现出逐年下降的趋势，即对食品、居住征收增值税，其MT再分配效应指数虽然为负，但是税前基尼系数与税后基尼系数的差距正在缩小，表明对食品、居住征收增值税而引起的不平等有趋缓的现象。不过，家庭设备用品及服务的MT再分配效应指数绝对值却呈现增加趋势，表明对家庭设备用品及服务相应的而引起的不平等有更趋严重的趋势。

最后，在MT再分配效应指数为正数的消费支出中，不同消费类别的变化趋势及其数值大小存在一定差异。交通和通信业的MT再分配效应指数较大，说明其在增值税的均等效应方面具有重要影响，不过对其下降趋势需要警惕。文化娱乐的MT再分配效应指数呈现出明显下降趋势，由2007年的0.00117下降到2011年的0.00009，表明原本的均等效应已经慢慢消失，未来甚至可能出现加剧消费不均等的现象。医疗保健消费的 MT 再分配效应指数变动频繁，并无确定的变动方向，这可能与医疗保健方面的政策及消费特点有关。衣着消费的 MT 再分配效应指数虽为正，但基本趋于 0，表明此项对于消费不平等基本没有影响。其他领域消费支出的 MT 再分配效应指数除 2007 年为负数外，其他年份均为正数，说明其对于消费公平起到一定的促进作用。

表 6－3　　增值税“扩围”后八大类消费支出的 MT 指数

年份	食品	衣着	居住	家庭设备用品及服务	医疗保健	交通和通信	教育文化娱乐服务	其他
2007	－0.00443	0.00001	－0.01353	－0.00194	0.00033	0.00323	0.00117	－0.00015
2008	－0.00471	0.00000	－0.00890	－0.00221	0.00157	0.00290	0.00093	0.00150
2009	－0.00472	0.00000	－0.00894	－0.00221	0.00146	0.00346	0.00033	0.00169
2010	－0.00415	0.00001	－0.00851	－0.00209	0.00117	0.00328	0.00023	0.00185
2011	－0.00409	0.00001	－0.00874	－0.00256	0.00142	0.00262	0.00009	0.00174

（三）“扩围”后城镇居民的收入分配效应及分解

根据公式（6－7），本书计算了增值税的分配效应及其分解，结果见表 6－4。要说明的是，由于本书使用的是按收入等级划分的 7 分组数据，数据过于简约使得每项消费支出的税前税后排序均没有变化，从而基尼相关系数均为 1，使得分解项中基尼相关性的分配效应为 0。

表 6－4　　增值税“扩围”后的 MT 指数及其分解

年份	税前基尼系数	税后基尼系数	MT 指数	平均税率分配效应	税率差异分配效应	基尼相关分配效应	消费差异分配效应
2007	0.32439	0.33000	－0.00561	－0.00414	0.00011	0	－0.00158
2008	0.33030	0.33551	－0.00521	－0.00390	0.00008	0	－0.00139
2009	0.32349	0.32802	－0.00453	－0.00339	0.00017	0	－0.00131
2010	0.31791	0.32201	－0.00410	－0.00314	0.00016	0	－0.00112
2011	0.31747	0.32188	－0.00440	－0.00339	0.00017	0	－0.00118

首先，2007—2011 年 MT 再分配效应指数为负数，表明征收增值税不利于收入的公平分配，加剧了收入不均等。2007—2011 年 MT 再分配效应指数的绝对值呈现下降趋势，由 2007 年的 0.00561，减少至 2011 年的 0.00440，下降了 21.39%，说明税前基尼系数与税后基尼系数之

间的差距不断缩小，增值税的收入不均等效应逐渐减弱。

其次，平均税率的分配效应均为负数，说明平均税率变化使收入分配差距有所增大。从数值的绝对值看，2007—2011 年平均税率效应的绝对值表现为减少趋势，显示平均税率的不均等效应呈现降低之势。但是，该项数值占 MT 再分配效应指数的比重很大，从 2007 年的 73.8% 上升到 2011 年的 78%，平均占比为 75%，表明我国增值税没有发挥均等效应的主要原因是平均税率。

再次，消费支出差异的分配效应也均为负数，表明总体上税后消费支出的不平等大于税前不平等，致使税后总收入差距增大。与平均税率的分配效应相比，支出差异分配效应的绝对数值较小，且绝对值为明显下降趋势，意味着消费支出差异的不均等效应在减弱。从占 MT 再分配效应指数的比重来看，2007—2011 年变化不大，平均占比为 27.6%，远远小于平均税率占比。

最后，税率差异的分配效应大于 0，说明针对不同消费品的税率差异导致收入差距有所缩小，我国的税率设置一定程度上具有均等效应。不过 2007—2011 年该项数值普遍较小，其绝对值占 MT 再分配效应指数的平均比重仅为 3%，因此税率差异均等效应的强度非常小。

四、主要结论

本节提出了一个新的增值税收入再分配效应的分解方法，测算 2007—2011 年增值税“扩围”对中国城镇居民收入分配的影响。研究结果表明：

第一，增值税“扩围”后，我国城镇居民增值税仍然呈现出较强的累退性；对交通和通信类支出征收增值税，将导致“扩围”后的中国城镇居民增值税税负高于“扩围”前的增值税税负。

第二，增值税对城镇居民消费不平等的影响出现显著的分化现象。增值税“扩围”后，交通和通信消费支出的 MT 再分配效应指数为正，表明对该类商品征收增值税有利于消费公平分配。对食品、居住征收增值税而引起的不平等有趋缓的现象；对家庭设备用品及服务征收增值税将扩大消费不平等。交通和通信业的 MT 再分配效应指数较大，说明其在增值税的均等效应方面具有重要影响，不过对其下降趋势需要警惕。

第三，“扩围”后城镇居民的收入分配效应及分解。研究结果表明，征收增值税不利于收入的公平分配，加剧了收入不均等，但增值税的收入不均等效应逐渐减弱。平均税率的分配效应均为负数，扩大了收入分配差距，对增值税的不均等化效应起均定性的作用。消费支出差异的分配效应也均为负数，但程度较低。税率差异的分配效应为正数，但其均等效应的强度非常小。

对于我国增值税改革而言，如果欲进一步加大收入分配的调节作用，未来可以从以下两方面进行完善。第一，继续推进“营改增”的落实，扩大增值税的覆盖面。交通和通信类支出在高收入者的消费支出中占比较大，对其进行“营改增”，将有利于促进消费公平，从而改善收入分配格局。第二，降低增值税税率，推进结构性减税的实行。有必要降低生活必需品、农业初级产品、农业生产资料等行业的税率，提高对低收入者的医疗保险扶持力度以减轻其税收负担。

第二节　“营改增”对服务业收入分配效应的影响

为了测算“营改增”对于服务业收入分配效应的影响，本书利用《2012 年中国投入产出表》数据，测算部分行业“营改增”、全面“营改增”对我国服务业税负的影响。

2013 年，国家财政部、税务总局发布的《关于在全国开展交通运输业和部分现代服务业营业税改征增值税试点税收政策的通知》（财税〔2013〕37 号），分别提出了《交通运输业和部分现代服务业营业税改征增值税试点实施办法》（以下简称《实施办法》）、《交通运输业和部分现代服务业营业税改征增值税试点有关事项的规定》等方案和规定。《实施办法》规定增值税税率如下：（一）提供有形动产租赁服务，税率为17%；（二）提供交通运输业服务，税率为11%；（三）提供现代服务业服务（有形动产租赁服务除外），税率为6%；（四）财政部和国家税务总局规定的应税服务，税率为零。

2016年3月，财政部印发了《关于全面推开营业税改征增值税试点的通知》（财税〔2016〕36号），决定自2016年5月1日起，在全国范围内全面推开营业税改征增值税（以下称“营改增”）试点，建筑业、房地产业、金融业、生活服务业等全部营业税纳税人，纳入试点范围，由缴纳营业税改为缴纳增值税。财政部配套印发了《营业税改征增值税试点实施办法》《营业税改征增值税试点有关事项的规定》《营业税改征增值税试点过渡政策的规定》《跨境应税行为适用增值税零税率和免税政策的规定》。根据财税〔2016〕36号，在推进全面“营改增”过程中，适用的增值税税率如下：（一）纳税人发生应税行为，除本条第（二）项、第（三）项、第（四）项规定外，税率为6%；（二）提供交通运输、邮政、基础电信、建筑、不动产租赁服务，销售不动产，转让土地使用权，税率为11%；（三）提供有形动产租赁服务，税率为17%；（四）境内单位和个人发生的跨境应税行为，税率为零。具体范围由财政部和国家税务总局另行规定。

一、服务业税负变化的测度与分解

潘文轩（2012）给出了基本的分析框架，本书将利用其基本框架，进一步扩展其模型，结合2012年中国投入产出表的数据，详细分析“营改增”对我国服务业税收负担的影响。

（一）基本模型

如果服务业企业缴纳营业税，那么其营业税额 = 营业收入 × 营业税率（3%或5%）。在“营改增”之后，纳入试点范围的服务业企业将不再缴纳营业税，转而缴纳增值税，根据我国现行的增值税税制，增值税等于销项税额与进项税额之差。测算增值税销项税额相对简单，服务业企业的销项税额 = 销售额（总收入）×增值税税率。然而，相对复杂的是增值税进项税额的测算，因此，本书利用投入产出表的数据，结合现行的增值税税率，可以测算出“营改增”之后，某一特定服务行业购入其他行业的产品或服务的增值税进项税额累加值。

假设第 j 个服务行业“营改增”之前的营业收入为 TOP_j，营业税税率为 BT_j。那么“营改增”之前，第 j 个服务行业应纳营业税税额为 $TOP_j \times BT_j$。

假设“营改增”实行后，第 j 个服务行业适用的增值税税率为 AVT_j，则第 j 个行业的增值税销项税额为 $TOP_j \times AVT_j$。对于第 j 个服务行业的增值税进项税额测算如下，令 MIP_{ij} 表示第 i 个产业投入于第 j 个服务行业的中间投入，AVT_i 表示第 i 个行业所适用的增值税税率。对于2012年我国投入产出表，工业行业的数据中包含了增值税，需要在测算增值税税额中予以考虑，那么，可以得到：

$$TMIP_j = \sum_i \frac{MIP_{ij}}{1 + AVT_i} \times AVT_i \tag{6-8}$$

其中，$TMIP_j$ 表示第 j 个服务行业的增值税进项税额。需要说明的是，对于仍然缴纳营业税的其他服务业，其营业税不能用于增值税进项抵扣。

那么，可以得到“营改增”后，第 j 个服务行业税收变动 ΔTAX_j 如下：

$$\begin{aligned} \Delta TAX_j &= (TOP_j \times AVT_j - TMIP_j) - TOP_j \times BT_j \\ &= \left(TOP_j \times AVT_j - \sum_i \frac{MIP_{ij}}{1 + AVT_i} \times AVT_i\right) - TOP_j \times BT_j \end{aligned} \tag{6-9}$$

根据公式（6-9），本书发现“营改增”之后，第 j 个服务行业税收变动主要受到营业收入（总产出）、适用的增值税税率、中间投入品总投入与相应的增值税税率，以及“营改增”之前的营业税税率。

（二）模型拓展

事实上，如果我们进行更加严谨的分析，会发现“营改增”的实施，不仅是改变了服务行业应纳的税制，而且还会改变服务行业缴纳增值税的税基。假定投入产出表中各行业总产出不变，对于假定的第 j 个服务行业，在“营改增”之前，其缴纳营业税实际上应包含在总产出里面，税基应为$\frac{TOP_j}{1+BT_j}$，在“营改增”之后，该服务行业缴纳增值税，增值税应包含在总产出里面，因此，第 j 个服务行业缴纳增值税的税基为$\frac{TOP_j}{1+AVT_j}$，其缴纳的增值税应为$\frac{TOP_j}{1+AVT_j}\times AVT_j$。因此，在考虑总产出不变的情况下，公式（6－9）修正为：

$$\Delta TAX = \left(\frac{TOP_j}{1+AVT_j}AVT_j - \sum_i \frac{MIP_{ij}}{1+AVT_i}AVT_i\right) - \frac{TOP_j}{1+BT_j}\times BT_j \tag{6-10}$$

根据公式（6－10），将第 j 个服务行业税收变动 ΔTAX_j 除以其总产出，可以得到，第 j 个服务行业税负变动率如下：

$$\Delta RTAX_j = \frac{\frac{TOP_j}{1+AVT_j}AVT_j - \sum_i \frac{MIP_{ij}}{1+AVT_i}AVT_i - \frac{TOP_j}{1+BT_j}BT_j}{TOP_j} \tag{6-11}$$

其中，$\Delta RTAX_j$ 表示第 j 个服务行业税负变动率。

（三）模型分解

将公式（6－11）进一步化简可以得到：

$$\Delta RTAX_j = \frac{\frac{TOP_j}{1+AVT_j}(AVT_j - BT_j) + \left(\frac{TOP_j}{1+AVT_j} - \frac{TOP_j}{1+BT_j}\right)BT_j - \sum_i \frac{MIP_{ij}}{1+AVT_i}AVT_i}{TOP_j} \tag{6-12}$$

其中，$\frac{TOP_j}{1+AVT_j}(AVT_j - BT_j)$表示税率变动对第 j 个服务行业税收变动的影响，相应地，$\frac{AVT_j - BT_j}{1+AVT_j}$表示税率变动对第 j 个服务行业税负变动率的影响。$\left(\frac{TOP_j}{1+AVT_j}-\frac{TOP_j}{1+BT_j}\right)BT_j$ 表示税基变动对第 j 个服务行业税收变动的影响，相应地，$\left(\frac{1}{1+AVT_j}-\frac{1}{1+BT_j}\right)BT_j$ 表示税基变动对第 j 个服务行业税负变动率的影响。$-\sum_i \frac{MIP_{ij}}{1+AVT_i}AVT_i$ 表示中间投入对第 j 个服务行业税收变动的影响，相应地，$-\frac{1}{TOP_j}\sum_i \frac{MIP_{ij}}{1+AVT_i}AVT_i$ 表示中间投入对第 j 个服务行业税负变动率的影响。

此外，令 $MIP_{ij}=IMIP_{ij}+SMIP_{ij}$，$IMIP_{ij}$表示 i 个工业（建筑业）投入于第 j 个服务行业的中间投入，本书不考虑第一产业的增值税，因为第一产业基本不需要缴纳增值税。$SMIP_{ij}$表示“营改增”后产生的第 i 个缴纳增值税的服务行业投入于第 j 个服务行业的中间投入，是“营改增”后服务业内部新增的增值税进项税额。那么，中间投入对第 j 个服务行业税负变动率的影响 $-\frac{1}{TOP_j}\sum_i \frac{MIP_{ij}}{1+AVT_i}AVT_i$，可以分进一步分解为：

$$-\frac{1}{TOP_j}\sum_i \frac{IMIP_{ij}}{1+AVT_i}AVT_i-\frac{1}{TOP_j}\sum_i \frac{SMIP_{ij}}{1+AVT_i}AVT_i \qquad (6-13)$$

其中，$-\frac{1}{TOP_j}\sum_i \frac{IMIP_{ij}}{1+AVT_i}AVT_i$ 表示工业部门进项抵扣对第 j 个服务行业税负变动率的影响；$-\frac{1}{TOP_j}\sum_i \frac{SMIP_{ij}}{1+AVT_i}AVT_i$ 表示服务部门进项抵扣对第 j 个服务行业税负变动率的影响。

最后，根据潘文轩（2012），为了便于分析，我们分别引入工业部门进项平均税率 $AIAVT_j$，使得 $AIAVT_j=\left(\sum_i \frac{IMIP_{ij}}{1+AVT_i}AVT_i\right)/\sum_i \frac{IMIP_{ij}}{1+AVT_i}$；服务部门进项平均税率 $ASAVT_j$，使得 $ASAVT_j=\left(\sum_i \frac{SMIP_{ij}}{1+AVT_i}AVT_i\right)/\sum_i \frac{SMIP_{ij}}{1+AVT_i}$。同时令 $ITOP_j$ 表示第 j 个服务行业所

有外购工业品的总价值，$STOP_j$ 表示第 j 个服务行业所有外购服务品的总价值，$MTOP_j$ 表示第 j 个服务行业所有外购产品和服务的价值，更进一步，公式（6-13）可分解为：

$$-AIAVT\frac{\sum_i \frac{IMIP_{ij}}{1+AVT_i}}{ITOP_j}\frac{ITOP_j}{MTOP_j}\frac{MTOP_j}{TOP_j}-ASAVT\frac{\sum_i \frac{SMIP_{ij}}{1+AVT_i}}{STOP_j}\frac{STOP_j}{MTOP_j}\frac{MTOP_j}{TOP_j} \quad (6-14)$$

其中，$\frac{\sum_i \frac{IMIP_{ij}}{1+AVT_i}}{ITOP_j}$、$\frac{\sum_i \frac{SMIP_{ij}}{1+AVT_i}}{STOP_j}$分别表示第 j 个服务行业外购可用于进项抵扣的工业品价值占全部外购工业品的价值的比重、可用于进项抵扣的服务产品价值占全部外购服务产品的价值的比重；$\frac{ITOP_j}{MTOP_j}$、$\frac{STOP_j}{MTOP_j}$分别表示第 j 个服务行业全部外购工业品占全部中间品的比重，全部外购服务产品占全部中间品的比重；$\frac{MTOP_j}{TOP_j}$表示第 j 个服务行业全部中间品占 j 个服务行业总产出的比重。

二、部分行业“营改增”对服务业税负的影响

本书根据《2012 年中国投入产出表》中 139 部门的投入产出数据，以及截止到 2015 年 12 月已经实行“营改增”服务行业原营业税税率和现增值税税率，逐步分析“营改增”对于我国服务业税收负担的影响。

（一）基本情况

根据《2012 年中国投入产出表》，属于服务业的部门如表 6-5 所示。其中铁路运输、道路运输、水上运输、航空运输、管道运输、装卸搬运和运输代理、仓储、邮政、电信和其他信息传输服务、软件和信息技术服务、租赁、商务服务、研究和试验发展、专业技术服务、科技推

广和应用服务、新闻和出版、广播、电视、电影和影视录音制作、文化艺术、体育等属于已实行“营改增”的服务部门。

根据表6-5，本书发现我国服务业产出中，批发和零售业、货币金融和其他金融服务业、房地产业、教育、卫生、公共管理和社会组织等的总产出比较大。其中，作为服务部门的批发和零售业已经实行增值税。因此，在具体的处理过程中，本书将其原来的增值税缴纳额减去其相应的工业部门进项抵扣作为初始的税收，而将其“营改增”后缴纳的增值税扣除工业部门、服务业部门的进项抵扣作为税制改变后的纳税额。因此，对于批发和零售业，“营改增”对其最主要的影响表现在，“营改增”之后，新增了服务业部门可抵扣的增值税进项税额。

表6-5　　服务业部门总产出情况　　单位：亿元

代码	部门	总产出	代码	部门	总产出
01	批发和零售	72155.34	20	研究和试验发展	5075.77
02	铁路运输	5079.94	21	专业技术服务	15213.96
03	道路运输	32470.16	22	科技推广和应用服务	4643.88
04	水上运输	5814.68	23	水利管理	1070.76
05	航空运输	5091.31	24	生态保护和环境治理	731.24
06	管道运输	898.69	25	公共设施管理	4360.40
07	装卸搬运和运输代理	6109.68	26	居民服务	8229.30
08	仓储	4289.20	27	其他服务	7493.15
09	邮政	2213.00	28	教育	22030.25
10	住宿	4872.11	29	卫生	20332.02
11	餐饮	18462.38	30	社会工作	437.79
12	电信和其他信息传输服务	14806.79	31	新闻和出版	1684.23
13	软件和信息技术服务	10278.30	32	广播、电视、电影和影视录音制作	1706.35
14	货币金融和其他金融服务	49676.92	33	文化艺术	1252.41
15	资本市场服务	3433.19	34	体育	436.53
16	保险	5903.91	35	娱乐	1924.14
17	房地产	41908.54	36	社会保障	432.04
18	租赁	1742.72	37	公共管理和社会组织	33206.24
19	商务服务	32662.48			

资料来源：表6-5至表6-12由《2012年中国投入产出表》计算得到。

此外，我国的“营改增”改革分两阶段进行：第一阶段是部分行业“营改增”，以《关于在全国开展交通运输业和部分现代服务业营业税改征增值税试点税收政策的通知》（财税〔2013〕37号）为代表；第二阶段是全面“营改增”，以《关于全面推开营业税改征增值税试点的通知》（财税〔2016〕36号）为代表。在接下来的分析过程中，要注意区别部分行业“营改增”与全面“营改增”。本书对“营改增”的分析分三个阶段，一是“营改增”前，二是部分行业“营改增”，三是全面“营改增”。

（一）部分行业“营改增”后服务业税收变动与税负变动率

本书根据公式（6－10）和公式（6－11）计算得出部分行业“营改增”前后我国服务业部门税收变动情况以及税负变动率情况，具体结果如表6－6所示。在表6－6中，各行业以行业代码表示（见表6－5）。

根据表6－6，本书发现，2012年我国服务业部门税收缴纳额较多的部门主要为批发和零售、道路运输、电信和其他电信信息传输服务、货币金融和其他金融服务、房地产、商务服务、教育、公共管理和社会组织等。根据表6－6，本书也发现，自2014年开始的部分行业“营改增”，其目标对象并不是传统意义上的纳税大部门，既不包括金融业、房地产，也不包括许多的生活性服务业。此外，建筑业虽然缴纳营业税，但建筑业属于第二产业的范畴，并不在本次讨论的范畴。

表6－6　部分行业“营改增”后我国服务业税收变动和税负变动率

代码	“营改增”后总收入税额（亿元）	工业部门进项抵扣（亿元）	服务业部门进项抵扣（亿元）	工业和服务业部门总进项抵扣（亿元）	“营改增”前营业税、增值税税额（亿元）	“营改增”前增值税的进项抵扣（亿元）	“营改增”前后税收变动额（亿元）	“营改增”前后税负变动率
01	10484	481.3	928.4	1409.7	10484	776.38	－633.3	－0.88%
02	503	192	41.75	233.8	148	0	121.7	2.40%
03	3218	1348.9	467.81	1816.7	946	0	455.3	1.40%
04	576	277.8	124.47	402.3	169	0	4.6	0.08%

续表

代码	"营改增"后总收入税额（亿元）	工业部门进项抵扣（亿元）	服务业部门进项抵扣（亿元）	工业和服务业部门总进项抵扣（亿元）	"营改增"前营业税、增值税税额（亿元）	"营改增"前增值税的进项抵扣（亿元）	"营改增"前后税收变动额（亿元）	"营改增"前后税负变动率
05	505	331.5	116.47	447.9	148	0	-91.7	-1.80%
06	89	35.5	5.71	41.2	26	0	21.7	2.41%
07	346	294.3	109.46	403.7	178	0	-235.9	-3.86%
08	243	134.8	96.8	231.6	204	0	-193.1	-4.50%
09	219	67.2	60.56	127.8	64	0	27.1	1.22%
12	1467	400	256.47	656.5	705	0	105.7	0.71%
13	582	391.6	248.6	640.2	489	0	-547.9	-5.33%
18	253	68.7	19.4	88.1	83	0	82.1	4.71%
19	1849	1746.4	507.95	2254.3	1555	0	-1960.8	-6.00%
20	287	238.4	71.89	310.3	242	0	-264.7	-5.21%
21	861	690.4	248.63	939	724	0	-802.3	-5.27%
22	263	198.8	89.36	288.2	221	0	-246.5	-5.31%
23	61	37.9	12.75	50.6	51	0	-41	-3.83%
24	41	33.7	7.26	41	35	0	-34.4	-4.70%
25	247	150.3	42.04	192.4	208	0	-153.2	-3.51%
31	95	79.4	31.21	110.6	80	0	-95.5	-5.67%
32	97	41.4	28.59	70	50	0	-23.1	-1.35%
33	71	30	20.86	50.9	36	0	-16.5	-1.32%
34	25	9.7	6.49	16.2	13	0	-4.2	-0.97%

在假定部分行业"营改增"前后各服务行业总收入不变的情况下，即在部分行业"营改增"之前，纳入试点的服务行业的总产出包括了营业税，在部分行业"营改增"之后，纳入试点的服务行业的总产出包括了增值税。本书测算出了工业部门进项抵扣，服务业部门进项抵扣，工业和服务业部门总进项抵扣，分别如表6-6中第3列至第5列所示。本书还测算出"营改增"前营业税、增值税税额，"营改增"前增值税的进项抵扣（服务业中的批发零售业），分别如表6-6中第6列

至第7列所示。最后，本书测算出部分行业“营改增”前后税收变动额、部分行业“营改增”前后税负变动率，分别如表6-6中第8列至第9列所示。

从工业部门进项抵扣看，本书发现商务服务、道路运输、专业技术服务、批发和零售业、电信和其他信息传输服务，其工业部门的增值税进项抵扣较大，分别达到1746.4亿元、1348.9亿元、690.4亿元、481.3亿元和400亿元。从服务部门进项抵扣看，本书发现批发和零售业、商务服务、道路运输、电信和其他信息传输服务，其服务部门的增值税进项抵扣较大，分别为928.4亿元、508亿元、467.8亿元、256.47亿元。考察工业和服务业总的进项抵扣，本书发现商务服务、道路运输、批发和零售业、专业技术服务、电信和其他信息传输服务、软件和信息技术服务，其工业和服务业部门总增值税的进项抵扣分别为2254.3亿元、1816.7亿元、1409.7亿元、939亿元、656.5亿元、640.2亿元。此外，本书发现，部分行业“营改增”之前，批发和零售业的税收负担最重，其缴纳的增值税为10484亿元；货币金融和其他金融服务、房地产、商务服务、教育等行业缴纳的营业税超过1000亿元；卫生、道路运输、餐饮、专业技术服务、电信和其他信息传输服务等行业缴纳的营业税超过500亿元。

根据表6-6的第8列，本书发现，部分行业“营改增”后，个别行业的税收增加，而绝大部分行业的税收减少。首先，道路运输、铁路运输、租赁、电信和其他信息传输服务、邮政、管道运输的税收增加，分别增加了455.3亿元、121.7亿元、105.7亿元、82.1亿元、27.1亿元、21.7亿元。其次，商务服务、专业技术服务、批发和零售、软件和信息技术服务的税收下降幅度较大，分别为1960.8亿元、802.3亿元、633.3亿元、547.9亿元。根据本书的测算方法，从整体而言，部分行业“营改增”的实施，对我国服务业的减税效应超过4500亿元。

根据表6-6的第9列，本书发现，部分行业“营改增”后，个别行业的税负下降较快，而许多行业的税负担下降缓慢，另外一些行业的税负将增加。例如，商务服务、新闻和出版、软件和信息技术服务、科技推广和应用服务、专业技术服务、研究和试验发展等行业的税负降幅超过5个百分点。此外，租赁的税负增加最多，其税负变动率达到4.71%；管道运输、铁路运输、道路运输、邮政、电信和其他信息传输服务的税负也将增加。需要特别注意的是，本书发现，批发和零售业原本征收的就是增值税，部分行业“营改增”之后，其税收下降了633亿元，税负下降了-0.88%，主要归因于其中间投入中服务产品因部分行业“营改增”，产生了服务产品增值税进项税额，即部分行业“营改增”的实施，会降低试点行业的税收，也会在不同程度上降低中间投入的行业税负。

（三）部分行业“营改增”税负变动率的分解

本书将根据公式（6-12）和公式（6-13）对部分行业“营改增”前后服务业税负变动率进行分解，可以将部分行业“营改增”税负变动率分解为税率效应、税基效应与中间抵扣效应，其中，中间抵扣效应，又可以分解为工业部门进项抵扣效应、服务部门进项抵扣效应，具体结果如表6-7所示。

表6-7　部分行业“营改增”税负变动率分解

代码	税负变动率	税率效应	税基效应	中间抵扣效应		
				工业部门进项抵扣效应	服务部门进项抵扣效应	合计
01	-0.88%	0.00%	0.00%	0.00%	-0.88%	-0.88%
02	2.40%	7.21%	-0.21%	-3.78%	-0.82%	-4.60%
03	1.40%	7.21%	-0.21%	-4.15%	-1.44%	-5.60%
04	0.08%	7.21%	-0.21%	-4.78%	-2.14%	-6.92%
05	-1.80%	7.21%	-0.21%	-6.51%	-2.29%	-8.80%
06	2.41%	7.21%	-0.21%	-3.95%	-0.64%	-4.58%
07	-3.86%	2.83%	-0.08%	-4.82%	-1.79%	-6.61%
08	-4.50%	0.94%	-0.04%	-3.14%	-2.26%	-5.40%
09	1.22%	7.21%	-0.21%	-3.04%	-2.74%	-5.77%
12	0.71%	5.41%	-0.26%	-2.70%	-1.73%	-4.43%

续表

代码	税负变动率	税率效应	税基效应	中间抵扣效应		
				工业部门进项抵扣效应	服务部门进项抵扣效应	合计
13	-5.33%	0.94%	-0.04%	-3.81%	-2.42%	-6.23%
18	4.71%	10.26%	-0.49%	-3.94%	-1.11%	-5.06%
19	-6.00%	0.94%	-0.04%	-5.35%	-1.56%	-6.90%
20	-5.21%	0.94%	-0.04%	-4.70%	-1.42%	-6.11%
21	-5.27%	0.94%	-0.04%	-4.54%	-1.63%	-6.17%
22	-5.31%	0.94%	-0.04%	-4.28%	-1.92%	-6.21%
23	-3.83%	0.94%	-0.04%	-3.54%	-1.19%	-4.73%
24	-4.70%	0.94%	-0.04%	-4.61%	-0.99%	-5.60%
25	-3.51%	0.94%	-0.04%	-3.45%	-0.96%	-4.41%
31	-5.67%	0.94%	-0.04%	-4.72%	-1.85%	-6.57%
32	-1.35%	2.83%	-0.08%	-2.43%	-1.68%	-4.10%
33	-1.32%	2.83%	-0.08%	-2.40%	-1.67%	-4.06%
34	-0.97%	2.83%	-0.08%	-2.23%	-1.49%	-3.71%

表6-7第一列为行业代码，第一列为税负变动率，第三列为税率效应，第四列为税基效应，第五列为工业部门进项抵扣效应，第六列为服务部门进项抵扣效应，第七列为中间抵扣效应。其中，中间抵扣效应为工业部门进项抵扣效应与服务部门进项抵扣效应之和，税负变动率为税率效应、税基效应与中间抵扣效应之和。从整体上来看，我国服务业的税负变动率平均值为-2.03%，其中，税率效应平均值为3.46%，税基效应平均值为-0.12%，中间抵扣效应平均值为-5.37%，工业部门进项抵扣效应平均值为-3.78%，服务部门进项抵扣效应平均值为-1.59%。因此，税率效应加大了部分行业“营改增”的税负，而税基效应、中间抵扣效应减少了部分行业“营改增”的税负，其中工业部门进项抵扣对税负变动率的贡献要高于服务部门进项抵扣对税负变动率的贡献。

分行业考察，在税负变动率为正的行业里面，其税率效应平均值为7.39%，税基效应平均值为-0.26%，中间抵扣效应平均值为

-5.28%，其中，工业部门抵扣效应平均值为-3.76%，服务业部门抵扣效应平均值为-1.52%。可见，在税负变动率为正的行业里，税率效应起决定性作用。在税负变动率为负的行业里，其税率效应平均值为1.75%，税基效应平均值为-0.06%，中间抵扣效应平均值为-5.41%，其中，工业部门抵扣效应平均值为-3.78%，服务业部门抵扣效应平均值为-1.63%。可见，在税负变动率为负的行业里，中间抵扣效应起决定性作用。

（四）对中间抵扣效应的进一步分解

为了分析抵扣产品平均税率、中间投入品结构对部分行业“营改增”税负变动率的影响。本书根据公式（6-14），进一步将工业部门进项抵扣效应分解为可抵扣工业品平均税率、可抵扣工业品占工业品投入比重、工业品投入占中间投入比重与中间投入占总产出比重的乘积。服务业部门进项抵扣效应分解为可抵扣服务业品平均税率、可抵扣服务业品占服务业品投入比重、服务业品投入占中间投入比重、中间投入占总产出比重。具体结果如表6-8所示。

根据表6-8的结果，本书发现服务业中间抵扣效应平均值为-5.4%，即中间抵扣能够降低各服务行业的税收负担。从总体上看，工业部门的进项抵扣效应平均值为-3.8%，服务业部门进项抵扣效应的平均值为-1.6%，这表明工业部门较之于服务业部门有更加系统、更加完善的增值税税制。

就工业部门进项抵扣效应而言，可以将其分解为一个平均税率和三个比例。从整体上看，可抵扣工业品平均税率的均值为15.9%，表明服务业部门购买工业部门可以获得的增值税进项税额比较大，此外，可抵扣工业品占工业品投入比重、工业品投入占中间投入比重与中间投入占总产出比重平均值分别为85.7%、44.7%与58.5%。与之对应，对服务业部门进项抵扣而言，可抵扣服务业品平均税率的均值为9.7%，要低于可抵扣工业品平均税率，这是由现行的增值税税制决定的，通常工业品的增值税税率取17%或13%，而服务业的增值税税率取11%或

6%；可抵扣服务业品占服务业品投入比重、服务业品投入占中间投入比重、中间投入占总产出比重平均值分别为55.7%、51.2%与58.5%。其中，可抵扣服务业品占服务业品投入比重较可抵扣工业品占工业品投入比重低30%，服务业品投入占中间投入比重较工业品投入占中间投入比重低6.5%。

表6-8　部分行业“营改增”税收负担中间抵扣效应的分解　单位：%

代码	中间抵扣总效应	工业部门进项抵扣效应					服务业部门进项抵扣效应				
		可抵扣工业品平均税率	可抵扣工业品占工业品投入比重	工业品投入占中间投入比重	中间投入占总产出比重	合计	可抵扣服务业品平均税率	可抵扣服务业品占服务业品投入比重	服务业品投入占中间投入比重	中间投入占总产出比重	合计
01	-0.9	0.0	86.0	15.4	30.9	0.0	6.0	56.6	83.7	30.9	-0.9
02	-4.6	17.0	85.5	51.9	50.2	-3.8	10.0	37.2	44.2	50.2	-0.8
03	-5.6	16.7	85.7	48.5	59.8	-4.2	9.0	53.2	50.3	59.8	-1.4
04	-6.9	17.0	85.5	46.8	70.3	-4.8	8.8	65.3	53.2	70.3	-2.1
05	-8.8	17.0	85.5	58.9	76.1	-6.5	11.2	65.9	40.7	76.1	-2.3
06	-4.6	16.8	85.7	49.1	56.0	-4.0	10.4	24.1	45.5	56.0	-0.6
07	-6.6	17.0	85.5	50.7	65.3	-4.8	11.1	50.3	49.0	65.3	-1.8
08	-5.4	16.6	85.8	27.9	79.3	-3.1	9.6	63.5	46.7	79.3	-2.3
09	-5.8	16.5	85.8	39.6	54.1	-3.0	11.4	76.6	57.7	54.1	-2.7
12	-4.4	16.8	85.6	42.1	44.6	-2.7	10.3	68.1	55.6	44.6	-1.7
13	-6.2	16.2	86.1	42.1	65.0	-3.8	9.4	68.9	57.8	65.0	-2.4
18	-5.1	16.6	85.8	47.1	58.7	-3.9	12.2	29.7	52.5	58.7	-1.1
19	-6.9	16.6	85.8	55.4	67.9	-5.4	10.4	51.2	43.2	67.9	-1.6
20	-6.1	16.8	85.6	53.4	61.1	-4.7	9.0	66.8	38.6	61.1	-1.4
21	-6.2	16.9	85.5	50.9	61.7	-4.5	8.0	68.0	48.8	61.7	-1.6
22	-6.2	16.8	85.6	42.3	70.5	-4.3	8.1	60.1	56.0	70.5	-1.9
23	-4.7	16.7	85.7	42.8	57.7	-3.5	8.8	43.5	53.6	57.7	-1.2
24	-5.6	16.9	85.6	55.7	57.4	-4.6	11.0	40.6	38.7	57.4	-1.0
25	-4.4	16.6	85.8	41.1	58.9%	-3.5	10.3	40.5	39.2	58.9	-1.0

续表

代码	中间抵扣总效应	工业部门进项抵扣效应					服务业部门进项抵扣效应				
		可抵扣工业品平均税率	可抵扣工业品占工业品投入比重	工业品投入占中间投入比重	中间投入占总产出比重	合计	可抵扣服务业品平均税率	可抵扣服务业品占服务业品投入比重	服务业品投入占中间投入比重	中间投入占总产出比重	合计
31	-6.6	15.3	86.7	57.3	62.1	-4.7	11.3	64.4	41.0	62.1	-1.9
32	-4.1	16.4	86.0	37.7	45.8	-2.4	10.5	58.0	60.0	45.8	-1.7
33	-4.1	16.8	85.6	36.1	46.1	-2.4	9.1	65.9	60.6	46.1	-1.7
34	-3.7	16.6	85.8	34.8	44.9	-2.2	8.4	63.2	62.1	44.9	-1.5

通过进一步细分考察，本书发现邮政、软件和信息服务业、电信和其他信息传输服务、专业技术服务等行业可抵扣服务业品占服务业品投入比重较高，分别为76.6%、68.9%、68.1%、68.0%。此外，绝大部分服务业行业可抵扣服务业品占服务业品比重大多在50%以上。但是，管道运输、租赁、铁路运输的可抵扣服务业品占服务业品投入比重相对较低，分别为24.1%、29.7%、37.2%，在全面提高可抵扣服务业品占服务业品投入比重的同时，应当要突出重点，调节好部分服务行业过低的可抵扣比重。

综上，在工业增值税税制已经相对完善的情况下，服务业增值税税制还存在比较大的优化空间，需要着力提高可抵扣服务业品占服务业品投入比重，以进一步完善服务业增值税税制，完善服务业可进项抵扣的范围，以降低服务业的税收负担，促进服务业健康长远发展。

三、全面“营改增”对服务业税负的影响

（一）三个阶段的服务行业税收与税负

根据前文的分析，“营改增”改革可以分为两阶段：第一阶段是部分行业“营改增”；第二阶段是全面“营改增”。本书对“营改增”的

分析分三个阶段进行：一是“营改增”前，二是部分行业“营改增”，三是全面“营改增”。本书分别测算“营改增”前、部分行业“营改增”以及全面“营改增”的服务业的税收和税负情况，其中税负是税收占总产出的比重，具体如表 6－9 所示，各行业以行业代码表示（如表 6－5 所示）。

根据表 6－9，本书发现，随着“营改增”的推进，服务行业税收与税负呈现较大的变动。根据本书的测算过程与 2012 年的中国投入产出数据，“营改增”前的服务行业税收合计 26463 亿元，部分行业“营改增”后的服务业行业税收合计 24858.2 亿元，全面“营改增”后的服务行业税收合计 20880.5 亿元。

从税负的变动来看，服务行业的平均税负呈先上升后下降的变动趋势。“营改增”前服务行业的平均税负率为 4.49%（算术平均值），部分行业“营改增”后服务行业的平均税负为 4.51%，全面“营改增”后服务行业的平均税负为 3.46%。其中，批发和零售业的税负从“营改增”前的 13.43% 下降为全面“营改增”后的 10.04%。然而，铁路运输、道路运输、水上运输、管道运输、邮政、电信和其他信息传输服务、房地产、租赁等行业的税负出现了上升的趋势，其中房地产业的税负从 4.76% 上升为 7.39%。其余大部分的服务行业税负都呈现不同程度的下降。

表 6－9　　三个阶段的服务行业税收与税负

代码	“营改增”前税收（亿元）	部分行业“营改增”税收（亿元）	全面“营改增”税收（亿元）	“营改增”前税负	部分行业“营改增”的税负	全面“营改增”税负
01	9688.8	8313.1	7242.5	13.43%	11.52%	10.04%
02	148	326.5	251	2.91%	6.43%	4.94%
03	945.7	1722.1	1292.7	2.91%	5.30%	3.98%
04	169.4	233.7	171.2	2.91%	4.02%	2.94%
05	148.3	163.9	120.7	2.91%	3.22%	2.37%
06	26.2	58.5	39.2	2.91%	6.51%	4.36%
07	178	169.2	119.9	2.91%	2.77%	1.96%

续表

代码	“营改增”前税收（亿元）	部分行业“营改增”税收（亿元）	全面“营改增”税收（亿元）	“营改增”前税负	部分行业“营改增”的税负	全面“营改增”税负
08	204.2	126.6	95.1	4.76%	2.95%	2.22%
09	64.5	113.9	100.6	2.91%	5.14%	4.54%
10	232	232	118.1	4.76%	4.76%	2.42%
11	879.2	879.2	568.1	4.76%	4.76%	3.08%
12	705.1	918.5	817.5	4.76%	6.20%	5.52%
13	489.4	257.9	203.9	4.76%	2.51%	1.98%
14	2365.6	2365.6	1715	4.76%	4.76%	3.45%
15	163.5	163.5	141.3	4.76%	4.76%	4.12%
16	281.1	281.1	135.4	4.76%	4.76%	2.29%
17	1995.6	1995.6	3097.6	4.76%	4.76%	7.39%
18	83	157.2	104.8	4.76%	9.02%	6.01%
19	1555.4	847.5	607.7	4.76%	2.59%	1.86%
20	241.7	144.3	123.4	4.76%	2.84%	2.43%
21	724.5	400.8	330	4.76%	2.63%	2.17%
22	221.1	117.1	78	4.76%	2.52%	1.68%
23	51	36.8	25.8	4.76%	3.43%	2.41%
24	34.8	24	17.9	4.76%	3.29%	2.45%
25	207.6	161.6	124.8	4.76%	3.71%	2.86%
26	391.9	391.9	271	4.76%	4.76%	3.29%
27	356.8	356.8	194.6	4.76%	4.76%	2.60%
28	1049.1	1049.1	922.1	4.76%	4.76%	4.19%
29	968.2	968.2	495	4.76%	4.76%	2.43%
30	20.8	20.8	16.7	4.76%	4.76%	3.81%
31	80.2	44	36.2	4.76%	2.61%	2.15%
32	49.7	62.9	52.4	2.91%	3.69%	3.07%
33	36.5	44.8	38.4	2.91%	3.58%	3.07%
34	12.7	16.1	13.7	2.91%	3.69%	3.13%
35	91.6	91.6	60.3	4.76%	4.76%	3.14%
36	20.6	20.6	18.8	4.76%	4.76%	4.34%
37	1581.2	1581.2	1119.1	4.76%	4.76%	3.37%

分时期来看，“营改增”前税收最大的10个服务行业分别是，批发和零售业（9688.8亿元）、货币金融和其他金融服务（2365.6亿

元)、房地产（1995.6 亿元)、公共管理和社会组织（1581.2 亿元)、商务服务（1555.4 亿元)、教育（1049.1 亿元)、卫生（968.2 亿元)、道路运输（945.7 亿元)、餐饮（879.2 亿元)、专业技术服务（724.5 亿元)。部分行业“营改增”后，税收最大的 10 个服务行业分别为：批发和零售业（8313.1 亿元)、货币金融和其他金融服务（2365.6 亿元)、房地产（1995.6 亿元)、道路运输（1722.1 亿元)、公共管理和社会组织（1581.2 亿元)、教育（1049.1 亿元)、卫生（968.2 亿元)、电信和其他信息传输服务（918.5 亿元)、餐饮（879.2 亿元)、商务服务（847.5 亿元)。与“营改增”前相比，部分行业“营改增”后，道路运输业首次进入税收最高的前 10 行业，并且税收高达 1722.1 亿元；而商务服务业的税收快速下降，由“营改增”前的 1557.4 亿元，下降为部分行业“营改增”时的 847.5 亿元；此外，专业技术服务业的税收未进入服务行业前十名，税收由 724.5 亿元下降为 400.8 亿元。

全面“营改增”后，税收最大的 10 个服务行业分别为：批发和零售业（7242.5 亿元)、房地产业（3097.6 亿元)、货币金融和其他金融服务（1715 亿元)、道路运输（1292.7 亿元)、公共管理和社会组织（1119.1 亿元)、教育（922.1 亿元)、电信和其他信息传输服务（817.5 亿元)、商务服务（607.7 亿元)、餐饮（568.1 亿元)、卫生（495 亿元)。与部分行业“营改增”相比，房地产业的税收快速增加，由部分行业“营改增”时的 1995.6 亿元增加 3097.6 亿元；此外，其他行业的税收都有不同程度的下降。

分行业来看，与“营改增”之前相比，全面“营改增”后，铁路运输、道路运输、水上运输、管道运输、邮政、电信和其他信息传输服务、房地产、租赁、广播电视、文化艺术、体育共 11 个服务行业的税收呈上升趋势，其中，税收上升幅度最大的行业主要为房地产（1102 亿元)、道路运输（347 亿元)、电信和其他信息传输服务（112.4 亿元)，铁路运输（103 亿元)。大部分的服务行业税收呈下降趋势，其中降幅较大的行业包括批发和零售，商务服务，货币金融和其他金融服务，其税收分别下降了2446.3亿元、947.7亿元、650.6亿元。两次改革服务行业税收的变动情况可以分为四种变动情况，如表6－10所示。

表6－10　　两次改革的税收变动方向

序号	税收变动方向	适用行业
1	先不变，后上升	房地产
2	先不变，后下降	住宿、餐饮、货币金融和其他金融服务、资本市场服务、保险、居民服务、其他服务、教育、卫生、社会工作、娱乐、社会保障、公共管理和社会组织
3	先上升，后下降	铁路运输，道路运输，水上运输，航空运输，管道运输，邮政，电信和其他信息传输服务，租赁，广播、电视、电影和影视录音制作，文化艺术，体育
4	先下降，后下降	批发和零售、装卸搬运和运输代理、仓储、软件和信息技术服务、商务服务、研究和试验发展、专业技术服务、科技推广和应用服务、水利管理、生态保护和环境治理、公共设施管理、新闻和出版

根据表6－10，本书发现，全面“营改增”后，对房地产业的影响最大，房地产业的税收将快速增加。大部分服务行业的税收将下降，具体如表6－10中的第三行和第五行。然而，在两次改革过程中，铁路运输，道路运输，水上运输，航空运输，管道运输，邮政，电信和其他信息传输服务，租赁，广播、电视、电影和影视录音制作，文化艺术，体育等行业的税收呈先上升后下降的变动趋势，从定性角度上很难确定其税收的最终变动方向。

为了进一步分析税收方向呈“先上升后下降行业”的服务行业税收变动情况，本书给出了这些行业的税收变动趋势，具体如表6－11所示。

根据表6－11，本书发现，呈“先上升后下降”变动趋势的服务行业的最终税收变动情况可以分为两类：一是最终税收增加，主要包括铁路运输，道路运输，水上运输，管道运输，邮政，电信和其他信息传输服务，广播、电视、电影和影视录音制作，文化艺术以及体育；二是最终税收降低，在研究样本中，只有航空运输业税收呈先上升后下降趋

表 6-11　呈“先上升后下降”服务行业税收变动预计情况　单位：亿元

代码	行业	“营改增”前的税收负担	部分“营改增”的税收负担	全面“营改增”的税收负担
03	道路运输	945.7	1722.1	1292.7
12	电信和其他信息传输服务	705.1	918.5	817.5
02	铁路运输	148	326.5	251
09	邮政	64.5	113.9	100.6
18	租赁	83	157.2	104.8
33	文化艺术	36.5	44.8	38.4
36	社会保障	20.6	20.6	18.8
21	专业技术服务	724.5	400.8	330
37	公共管理和社会组织	1581.2	1581.2	1119.1
29	卫生	968.2	968.2	495

势，并且其最终税收降低。

（二）两次改革服务行业税收变动及其分解

根据前文的分析，本书将“营改增”对行业税收变动的影响分解为三个效应：一是全面“营改增”效应，即全面“营改增”后行业税收减去“营改增”前行业税收；二是四大行业“营改增”效应，即全面“营改增”后行业税收减去部分行业“营改增”后的税收；三是部分行业“营改增”效应，即部分行业“营改增”后行业税收减去“营改增”前的行业税收。具体的测算结果如表 6-12 所示。

根据表 6-12，全面“营改增”的效应为 -5582.5 亿元，其中，四大行业“营改增”的效应为 -3977.7 亿元，贡献率达 71%；部分行业“营改增”效应为 -1604.8 亿元，贡献率达 29%。分行业来看，绝大部分服务行业的税收下降。批发和零售业的全面“营改增”效应为 -2446.3亿元，其中四大行业“营改增”效应为 -1070.6 亿元，贡献率为 44%；部分行业“营改增”效应为 -1375.7 亿元，贡献率为 56%。商务服务的全面“营改增”效应为 -947.7 亿元，其中四大行业“营改增”效应为 -239.8 亿元，贡献率为 25%；部分行业“营改增”

效应为 -707.9 亿元，贡献率为 75%。

需要说明的是，四大行业“营改增”对于金融业的税收下降具有显著的影响，其中货币金融和其他金融服务的全面“营改增”效应为 -650.6 亿元，其全部来自四大行业“营改增”效应。另外一方面，房地产业的全面“营改增”效应为 1102 亿元，其全部来自于四大行业“营改增”效应。道路运输的全面“营改增”效应为 347 亿元，其中，部分行业“营改增”效应为 776.4 亿元，而四大行业“营改增”的效应为 -429.4 亿元。此外，电信和其他信息传输服务、铁路运输、邮政、租赁等行业的全面“营改增”效应为正数，表明全面“营改增”后，这些行业的税收增加。

表 6-12　　全面“营改增”税收变动的分解及其贡献率

代码	全面“营改增”效应（亿元）	四大行业“营改增”效应（亿元）	部分行业“营改增”效应（亿元）	四大行业“营改增”贡献率	部分行业“营改增”贡献率
01	-2446.3	-1070.6	-1375.7	44%	56%
02	103	-75.5	178.5	-73%	173%
03	347	-429.4	776.4	-124%	224%
04	1.8	-62.5	64.3	-3472%	3572%
05	-27.6	-43.2	15.6	157%	-57%
06	13	-19.3	32.3	-148%	248%
07	-58.1	-49.3	-8.8	85%	15%
08	-109.1	-31.5	-77.6	29%	71%
09	36.1	-13.3	49.4	-37%	137%
10	-113.9	-113.9	0	100%	0%
11	-311.1	-311.1	0	100%	0%
12	112.4	-101	213.4	-90%	190%
13	-285.5	-54	-231.5	19%	81%
14	-650.6	-650.6	0	100%	0%
15	-22.2	-22.2	0	100%	0%
16	-145.7	-145.7	0	100%	0%
17	1102	1102	0	100%	0%

续表

代码	全面“营改增”效应（亿元）	四大行业“营改增”效应（亿元）	部分行业“营改增”效应（亿元）	四大行业“营改增”贡献率	部分行业“营改增”贡献率
18	21.8	-52.4	74.2	-240%	340%
19	-947.7	-239.8	-707.9	25%	75%
20	-118.3	-20.9	-97.4	18%	82%
21	-394.5	-70.8	-323.7	18%	82%
22	-143.1	-39.1	-104	27%	73%
23	-25.2	-11	-14.2	44%	56%
24	-16.9	-6.1	-10.8	36%	64%
25	-82.8	-36.8	-46	44%	56%
26	-120.9	-120.9	0	100%	0%
27	-162.2	-162.2	0	100%	0%
28	-127	-127	0	100%	0%
29	-473.2	-473.2	0	100%	0%
30	-4.1	-4.1	0	100%	0%
31	-44	-7.8	-36.2	18%	82%
32	2.7	-10.5	13.2	-389%	489%
33	1.9	-6.4	8.3	-337%	437%
34	1	-2.4	3.4	-240%	340%
35	-31.3	-31.3	0	100%	0%
36	-1.8	-1.8	0	100%	0%
37	-462.1	-462.1	0	100%	0%
合计	-5582.5	-3977.7	-1604.8	71%	29%

四、主要结论

本节主要采用了投入产出分析方法，利用《2012年中国投入产出表》数据，实证分析了“营改增”前后，我国服务业的税收变动情况及其影响因素。首先，在假定税收中性的情况下，本书测算出部分行业“营改增”前后服务业各行业的税收变动值与税负变动率，其次，将税负变动率分解为税率效应、税基效应、中间抵扣效应，并对中间抵扣效应做了进一步的分解。最后，本书还探讨了全面“营改增”对服务行业税收的影响。主要得到以下结论：

第一，部分行业“营改增”后，个别服务行业的税收增加，而绝大部分服务行业的税收减少。首先，道路运输、铁路运输、租赁、电信和其他信息传输服务、邮政、管道运输的税收增加；其次，商务服务、专业技术服务、批发和零售、软件和信息技术服务的税收下降幅度较大；总之，部分行业“营改增”的实施对我国服务业的减税效应超过4500亿元。

第二，部分行业“营改增”后，个别行业的税负下降较快，而许多行业的税负下降缓慢，另外一些行业的税负将增加。首先，商务服务、新闻和出版、软件和信息技术服务、科技推广和应用服务、专业技术服务、研究和试验发展等行业的税负降幅超过5%；其次，租赁的税负增加最多，为4.71%，管道运输、铁路运输、道路运输、邮政、电信和其他信息传输服务的税负也将增加；最后，原本缴纳增值税的批发和零售业，其税收下降了633亿元，税负下降了-0.88%，主要原因是“营改增”后，投入于批发和零售业的服务行业产生了可抵扣的增值税进项税额，“营改增”的实施，具有溢出效应，既会降低服务业的税收负担，也会惠及工业部门。

第三，税率效应加大了部分行业“营改增”的税收负担，而税基效应、中间抵扣效应减少了“营改增”的税收负担，其中工业部门进项抵扣的贡献要高于服务部门进项抵扣的贡献。

第四，部分行业“营改增”中间抵扣效应的进一步分解表明，工业部门的进项抵扣效应高于服务业部门进项抵扣效应，这归于以下几个方面：可抵扣工业品平均税率更大，可抵扣工业品占工业品投入比重更高，而工业品投入占中间投入比重较小。需要说明的是可抵扣服务业品占服务业品投入比重要远远低于可抵扣工业品占工业品投入比重，这对工业与服务业进项抵扣效应起着非常重要的效应。

第五，全面“营改增”后，服务行业的全面“营改增”效应为－5582.5亿元，其中，四大行业“营改增”效应为－3977.7亿元，贡献率达71%；部分行业“营改增”效应为－1604.8亿元，贡献率达29%。分行业看，绝大部分服务行业的税收负担下降，特别是批发与零售业、商务服务业与金融业。但是，房地产业的全面“营改增”效应为1102亿元，税收负担增加；电信和其他信息传输服务、铁路运输、邮政、租赁等行业的税收负担也会增加。

第三节　本章小结

本章主要探讨了“营改增”对于我国城镇居民收入分配以及服务业税收负担的影响。就增值税“扩围”调节居民收入分配而言，本书发现：第一，增值税“扩围”后，我国城镇居民增值税仍然呈现出较强的累退性。第二，增值税对城镇居民消费不平等的影响出现显著的分化现象，交通和通信消费支出的MT再分配效应指数为正。第三，征收增值税不利于收入的公平分配，加剧了收入不平等，但增值税的收入不均等效应逐渐减弱，平均税率的分配效应均为负数，影响程度也最大，消费支出差异的分配效应也均为负数，但程度较低；税率差异的分配效应为正数，但其均等效应的强度非常小。

就增值税“扩围”与服务行业税收负担的研究表明：第一，部分行业“营改增”后，个别服务行业的税负加重，而绝大部分服务行业的税负减少；税率效应加大了部分行业“营改增”的税收负担，而税基效应、中间抵扣效应减少了部分行业“营改增”税收负担，其中工业部门进项抵扣的贡献要高于服务部门进项抵扣的贡献；工业部门与服务业部门的进项抵扣效应差异，可以归因于可抵扣工业品平均税率更大、可抵扣工业品占工业品投入比重更高，而工业品投入占中间投入比重较小；第二，服务行业的全面“营改增”效应为－5582.5亿元，其中，四大行业“营改增”效应的贡献率达71%；部分行业“营改增”效应的贡献率为29%。分行业看，绝大部分服务行业的税收负担下降，特别是批发与零售业、商务服务业与金融业。但是，房地产业的税收负担增加；电信和其他信息传输服务、铁路运输、邮政、租赁等行业的税收负担也会增加。

第七章

结论、政策建议与展望

第一节 研究结论

在对国内外大量文献进行梳理的基础上，本书介绍了税收调节居民收入分配的理论演进、作用机制和局限性，并阐述了税收的累进性测度、再分配效应测度等各方法之间的区别和联系。在此基础上，本书探讨了个人所得税、间接税与增值税“扩围”对居民收入分配的影响。得到以下结论：

（一）个人所得税的再分配效应

对于个人所得税调节居民收入分配的机制与作用，本书从分项个人所得税、工薪所得税以及分行业个人所得税等三个方面研究个人所得税的再分配效应，主要的研究结论体现在以下几个方面：

第一，2002—2012年期间，个人所得税对城镇居民的收入分配调节作用几乎都是依赖于工薪所得税。具体而言，我国城镇居民收入中工薪收入占比最高，其次是转移性收入，经营净收入占比不足10%，财产性收入占比不足5%。从分项个人所得税制度看，经营净收入个人所得税虽是累进性税，但费用扣除标准过高，极少部分居民缴纳；财产性收入是比例税，不能对高收入者和低收入者区别对待。因此，分项个人所得税再分配效应的分解表明，分项基尼系数变化效应几乎都来自工薪所得税。

第二，我国历次的工薪所得税改革从总体上弱化了个人所得税的再分配调节作用。通过对MT再分配效应指数静态效应分解发现：收入分布变动对个人所得税的再分配调节功能具有促进作用；免征额的提高和2011年税率结构的改变都弱化了个人所得税的收入再分配效应，增加了个人所得税的累进性。MT再分配效应指数动态效应分解结果表明税前收入不平等和税制效应都减弱了个人所得税的均等化效应，收入分配效应增强了个人所得税的均等化效应。

第三，分行业个人所得税的再分配效应研究表明，2007—2013 年个人所得税对行业收入起着微弱的正向调节作用，调节力度呈先上升后下降趋势，工资较低行业的收入状况在恶化。分行业个人所得税的再分配效应分解研究表明，横向公平效应都很小，即个人所得税使分行业税后收入按税前收入的排序发生改变的很少。纵向公平效应都呈先变小后上升的趋势，其值都相对较大，是 MT 再分配效应指数的主要来源。

此外，本书还发现，个人所得税占税收总收入的比重过低，从而影响了个人所得税发挥调节居民收入分配、缩小收入差距作用的空间和效果。

（二）间接税的再分配效应

为了分析间接税调节收入分配的机制与作用，本书从城镇居民税收负担、累进性、再分配效应三个维度，实证分析间接税调节居民收入分配的机制与作用。

第一，2002—2011 年期间，我国增值税对城镇居民的收入分配起逆向调节作用，且增值税累退性主要来源于低税率的增值税税负。我国城镇居民消费税不利于调节居民收入分配，近年来消费税的逆向调节作用在减弱。营业税有利于调节居民收入分配，呈现出一定的累进性，但营业税税收负担平均值较小，调节居民收入分配的程度有限。总之，我国间接税表现为累退性，对我国城镇居民的收入分配起着逆向调节作用，且这种逆向调节作用在近几年存在减弱的趋势。

第二，本书采用 K 累进性指数与其他六种累进性指数测算了我国城镇居民间接税的累退性，并按税种、税目对 K 累进性指数进行分解。研究结果表明：增值税 K 累进性指数呈现出累退性，消费税的累进性方向不明确，营业税呈现出较强的累进性。采用不同累进性测度方法的结果表明，我国城镇居民的间接税呈累退性，但间接税的累退性在减弱。较高的平均税率占比使得增值税对间接税累退性的贡献率最高；消费税对间接税累退性的贡献率居中；营业税较高的平均税率和累进性绝对值使得营业税的贡献率较高。

第三，本书分别采用S基尼系数、一般熵指数，测度了间接税对我国城镇居民收入分配效应的影响。结果表明，2002—2011年我国城镇居民税前收入不平等呈现“先上升、后下降”的变动趋势，间接税的再分配效应为负数，表明间接税加剧了收入不平等，对收入分配起逆向调节作用，但我国间接税的逆向调节作用在减弱。另外，不论是S基尼系数和一般熵指数，它们测得的再分配效应值都比基尼系数测得的再分配效应值要小，说明表明我国城镇居民低收入者较多。

（三）增值税“扩围”的收入再分配效应

为了分析“增值税”扩围的影响，本书从增值税“扩围”对城镇居民收入分配的影响和“营改增”对我国服务业税收负担变动的影响两方面展开，其中，后者分为部分行业“营改增”和全面“营改增”。

第一，本书提出一个新的增值税收入再分配效应的分解方法，研究表明增值税“扩围”后，不同收入等级的增值税税负随着收入的增加而降低，随着时间推移也呈下降趋势；在食品、居住、家庭设备用品及服务等领域增值税具有消费不均等效应，而在衣着、医疗保健、交通和通信、教育文化与娱乐服务等领域具有消费均等效应；征收增值税不利于收入的公平分配，加剧了收入不均等，但增值税的收入不均等效应逐渐减弱；平均税率的分配效应均为负数，影响程度也最大；消费支出差异的分配效应也均为负数，但程度较低；税率差异的分配效应为正数，但其均等效应的强度非常小。

第二，部分行业“营改增”后，个别服务行业的税收加重，而绝大部分服务行业的税收减少；个别行业的税收负担下降较快，而许多行业的税收负担下降缓慢，另外一些行业的税收负担将增加；税率效应加大了部分行业“营改增”的税收负担，而税基效应、中间抵扣效应减少了部分行业“营改增”的税收负担，其中工业部门进项抵扣的贡献要高于服务部门进项抵扣的贡献，可抵扣服务业品占服务业品投入比重对工业与服务业部门的进项抵扣效应差异至关重要。

第三，全面“营改增”后，服务行业的全面“营改增”效应为-5582.5亿元，其中，四大行业“营改增”效应为-3977.7亿元，贡献率达71%；部分行业“营改增”效应为-1604.8亿元，贡献率达29%。分行业看，绝大部分服务行业的税收负担下降，特别是批发与零售业、商务服务业与金融业。但是，房地产业的税收负担增加；电信和其他信息传输服务、铁路运输、邮政、租赁等行业的税收负担也会增加。

第二节 政策建议

一、促进收入公平分配的个人所得税政策选择

个人所得税的改革一直是民众最关心也是呼声最高的税制改革，2016年两会，不少人大代表再次提议提高个税的费用扣除标准，但正如本书以及其他相关学者的研究表明，费用扣除标准的提高会恶化个人所得税的再分配效应。因此，财政部部长楼继伟在2016年两会上表示“在工薪所得项下持续提高减除标准不是个税改革方向”。因此，本书从完善收入信息、合理设定费用扣除标准、优化税率和税级设定、改革个人所得税税制等四个方面提出政策建议。

（一）完善收入信息登记和监控

根据本书第四章的研究，在分类征收模式下，我国个人所得税的收入分配调节作用几乎都是依赖于工薪所得税。这一方面是由于工薪收入在总收入中的占比最高，另一方面也是由于工薪所得税一般都是单位直接扣缴，不易逃税、漏税。高收入阶层的收入来源渠道多，其收入构成中财产性收入、经营性收入居多，还包含一部分灰色收入，这些收入的

获取缺乏监控，可以通过重新划分收入类别达到规避缴纳高额税收的目的。这使得我国的个人所得税在某种程度上成为“工薪税”，造成我国高收入阶层实际纳税额低、中低收入阶层却承受较重税负的现象。因此，不管是工薪收入，还是经营性收入、财产性收入，都应建立完备的代扣代缴制度，实行信息化管理，使收入显性化，从源头上加强对个人收入的有效监控，并提高税收征管力度，从而减少税款流失和税负不公平的现象。

（二）合理设定费用扣除标准

费用扣除标准并不是越高越好，过高的费用扣除标准对低收入者毫无意义，反而降低了高收入者的税负。因此，费用扣除标准的设定应综合考虑居民生活费用和促进收入公平分配这两方面的因素。居民生活费用会随着消费物价指数的上升而提高，这也是很多群众要求提高费用扣除标准的主要原因；另一方面，从促进收入公平分配角度看，费用扣除标准应设定在基准收入①，不应高于基准收入。鉴于此，可以建立费用扣除标准指数化机制，将费用扣除标准按照每年的消费物价指数进行调整，这样可以避免频繁召开会议讨论费用扣除标准的修订，也可以使费用扣除标准的调整更加客观、公正、科学。

（三）优化税率和税级设定

我国现行 7 级累进税率的前两档税级（3%、10%）的所得额和级距差相对较低，使得普通工薪阶级的所得很快进入到较高的级距，而后两档税级（35%、45%）的级距差较大，达到两万元以上，使得高收入阶层较慢的进入最高税级，这种“前紧后宽”的累进级距不利于税负的合理分配。另外，较高级次的基础所得额在月薪 6 万元以上，也就是说年收入超过 70 万元的纳税人才有“能力”按 35% 和 45% 的税率纳

① 根据洪兴建（2007），基准收入之上的个体增加收入会加剧不平等，而基准收入之下的个体增加收入会降低不平等。基尼系数的基准收入位于中位数收入以上，泰尔 L 指数的基准收入为平均收入，泰尔 T 指数和变异系数的基准收入大于平均收入。

税，而2014年我国城镇单位就业人员年平均工资不到6万元，可见只有极少数的工薪阶级适用这两档税率，累进税率的设置未能有效地发挥其实际作用。因此，应根据居民收入分布合理设置税率级次和边际税率，使前两至三档税率能给低收入阶层带来低税率的税收红利，后几档税率充分发挥缩小贫富差距的功能。

（四）实行综合个人所得税税制

综合所得税制可以全面考虑纳税人的收入和支出，包括赡养、抚养、住房贷款等方面的负担，能够很好体现量能课税原则，公平税负，但其对信息网络建设和原始数据采集的要求较高，我国各省份目前尚不完全具备实施条件。因此，可以先对在北京、上海、广东等经济发达地区试行，再逐步推向全国。

二、促进收入公平分配的间接税政策选择

本书研究发现现行的间接税税制不利于调节居民收入分配，其最根本的问题是，间接税中的增值税对居民收入分配是累退的；而消费税的累进性方向不明确，有些年份呈累进性，有些年份又呈累退性；营业税对居民收入分配是累进的，但其累进程度非常有限，而且营业税在征收时存在重复征税等弊端。鉴于我国即将实行全面的“营改增”，本书从以下两个方面提出相应的政策建议。

（一）调整增值税的税率结构

增值税对居民收入分配效应的累退性主要来源于增值税的税收结构。目前的增值税使低收入群体的税收负担最重，其次为中等收入群体，而高收入群体的增值税税收负担比较小。在假定居民消费结构基本不变的情况下，政策导向应当是推进结构性减税的实行。政府有必要降低生活必需品、农业初级产品、农业生产资料等行业的税率，这些行业与普通家庭的衣食住行密切相关。提高对低收入者的医疗保险扶持力度以减轻其税收负担，切实减轻低收入群体和中等收入群体的增值税税收

负担，以优化居民收入分配格局。

（二）调整消费税的课税对象

随着具有累进性的营业税将逐步被增值税取代，间接税中对居民收入分配的逆向调节作用将提高。根据本书的研究结果，部分消费品能够在一定程度上对居民收入分配起着正向的调节作用。未来，我国间接税将逐步以增值税、消费税为主，因此调节居民收入分配的间接税改革，将落到进一步深化消费税改革，充分发挥消费税调节居民收入分配的功能。通过调整消费税的课税对象，进一步调整消费税的税率结构，提高高档的家庭交通工具、高级服装和化妆品等的消费税税率，从而增加高收入群体的消费税税负，切实降低中低收入群体的消费税税负。

第三节 研究展望

调节收入分配的财政政策既包括财政收入政策（如税收），也包括财政支出政策（如政府购买、公共投资、转移支付），税收等财政收入政策可以调节过高收入，转移支付等财政支出政策可以保障低收入群体的基本生活需要，两者并非孤立的。在考察政府运用税收调节收入分配作用时，将财政收入和财政支出这两方面结合，从而得出客观、全面、公正的评价。因此，从广义的角度研究税收的再分配效应，应从收入来源（税收）和收入支出（政府购买、公共投资、转移支付）两个方面考察。这也是本书未来进一步深化研究的方向。

虽然税收调节居民收入分配的作用是税收的一种客观职能，这种职能的作用结果可能是缩小收入差距，也可能是扩大收入差距，其作用效果受税负转嫁、征管水平的影响，也可能受到消费者需求弹性的影响。因此，研究这些因素对税收调节居民收入差距的影响程度和作用方向，可以制定合理的政策以规避不利影响，从而更好发挥税收调节收入分配的功能。

未来若能得到居民收入、消费支出和各项税收的微观具体数据，可以更加精确地分析各税种的实际分配效应以及我国税收总的分配效应。

参考文献

[1] 阿瑟·塞西尔·庇古. 社会主义与资本主义的比较 [M]. 谨斋，译. 北京：商务印书馆，2014.

[2] 安福仁，沈向民. 工资薪金个人所得税税前扣除额变化对收入影响的实证研究 [J]. 税务研究，2011 (3)：46-50.

[3] 安体富，葛静. 关于房地产税立法的几个相关问题研究 [J]. 财贸经济，2014 (8)：5-12.

[4] 安体富，蒋震. 调整国民收入分配格局提高居民分配所占比重 [J]. 财贸经济，2009 (7)：50-55.

[5] 白彦锋，许嫚嫚. 个税免征额调整对政府税收收入和居民收入分配影响的研究 [J]. 财贸经济，2011 (11)：66-73.

[6] 保罗·萨缪尔森，威廉·诺德豪斯. 经济学 [M]. 萧琛，主译. 北京：商务印书馆，2013.

[7] 布阿吉尔贝尔. 布阿吉尔贝尔选集 [M]. 伍纯武，梁守锵，译. 北京：商务印书馆，1984.

[8] 蔡红英，朱延松，魏涛. 税收对国民收入分配的调控问题研究 [J]. 税务研究，2009 (12)：28-32.

[9] 曾康华. 当代西方税收理论与税制改革研究 [M]. 北京：中国税务出版社，2011.

[10] 陈红国. 个人所得税法律制度的演进路径 [D]. 西南政法大学，2013.

[11] 陈建东，孙克雅，马骁等. 直接税和间接税对城乡居民收入差距的影响分析 [J]. 税务研究，2015 (7)：43-53.

[12] 陈敏，郭继强．个税免征额、行为效应与工资收入不平等[J]．财贸经济，2014（3）：34－48.

[13] 陈少克，陆跃祥．税制结构的性质与中国税制改革研究[M]．北京：经济科学出版社，2013.

[14] 陈晓光．增值税有效税率差异与效率损失：兼议对“营改增”的启示[J]．中国社会科学，2013（8）：67－84.

[15] 程永宏．二元经济中城乡混合基尼系数的计算与分解[J]．经济研究，2006（1）：109－120.

[16] 程子建．增值税扩围改革的价格影响与福利效应[J]．财经研究，2011（10）：4－14.

[17] 崔军，胡彬．我国增值税改革的路径选择[J]．税务研究，2015（6）：62－65.

[18] 崔军，朱志钢．构建橄榄型收入分配格局与个人所得税改革[J]．税务研究，2011（9）：27－32.

[19] 崔志坤，经庭如．我国个人所得税改革的机制创新[J]．税务研究，2014（3）：40－43.

[20] 大卫·李嘉图．政治经济学及赋税原理[M]，郭大力，王亚南，译．北京：商务印书馆，1976.

[21] 戴平生．税收累进性测度的改进：方法、比较和应用[J]．数量经济技术经济研究，2014（2）：148－160.

[22] 邓子基，王道树．论转轨时期我国个人收入的分配及其税收政策[J]．财贸经济，1997（8）：21－28.

[23] 杜莉．税制调整与我国个人所得税的再分配效应[J]．统计研究，2015（4）：36－42.

[24] 段景辉，陈建宝．基于家庭收入分布的地区基尼系数的测算及其城乡分解[J]．世界经济，2010（1）：100－122.

[25] 樊勇，王蔚．增值税与城乡居民收入分配的关联度：1995～2010年[J]．改革，2012（11）：68－74.

[26] 冯瑛，程树磊，陈建涛等．个人所得税对高校教职工收入差距的调节效果研究：基于四川省 Y 校的调查数据 [J]．经济体制改革，2015 (5)：196 - 200.

[27] 弗朗斯瓦·魁奈．魁奈经济著作选集 [M]．吴斐丹，张草纫，选译．北京：商务印书馆，1979.

[28] 弗里德里希·李斯特．政治经济学的国民体系 [M]．陈万煦，译．北京：商务印书馆，2009.

[29] 甘行琼．西方财税思想史 [M]．北京．中国财政经济出版社，2007.

[30] 高培勇．"营改增"的功能定位与前行脉络 [J]．税务研究，2013 (7)：3 - 10.

[31] 高培勇．个人所得税改革的内容、进程与前瞻 [J]．理论前沿，2009 (6)：5 - 7.

[32] 高亚军．我国个人所得税调节居民收入分配的有效性研究 [J]．税务研究，2015 (3)：72 - 78.

[33] 葛玉御，田志伟，胡怡建．"营改增"的收入分配效应研究：基于收入和消费的双重视角 [J]．当代财经，2015 (4)：23 - 33.

[34] 龚辉文．关于增值税、营业税合并问题的思考 [J]．税务研究，2010 (5)：41 - 43.

[35] 谷成．财政分权下的中国财产税改革 [J]．经济理论与经济管理，2006 (8)：19 - 23.

[36] 谷成．从理论研究到制度优化：现实约束下的中国个人所得税改革 [J]．经济社会体制比较，2014 (1)：16 - 23.

[37] 郭庆旺，吕冰洋．论税收对要素收入分配的影响 [J]．经济研究，2011 (6)：16 - 30.

[38] 郝春虹．消费税调节居民收入差距效果测度：基于 ELES 模型方法 [J]．财贸研究，2012 (1)：102 - 109.

[39] 何倩．关于房地产税的几点思考 [J]．东北财经大学学报，

2013 (2): 75 – 79.

[40] 洪兴建，李金昌．两极分化测度方法述评与中国居民收入两极分化 [J]．经济研究，2007 (11): 139 – 153.

[41] 洪兴建，罗刚飞．增值税“扩围”对我国城镇居民收入的分配效应 [J]．统计研究，2015 (7): 45 – 50.

[42] 洪兴建．基尼系数理论研究 [M]．北京：经济科学出版社，2008.

[43] 洪兴建．居民收入分配失衡的测度方法研究 [M]．经济科学出版社，2010.

[44] 洪兴建．提高工薪所得税免税额一定能降低收入不平等吗 [J]．统计研究，2007 (5): 29 – 35.

[45] 胡春．增值税“扩围”改革对财政收入的影响：基于上海改革方案和投入产出表的分析 [J]．财经科学，2013 (1): 118 – 124.

[46] 胡怡建，李天祥．增值税扩围改革的财政收入影响分析：基于投入产出表的模拟估算 [J]．财政研究，2011 (9): 18 – 22.

[47] 胡怡建．我国增值税“扩围”改革面临八大挑战 [J]．涉外税务，2011 (7): 5 – 10.

[48] 贾康，梁季．我国个人所得税改革问题研究：兼论“起征点”问题合理解决的思路 [J]．财政研究，2010 (4): 2 – 13.

[49] 贾康，刘微．提高国民收入分配“两个比重”遏制收入差距扩大的财税思考与建议 [J]．财政研究，2010 (12): 2 – 18.

[50] 贾康．遗产税的价值取向与其改革设计导向 [J]．税务研究，2014 (4): 28 – 31.

[51] 贾榕泉，杨爱华．个税改革对居民收入再分配的影响 [J]．财会月刊，2015 (7): 52 – 54.

[52] 姜明耀．货物与劳务双元增值税模式探讨：增值税“扩围”改革的一个过渡方案 [J]．财贸经济，2012 (3): 31 – 37.

[53] 姜明耀．增值税“扩围”改革对行业税负的影响：基于投入

产出表的分析 [J]. 中央财经大学学报，2011 (2)：11 - 16.

[54] 金双华. 要素收入视角下税收对收入分配的调节 [J]. 税务研究，2014 (2)：22 - 26.

[55] 景顺祥，陈大庆. 西部地区“营改增”税收政策效应预测：以甘肃省兰州市为例 [J]. 税务研究，2012 (11)：84 - 86.

[56] 凯恩斯. 就业利息和货币通论 [M]. 徐毓枬，译. 北京：商务印书馆，1983.

[57] 康芒斯. 制度经济学（下册）[M]. 于树生，译. 北京：商务印书馆，2006.

[58] 李成. 从我国民营企业现状看遗产税开征的可行性 [J]. 财经科学，2004 (1)：46 - 48.

[59] 李华，王雁. 中国遗产税开征与否：基于遗产税存废之争的思考 [J]. 财政研究，2015 (11)：86 - 95.

[60] 李海玲. 增值税扩围对公平收入分配的影响 [J]. 财会研究，2012 (7)：17 - 19.

[61] 李建军. 个人所得税征管效率：理论与实证分析 [J]. 经济科学，2013 (2)：109 - 119.

[62] 李娟. 税收调节个人收入分配的理论分析与现实思考 [J]. 税务与经济，2003 (3)：74 - 77.

[63] 李青，方建潮. 增值税全面“扩围”的税率设定探讨 [J]. 经济理论与经济管理，2014 (4)：68 - 75.

[64] 李青，方建潮. 增值税全面“扩围”对省级政府税收收入的影响：基于投入产出表的模拟测算 [J]. 财贸经济，2013 (6)：33 - 42.

[65] 李青. 我国个人所得税对收入分配的影响：不同来源数据与角度的考察 [J]. 财贸经济，2012 (5)：37 - 44.

[66] 李绍荣，耿莹. 中国的税收结构、经济增长与收入分配 [J]. 经济研究，2005 (5)：118 - 126.

[67] 李文. 我国房地产税收入数量测算及其充当地方税主体税种的可行性分析 [J]. 财贸经济, 2014 (9): 14-25.

[68] 李文溥, 谢攀, 刘榆. 两税合并的要素收入份额影响研究 [J]. 南开经济研究, 2012 (1): 50-62.

[69] 李香菊, 刘浩. 基于居民收入倍增视角下的国民收入分配格局调整 [J]. 云南财经大学学报, 2013 (6): 41-48.

[70] 李晓蓉. 西方经济学说史 [M]. 北京: 北京大学出版社, 2014.

[71] 李芝倩. 资本、劳动收入、消费支出的有效税率测算 [J]. 税务研究, 2006 (4): 14-18.

[72] 刘畅. 基于公平的个人所得税改革建议 [J]. 经济研究参考, 2011 (30): 16-17.

[73] 刘成龙, 王周飞. 基于收入分配效应视角的税制结构优化研究 [J]. 税务研究, 2014 (6): 15-22.

[74] 刘成龙. 我国现行税制收入分配效应的实证分析 [J]. 财经理论研究, 2014 (2): 41-50.

[75] 刘初旺. 基于新古典模型的所得税与投资结构分析 [J]. 财经论丛 (浙江财经学院学报), 2005 (3): 55-62.

[76] 刘虎. 税制结构与收入分配: 理论、现状和建议 [J]. 税务研究, 2012 (11): 94-96.

[77] 刘丽. 我国个人所得税累进税率结构设计探讨 [J]. 税务研究, 2011 (3): 44-46.

[78] 刘明, 王友梅. "营改增" 后中央与地方增值税分享比例问题 [J]. 税务研究, 2013 (12): 18-20.

[79] 刘穷志. 间接税归宿的累退性与居民收入不平等 [J]. 经济管理, 2011 (1): 166-171.

[80] 刘溶沧, 马拴友. 论税收与经济增长: 对中国劳动、资本和消费征税的效应分析 [J]. 中国社会科学, 2002 (1): 67-76.

[81] 刘尚希. 按家庭征个税会更公平吗? ——兼论我国个税改革的方向 [J]. 金融市场研究, 2012 (5): 99 - 107.

[82] 刘尚希. 财产税改革的逻辑 [J]. 涉外税务, 2007 (7): 5 - 10.

[83] 刘怡, 胡祖铨, 胡筱丹. 工薪所得个人所得税税率的累进设计: 问题与改进 [J]. 税务研究, 2010 (9): 25 - 28.

[84] 刘怡, 聂海峰. 增值税和营业税对收入分配的不同影响研究 [J]. 财贸经济, 2009 (6): 63 - 68.

[85] 刘怡, 聂海峰. 中国工薪所得税有效税率研究 [J]. 中国社会科学, 2005 (6): 58 - 66.

[86] 刘佐. 中国个人所得税制度发展的回顾与纪念《中华人民共和国个人所得税法》公布 30 周年 [J]. 税务研究, 2010 (9): 3 - 8.

[87] 吕冰洋, 郭庆旺. 中国要素收入分配的测算 [J]. 经济研究, 2012 (10): 27 - 40.

[88] 吕冰洋, 台航. 我国个人所得税的要素结构分析 [J]. 税务与经济, 2013 (2): 87 - 90.

[89] 吕冰洋, 禹奎. 我国税收负担的走势与国民收入分配格局的变动 [J]. 财贸经济, 2009 (3): 72 - 77.

[90] 吕冰洋. 我国税收制度与三类收入分配的关系分析 [J]. 税务研究, 2010 (3): 28 - 32.

[91] 马海涛, 李升. 营业税改增值税: 试点评价与改革方向 [J]. 税务研究, 2013 (4): 6 - 12.

[92] 马歇尔. 经济学原理 (下卷) [M]. 陈良璧, 译. 北京: 商务印书馆, 1965.

[93] 米尔顿·弗里德曼. 资本主义与自由 [M]. 张瑞玉, 译. 北京: 商务印书馆, 2009.

[94] 聂海峰, 刘怡. 增值税的负担分布和累进性演变研究 [J]. 经济科学, 2010 (3): 17 - 26.

［95］聂海峰，岳希明．间接税归宿对城乡居民收入分配影响研究［J］．经济学（季刊），2012，12（1）：287－312.

［96］潘文轩．增值税扩围改革有助于减轻服务业税负吗？——基于投入产出表的分析［J］．上海经济研究，2012（4）：115－120.

［97］潘小璐．公平视角下我国个人所得税制度改革的思考［J］．华南理工大学学报（社会科学版），2009（5）：42－48.

［98］潘孝珍．我国个人所得税的征管效率评价与改进［J］．税收经济研究，2011（2）：60－64.

［99］彭海艳．个人所得税的再分配效应及机制重塑研究［M］．北京：中国财政经济出版社，2012.

［100］彭海艳．我国个人所得税再分配效应及累进性的实证分析［J］．财贸经济，2011（3）：11－17.

［101］琼·罗宾逊，约翰·伊特韦尔．现代经济学导论［M］．陈彪如，译．北京：商务印书馆，1982.

［102］曲顺兰，曲晓彬．税收调节居民收入分配：理论分析与目标定位［J］．经济与管理评论，2014（3）：105－112.

［103］饶海琴，冯仲华．个人所得税调控居民收入分配差距的分层次功能：基于上海市城镇居民收入1990～2006年数据［J］．上海经济研究，2010（4）：115－124.

［104］萨伊．政治经济学概论：财富的生产、分配和消费［M］．陈福生，陈振骅，译．北京：商务印书馆，2009.

［105］沈玉平．财产税类的改革及其政策选择［J］．财经论丛（浙江财经学院学报），2005（6）：27－33.

［106］石柱鲜，张晓芳，黄红梅．间接税对我国行业产出和居民收入的影响：基于CGE模型的分析［J］．吉林大学社会科学学报，2011（2）：120－128.

［107］石子印．平均税率、标准税率与收入分布对个人所得税累进性的影响［J］．财经理论与实践，2014（1）：70－74.

［108］舒国燕．财产税的理论研究、改革方向与路径选择［J］．理论月刊，2008（2）：134－136.

［109］孙琳琳，任若恩．资本边际有效税率的测算：理论基础与中国经验［J］．世界经济，2007（10）：3－14.

［110］孙正，李学军．基于“营改增”视角的流转税改革优化了国民收入分配格局吗？［J］．上海经济研究，2015（2）：46－56.

［111］谭郁森，朱为群．增值税改革的税率选择［J］．税务研究，2013（1）：51－54.

［112］田志伟，胡怡建，朱王林．个人所得税、企业所得税、个人社保支出与收入分配［J］．财经论丛，2014（11）：18－24.

［113］童锦治，李星．借鉴美国经验完善我国个人所得税征管［J］．涉外税务，2012（2）：30－34.

［114］瓦格纳．财政学［M］．北京：商务印书馆，1931.

［115］万莹．我国企业所得税收入分配效应的实证分析［J］．中央财经大学学报，2013（6）：18－22.

［116］汪德华，杨之刚．增值税“扩围”：覆盖服务业的困难与建议［J］．税务研究，2009（12）：36－38.

［117］王大林，成学真．中国东、中、西部地区资本收入、劳动收入、消费支出的有效税率测算（1999－2005年）［J］．中国软科学，2007（5）：80－91.

［118］王剑锋．个人所得税超额累进税率结构有效性的一个验证：以对我国职工工薪所得数据的模拟为基础［J］．当代财经，2004（3）：31－32.

［119］王结玉．基于中等收入群体培育的个人所得税改革建议［J］．税务研究，2014（3）：49－53.

［120］王乔，汪柱旺．我国现行税制结构影响居民收入分配差距的实证分析［J］．当代财经，2008（2）：37－38.

［121］王少国，李伟．再分配机制对城镇居民收入差距调节作用

的实证分析［J］. 经济纵横，2009（3）：51－53.

［122］王志伟. 西方经济思想史［M］. 大连：东北财经大学出版社，2013.

［123］威廉·配第. 赋税论［M］. 薛东阳，译，武汉：武汉大学出版社，2011.

［124］魏陆. 扩大增值税征收范围改革研究［J］. 经济问题探索，2011（7）：139－143.

［125］魏志华，夏永哲. 金融业"营改增"的税负影响及政策选择：基于两种征税模式的对比研究［J］. 经济学动态，2015（8）：71－83.

［126］温来成. 全面推行房地产税改革的现实条件与路径［J］. 税务研究，2011（4）：26－29.

［127］闻媛. 我国税制结构对居民收入分配影响的分析与思考［J］. 经济理论与经济管理，2009（4）：43－48.

［128］席玮，彭刚. 中国要素收入有效税负的地区差异测算［J］. 统计与决策，2015（2）：100－103.

［129］席玮. 基于间接税转嫁的中国要素收入有效税负测算［J］. 统计研究，2012（11）：55－60.

［130］夏宏伟. OECD国家个人所得税征管制度及其借鉴［J］. 中国财政，2009（9）：73－75.

［131］夏晶，李波. 增值税对我国城镇居民收入初次分配的影响分析［J］. 财经论丛，2012（6）：20－27.

［132］冼彬璋，雷根强. 我国增值税"扩围"改革的价格变动以及对收入分配的影响［J］. 地方财政研究，2012（9）：9－15.

［133］肖绪湖，汪应平. 关于增值税扩围征收的理性思考［J］. 财贸经济，2011（7）：24－28.

［134］谢百三，刘芬. 再论中国近期不宜开征遗产税［J］. 价格理论与实践，2014（2）：38－41.

［135］谢枫．我国遗产税制度构想：基于居民财产分布特点［J］．财经论丛，2014（2）：30－35.

［136］谢宇航．我国财产税改革的阶段化路径研究［J］．经济问题，2014（11）：53－57.

［137］邢树东，陈丽丽．增值税“扩围”改革后中央与地方分享比例问题研究［J］．地方财政研究，2013（5）：13－16.

［138］徐达松．我国金融业“营改增”的难点及改革思路［J］．税务研究，2015（5）：102－106.

［139］徐建炜，马光荣，李实．个人所得税改善中国收入分配了吗：基于对1997—2011年微观数据的动态评估［J］．中国社会科学，2013（6）：53－71.

［140］薛刚．优化我国间接税收入分配功能的政策探析［J］．税务研究，2012（2）：82－85.

［141］亚当·斯密．国富论［M］．郭大力，王亚南，译．北京：商务印书馆，2014.

［142］闫锐，田志伟．增值税扩围对收入分配的影响：基于投入产出表的分析［J］．山东工商学院学报，2012（6）：86－90.

［143］严丹良，韩彦峰．公平视角下以家庭为单位的个人所得税改革思考［J］．财会研究，2012（2）：19－21.

［144］杨虹．调节居民收入分配的税收制度研究［M］．北京：中国税务出版社，2010.

［145］杨默如．我国增值税征收范围改革的难题及其破解［J］．华侨大学学报（哲学社会科学版），2011（3）：70－77.

［146］杨森平，周敏．调节城乡收入差距的税收政策研究：基于我国间接税视角［J］．财政研究，2011（7）：72－74.

［147］杨卫华，钟慧．强化个人所得税对居民家庭收入的调节作用：以广州市城镇居民家庭收入为例［J］．税务研究，2011（3）：36－40.

［148］杨杨，杜剑，束磊．我国间接税与收入分配公平关系的实证分析［J］．税务与经济，2012（5）：66－72.

［149］杨宜勇，池振合．我国收入分配面临的主要问题及其对策［J］．税务研究，2010（9）：9－13.

［150］于洪．消费课税的收入分配机制及其影响分析［J］．税务研究，2008（7）：35－37.

［151］约·肯·加尔布雷思．经济学和公共目标［M］．蔡受百，译．北京：商务印书馆，1980.

［152］约翰·穆勒．穆勒经济学原理［M］，郭大力，译，北京：世界书局，1936.

［153］约瑟夫·斯蒂格利茨．公共部门经济学［M］．郭庆旺等，译．北京：中国人民大学出版社，2013.

［154］岳树民，李静．对我国劳动、资本、消费课税的比较及分析［J］．涉外税务，2011（6）：48－54.

［155］岳树民，卢艺，岳希明．免征额变动对个人所得税累进性的影响［J］．财贸经济，2011（2）：18－24.

［156］岳希明，张斌，徐静．中国税制的收入分配效应测度［J］．中国社会科学，2014（6）：96－117.

［157］詹姆斯·斯图亚特．政治经济学原理研究 1 卷［M］．英文版．

［158］詹鹏，李实．我国居民房产税与收入不平等［J］．经济学动态，2015（7）：14－24.

［159］詹新宇，杨灿明．个人所得税的居民收入再分配效应探讨［J］．税务研究，2015（7）：54－59.

［160］张斌．个人所得税改革的目标定位与征管约束［J］．税务研究，2010（9）：33－36.

［161］张斌．税收制度与收入再分配［J］．税务研究，2006（8）：18－22.

[162] 张金宝，廖理．基于区间型数据的城市家庭收入分布与基尼系数测算方法研究 [J]．数量经济技术经济研究，2013 (7)：115－130.

[163] 张萌旭，陈建东，蒲明．城镇居民收入分布函数的研究 [J]．数量经济技术经济研究，2013 (4)：57－71.

[164] 张世伟，万相昱．个人所得税制度的收入分配效应：基于微观模拟的研究途径 [J]．财经科学，2008 (2)：81－87.

[165] 张晓雯，马万里．中国的国民收入分配：格局新测与对策选择 [J]．经济与管理评论，2014 (1)：29－35.

[166] 张秀莲，李建明．“营改增”后中央和地方增值税分享比例的测算 [J]．税务研究，2014 (12)：48－50.

[167] 张阳．中国企业所得税税负归宿的一般均衡分析 [J]．数量经济技术经济研究，2008 (4)：131－141.

[168] 赵福昌．税制结构与收入差距研究 [J]．中央财经大学学报，2011 (9)：19－24.

[169] 赵丽萍．关于增值税的扩围改革 [J]．税务研究，2010 (11)：34－36.

[170] 赵伟，周小付．基于功能定位的遗产税框架设计 [J]．中央财经大学学报，2014 (2)：25－30.

[171] 赵颖，王亚丽．税收累进性与异质性劳动者工资的决定 [J]．财经研究，2013 (2)：58－69.

[172] 周克清，毛锐．税制结构对收入分配的影响机制研究 [J]．税务研究，2014 (7)：24－29.

[173] 周小林，胡斌．货物劳务税税负对城镇居民收入分配的影响 [J]．税务研究，2011 (9)：3－7.

[174] 周云波，覃晏．中国居民收入分配差距实证分析 [M]．天津：南开大学出版社，2008：17－18.

[175] 朱富强．经济学说史：思想发展与流派渊源 [M]．北京：

清华大学出版社，2013.

［176］朱建文．发达国家个人所得税征管模式的经验及其借鉴［J］．税务研究，2008（1）：94－96.

［177］朱青．完善我国地方税体系的构想［J］．财贸经济，2014（5）：5－13.

［178］朱延松．遗产税开征的公平与效率之争［J］．当代经济，2015（5）：88－91.

［179］邹昱．增值税“扩围”对江苏省税收收入及经济的影响［J］．地方财政研究，2012（9）：16－20.

[180] Ablett J, Hart N. Corporate income tax reform: The neglected issue of tax incidence [J]. Economic Analysis and Policy, 2005, 35 (1): 45－60.

[181] Aitchison J, Brown A C. The lognormal distribution [M]. Cambridge university press, 1957.

[182] Alm J. What is an "optimal" tax system? [J]. National Tax Journal, 1996, 49 (1): 117－133.

[183] Alm J, Lee F, Wallace S. How fair? Changes in federal income taxation and the distribution of income, 1978 to 1998 [J]. Journal of Policy Analysis and Management, 2005, 24 (1): 5－22.

[184] Aronson J R, Johnson P, Lambert P J. Redistributive effect and unequal income tax treatment [J]. The Economic Journal, 1994, 104 (423): 262－270.

[185] Atkinson A B. Horizontal equity and the distribution of the tax burden [M]. Social Science Research Council, 1979.

[186] Atkinson A B. On the measurement of inequality [J]. Journal of Economic Theory, 1970, 2 (3): 244－263.

[187] Baum S R. On the measurement of tax progressivity: relative share adjustment [J]. Public Finance Review, 1987, 15 (2): 166－187.

[188] Baumol W J, Bradford D F. Optimal departures from marginal cost pricing [J]. The American Economic Review, 1970, 11 (1): 265 - 283.

[189] Bird R M, Zolt E M. Redistribution via taxation: The limited role of the personal income tax in developing countries [J]. Annals of Economics and Finance, 2014, 15 (2): 625 - 683.

[190] Blackorby C, Donaldson D. Ethical social index numbers and the measurement of effective tax/benefit progressivity [J]. Canadian Journal of Economics, 1984, 17 (4): 683 - 694.

[191] Bogetic Z, Hassan F. Distribution of income and the income tax burden in Bulgaria [R]. World Bank Policy Research Working Paper, 1995.

[192] Bracewell - Milnes B. The measurement of fiscal policy [M]. Confederation of British Industry, 1971.

[193] Chotikapanich D, Rao D S, Tang K K. Estimating income inequality in China using grouped data and the generalized beta distribution [J]. Review of Income and Wealth, 2007, 53 (1): 127 - 147.

[194] Corlett W J, Hague D C. Complementarity and the excess burden of taxation [J]. The Review of Economic Studies, 1953, 21 (1): 21 - 30.

[195] Correia I. Consumption taxes and redistribution [J]. The American Economic Review, 2010, 100 (4): 1673 - 1694.

[196] Cowell F A. Measurement of inequality [J]. Handbook of income distribution, 2000, 1: 87 - 166.

[197] Cowell F A. Measures of distributional change: An axiomatic approach [J]. The Review of Economic Studies, 1985, 52 (1): 135 - 151.

[198] Cremer H, Pestieau P, Rochet J C. Direct versus indirect taxation: the design of the tax structure revisited [J]. International Economic

Review, 2001, 42 (3): 781 - 800.

[199] Dagum C. Income distribution models [M]. John Wiley & Sons, Inc., 1983.

[200] Dalton, H. Principles of public finance [M]. New York, Frederick A. Praeger Inc, 1955.

[201] De Mooij R A, Nicodème G. Corporate tax policy, entrepreneurship and incorporation in the EU [J]. Tinbergen Institute Discussion Paper, 2006: 7 - 30.

[202] Deran E. Changes in factor income shares under the Social Security tax [J]. The Review of Economics and Statistics, 1967, 49 (4): 627 - 630.

[203] Diamond P A, Mirrlees J A. Optimal taxation and public production II: Tax rules [J]. The American Economic Review, 1971, 61 (3): 261 - 278.

[204] Duclos J Y, Jalbert V, Araar A. Classical horizontal inequity and reranking: an integrated approach [J]. Research on Economic Inequality, 2003, 10: 65 - 100.

[205] Edgeworth F Y. The pure theory of taxation [J]. The Economic Journal, 1897, 7 (25): 46 - 70.

[206] Feldstein M. On the theory of tax reform [J]. Journal of Public Economics, 1976a, 6 (1): 77 - 104.

[207] Feldstein M. Social security and the distribution of wealth [J]. Journal of the American Statistical Association, 1976b, 71 (356): 800 - 807.

[208] Feldstein M. The income tax and charitable contributions: Part I—Aggregate and distributional effects [J]. National Tax Journal, 1975, 28 (1): 81 - 100.

[209] Felix R A. Passing the burden: Corporate tax incidence in open

economies [R]. LIS Working Paper Series, 2007.

[210] Fisk P R. Estimation of location and scale parameters in a truncated grouped sech square distribution [J]. Journal of the American Statistical Association, 1961, 56 (295): 692 - 702.

[211] Freebairn J. Options and prospects for taxation reform [J]. Economic Record, 1997, 73 (223): 373 - 386.

[212] Gravelle J G, Smetters K A. Does the open economy assumption really mean that labor bears the burden of a capital income tax? [J]. Advances in Economic Analysis & Policy, 2006, 6 (1) : 1538 - 1580.

[213] Gravelle J G. Corporate income tax: Incidence, economic effects, and structural issues [J]. Tax Reform in the 21st Century: A Volume in Memory of Richard Musgrave, 2009 (34): 355.

[214] Gruber J, Köszegi B. Tax incidence when individuals are time - inconsistent: the case of cigarette excise taxes [J]. Journal of Public Economics, 2004, 88 (9): 1959 - 1987.

[215] Gruber J, Saez E. The elasticity of taxable income: evidence and implications [J]. Journal of Public Economics, 2002, 84 (1): 1 - 32.

[216] Hansen A H. Fiscal policy & business cycles [M]. Routledge, 2013.

[217] Harrison A. Earnings by size: a tale of two distributions [J]. The Review of Economic Studies, 1981, 48 (4): 621 - 631.

[218] Hassan, F. , and Bogetic, Z. Distribution of Income and the Income [M], 1999.

[219] Haufler A, Klemm A, Schjelderup G. Economic integration and the relationship between profit and wage taxes [J]. Public Choice, 2009, 138 (3 - 4): 423 - 446.

[220] Haughton J, Quan N T, Bao N H. Tax incidence in vietnam [J]. Asian Economic Journal, 2006, 20 (2): 217 - 239.

[221] Henninger C, Schmitz H P. Size distributions of incomes and expenditures testing the parametric approach [R]. University of Bonn, Germany, 1989.

[222] Jenkins S P. Social welfare function' measures of horizontal inequity [M] //Models and measurement of welfare and inequality. Springer Berlin Heidelberg, 1994: 725 - 751.

[223] Johnson S B, Mayer T. An extension of Sidgwick's equity principle [J]. The Quarterly Journal of Economics, 1962, 76 (3): 454 - 463.

[224] Joseph A. Pechman. Who paid the taxes, 1966 - 1985? [M]. Brookings Institution Press, 1985.

[225] Kakinaka M, Pereira R. A new measurement of tax progressivity [R]. Research Institute, International University of Japan, 2006.

[226] Kakwani N C, Lambert P J. On measuring inequity in taxation: a new approach [J]. European Journal of Political Economy, 1998, 14 (2): 369 - 380.

[227] Kakwani N C. Analyzing redistribution policies: a study using Australian data [M]. Cambridge University Press, 1986.

[228] Kakwani N C. Measurement of tax progressivity: an international comparison [J]. The Economic Journal, 1977, 87 (345): 71 - 80.

[229] Kakwani N C. On the measurement of tax progressivity and redistributive effect of taxes with applications to horizontal and vertical equity [J]. Advances in Econometrics, 1984, 3: 149 - 168.

[230] Kalecki M. On the Gibrat distribution [J]. Econometrica: Journal of The Econometric Society, 1945, 13 (2): 161 - 170.

[231] Kaplanoglou G, Newbery D M. Indirect taxation in Greece: evaluation and possible reform [J]. International Tax and Public Finance, 2003, 10 (5): 511 - 533.

[232] Khetan C P, Poddar S N. Measurement of income tax progression

in a growing economy: the Canadian experience [J]. Canadian Journal of Economics, 1976, 9 (4): 613 -629.

[233] Kiefer D W. Distributional tax progressivity indexes [J]. National Tax Journal, 1984, 37 (4): 497 -513.

[234] King M A, Fullerton D. The taxation of income from capital: a comparative study of the United States, the United Kingdom, Sweden, and Germany [J]. NBER Books, 1984.

[235] King M A. An index of inequality: With Applications to Horizontal Equity and Social Mobility [J]. Econometrica: Journal of the Econometric Society, 1983, 51 (1): 99 -115.

[236] Lambert P J, Aronson J R. Inequality decomposition analysis and the Gini coefficient revisited [J]. The Economic Journal, 1993, 103 (420): 1221 -1227.

[237] Lambert P J, Ramos X. Horizontal inequity and reranking [J]. Research on Economic Inequality, 1997a, 7: 1 -18.

[238] Lambert P J, Ramos X. Horizontal inequity and vertical redistribution [J]. International Tax and Public Finance, 1997b, 4 (1): 25 -37.

[239] Lane P R. Profits and wages in Ireland, 1987 -1996 [J], Journal of The Statistical and Society of Ireland, 1998, 27. 223 -252.

[240] Lerman R I, Yitzhaki S. Changing ranks and the inequality impacts of taxes and transfers [J]. National Tax Journal, 1995, 48 (1): 45 -59.

[241] Liberati P. The distributional effects of indirect tax changes in Italy [J]. International Tax and Public Finance, 2001, 8 (1): 27 -51.

[242] Lim B I, Hyun J K. What makes the income tax system so progressive? - the case of Korea [J]. Applied Economics Letters, 2009, 16 (7): 683 -687.

[243] Madden D. An analysis of indirect tax reform in Ireland in the

1980s [J]. Fiscal Studies, 1995, 16 (1): 18 - 37.

[244] Mayshar J. On measures of excess burden and their application [J]. Journal of Public Economics, 1990, 43 (3): 263 - 289.

[245] McDonald J B, Ransom M R. Functional forms, estimation techniques and the distribution of income [J]. Econometrica: Journal of the Econometric Society, 1979, 47 (6): 1513 - 1525.

[246] McDonald J B, Xu Y J. A generalization of the beta distribution with applications [J]. Journal of Econometrics, 1995, 66 (1): 133 - 152.

[247] McDonald J B. Some generalized functions for the size distribution of income [J]. Econometrica: Journal of The Econometric Society, 1984, 52 (3): 647 - 663.

[248] Mendoza E G, Razin A, Tesar L L. Effective tax rates in macroeconomics: Cross - country estimates of tax rates on factor incomes and consumption [J]. Journal of Monetary Economics, 1994, 34 (3): 297 - 323.

[249] Mirrlees J A. An exploration in the theory of optimum income taxation [J]. The Review of Economic Studies, 1971, 38 (2): 175 - 208.

[250] Musgrave R A. Et, ot and sbt [J]. Journal of Public Economics, 1976, 6 (1): 3 - 16.

[251] Musgrave R A, Thin T. Income tax progression, 1929 - 1948 [J]. The Journal of Political Economy, 1948, 56 (6): 498 - 514.

[252] O'donoghue C, Baldini M, Mantovani D. Modelling the redistributive impact of indirect taxes in Europe: an application of EUROMOD [R]. EUROMOD Working Paper, 2004.

[253] Okner B A. Individual taxes and the distribution of income [M] //The Personal Distribution of Income and Wealth. NBER, 1975: 45 - 74.

[254] Pareto V. La legge della domanda [J]. Giornale degli economisti, 1895 (10): 59 - 68. English translation in Rivista di Politica Eco-

nomica, 1997 (87): 691 -700.

[255] Pechman J A, Okner B A. Who bears the tax burden? [M]. Washington: Brookings Institution, 1974.

[256] Pellegrino S, Vernizzi A. On measuring violations of the progressive principle in income tax systems [J]. Empirical Economics, 2013, 45 (1): 239 -245.

[257] Pfähler W. Redistributive effect of income taxation: decomposing tax base and tax rates effects [J]. Bulletin of Economic Research, 1990, 42 (2): 121 -129.

[258] Pigou A C. Public finance [J]. London: Macmillan, 1928.

[259] Piketty T, Saez E. How progressive is the US federal tax system? A historical and international perspective [J]. The Journal of Economic Perspectives, 2007, 21 (1): 3 -24.

[260] Plotnick R. A comparison of measures of horizontal inequity [M] //Horizontal equity, uncertainty, and economic well - being. University of Chicago Press, 1985: 239 -268.

[261] Plotnick R. A measure of horizontal inequity [J]. The Review of Economics and Statistics, 1981, 63 (2): 283 -288.

[262] Poddar S N, Genser B. Measurement of effective tax progression [R]. University of Konstanz, Department of Economics, 1986.

[263] Poterba J. Lifetime incidence and yhe distributional burden of excise [J]. The American Economic Review, 1989, 79 (2): 325 -320.

[264] Ramsey F P. A Contribution to the theory of taxation [J]. The Economic Journal, 1927, 37 (145): 47 -61.

[265] Reynolds M, Smolensky E. Post - fisc distributions of income in 1950, 1961, and 1970 [J]. Public Finance Review, 1977, 5 (4): 419 -438.

[266] Rodríguez J G, Salas R, Perrote I. Partial horizontal inequity or-

derings: A non - parametric approach [J]. Oxford Bulletin of Economics and Statistics, 2005, 67 (3): 347 -368.

[267] Saez E. Direct or indirect tax instruments for redistribution: short - run versus long - run [J]. Journal of Public Economics, 2004, 88 (3): 503 -518.

[268] Saez E. Using elasticities to derive optimal income tax rates [J]. The Review of Economic Studies, 2001, 68 (1): 205 -229.

[269] Salem A B Z, Mount T D. A convenient descriptive model of income distribution: the gamma density [J]. Econometrica: Journal of The Econometric Society, 1974, 42 (6): 1115 -1127.

[270] Seade J K. On the shape of optimal tax schedules [J]. Journal of Public Economics, 1977, 7 (2): 203 -235.

[271] Sebold F D. The short - run shifting of the corporation income tax: A simultaneous equation approach [J]. The Review of Economics and Statistics, 1979, 61 (3): 401 -409.

[272] Sen A. On economic inequality [M]. Oxford University Press, 1973.

[273] Singh S K, Maddala G S. A Function for Size distribution of incomes [J]. Econometrica, 1976, 44 (5): 963 -970.

[274] Slitor R E. The measurement of progressivity and built - in flexibility [J]. The Quarterly Journal of Economics, 1948, 62 (2): 309 -313.

[275] Sørensen P B. Changing views of the corporate income tax [J]. National Tax Journal, 1995, 48 (2): 279 -294.

[276] Stern N H. On the specification of models of optimum income taxation [J]. Journal of Public Economics, 1976, 6 (1): 123 -162.

[277] Stern N. The theory of optimal commodity and income taxation: an introduction [M]. Oxford University Press, 1987.

[278] Steuart J. An Inquiry into the principles of political economy:

Being an essay on the science of domestic policy in free nations in which are particularly considered population, agriculture, trade, industry, money, coin, interest, circulation, banks, exchange, public Credit, and taxes [M]. A. Millar and T. Cadell, 1767.

[279] Steyn H S. A model for the distribution of incomes [J]. South African Journal of Economics, 1959, 27 (2): 149 - 156.

[280] Stroup, M. D. (2005). An index for measuring tax progressivity. Economics Letters, 86 (2), 205 - 213.

[281] Suits D B. Measurement of tax progressivity [J]. The American Economic Review, 1977, 67 (4): 747 - 752.

[282] Ter Rele H. Measuring the lifetime redistribution achieved by dutch taxation, cash transfer and Non - Cash benefits programs [J]. Review of Income and Wealth, 2007, 53 (2): 335 - 362.

[283] Tobin J. The new economics one decade older [M]. Princeton: Princeton University Press, 1974.

[284] Urban I, Lambert P J. Redistribution, horizontal inequity, and reranking: how to measure them properly [J]. Public Finance Review, 2008, 36 (5): 563 - 587.

[285] Van De Ven J, Creedy J, Lambert P J. Close equals and calculation of the vertical, horizontal and reranking effects of taxation [J]. Oxford Bulletin of Economics and Statistics, 2001, 63 (3): 381 - 394.

[286] Verbist G. Redistributive effect and progressivity of taxes: an international comparison across the EU using EUROMOD [R]. Euromod Working Paper series, 2004.

[287] Vickrey W S. Agenda for progressive taxation [M]. The Ronald Press Company, 1947.

[288] Warren N. A review of studies on the distributional impact of consumption taxes in OECD countries [R]. 2008.

[289] Zhong H. Extensions to decomposition of the redistributive effect of health care finance [J]. Health Economics, 2009, 18 (10): 1176 - 1187.